eSports Marketing

e스포츠 마케팅

최경환

박영사

머리말

'e스포츠'라는 단어는 과거 2000년에 탄생되는 동시에 가상세계 속에서 스포츠의 본질을 가지고 승부를 겨루는 경기로 홍보를 하고 있었으나, 주목받을 만한 이유가 없어 대중들은 e스포츠라는 단어를 단순하게 '게임'의 변경된 단어로만 인식을 하고 있었지, 새로운 체계로 인식하지 못하였다.

그렇게 e스포츠는 시간이 흘러 2018 인도네시아 자카르타 팔렘방 아시아게임 시범종목 채택을 시작으로 2022 항저우 아시아게임 정식종목 채택됨에 따라 대중들이 e스포츠를 바라보는 시선이 변화되었으며, 새로운 스포츠와 문화로 인정하기 시작하였다.

그렇게 e스포츠는 짧은 시간 동안 급성장하여 e스포츠에 대한 인식 변화 및 저변 확대 그리고 산업발전하는 모습을 선보이며 우리들 곁에 자리매김하고 있다.

세계 시장조사업체인 뉴주(Newzoo)는 2022년 e스포츠 산업 규모를 약 18억 달러(약 2조 3,000억 원)로 보고하여, 우리들이 하는 e스포츠가 얼마나 큰 시장인지 알 수 있었다. 더불어 포털사이트 네이버에는 e스포츠 카테고리가 따로 생겼고, e스포츠의 뉴스는 매일같이 업데이트되어, 여기저기서 e스포츠라는 단어가 자주 들리고 있다.

e스포츠에 대한 성장 과정을 여기까지만 살펴보면 아무 문제 없이 탄탄대로처럼 지속적으로 성장하고 있는 과정 속에 있는 것처럼 보인다.

하지만 이처럼 승승장구하는 분야인데도 불구하고 왜 e스포츠 전공 도서는 없는 것일까? 하는 의문에서 본 저서는 시작되었다.

현재 시중에 있는 서점과 인터넷 서점에서 'e스포츠' 또는 'eSports' 등을 검색하면 많은 도서들을 찾을 수 있다. 하지만 아쉽게도 e스포츠 관련 저서들이 많지만, 학문적으로 접근하여 교육적 의미를 내포한 전문 도서는 극히 드물다.

LCK, MSI, 롤드컵(리그오브레전드 월드 챔피언십), 아마추어 생활대회와 같은 e스포츠 경기는 화려한 네온 사인과 현실 같은 중계화면, 뛰어난 사운드, 캐스터 등 다양한 연출로 대중들을 매료시키고 있다. 이러한 활동들이 전부 다 e스포츠 마케팅 활동임에도 불구하고 학문적으로 증명할 수 있는 저서가 없다는 것은 매우 안타까운 사실이다.

e스포츠는 전통 스포츠에 비해 매우 화려하고, 컬러풀하고, 짧은 시간 내에 몰입할 수 있게 만드는 매력을 지니고 있어 대한민국뿐만 아니라 세계적으로 대단한 인기를 끌고 있다. 이처럼 e스포츠는 수많은 장점과 학문적 가치를 충분히 보유하고 있음에도 불구하고 e스포츠에 대한 전문 도서는 현재 미비한 상태이다.

이에 본 저자는 e스포츠 산업 발전과 학문적 가치의 저변 확대를 위해 e스포츠 마케팅 이론을 저서로 발간하고자 한다.

e스포츠 현장에서 사용되고 있는 사례와 다른 분야(스포츠 및 문화)의 사례를 빗대어 설명하고 스포츠 마케팅, 마케팅 이론을 적절하게 사용하여 미래의 e스포츠 마케터 및 독자 여러분들에게 e스포츠 마케팅을 이해시키고자 한다.

본 저서는 총 16장으로 구성되었으며, 제1장은 e스포츠에 대해 전반적인 이해와 개념을 정리하기 위해 서술하였으며, 제2장은 e스포츠 마케팅의 개념에 대해 정의하였다.

그리고 제3장에서는 e스포츠 분야에서 처음으로 적용되는 STP 전략에 대해 이론적 바탕을 체계로 서술하여 단순한 산업 발전이 아닌 체계적인 마케팅 활동을 하기 위해 목표 시장 선정부터 다양한 방향성에 대해 제시하였다. 또한, 제4장에서는 국내뿐만 아니라 전 세계적으로 참여하는 e스포츠 소비자 행동을 이해하기 위해 서술하여 마케팅 전략방안을 제시하였다.

제5장은 e스포츠를 전통적 마케팅 활동인 마케팅믹스(4P)에 접목시켜 서술하여 마케팅 활동에 대한 근거를 제시하였다. 제6장은 e스포츠를 하나의 브랜드로 인식하여 새로운 브랜드 창출 및 브랜드 이미지 강화와 같은 마케팅 전략을 서술하였다.

제7장은 e스포츠 마케팅 관련 조사방법에 서술하였다. 다양한 조사방법

과 정확하고 오류를 범하기 쉬운 부분까지 서술하여 최대한 현장에 도움이 되도록 서술하였다.

제8장은 본 저서에 가장 많은 부분을 차지하고 현재 e스포츠 분야에서 활발하게 이뤄지고 있는 분야이다. 그러기 때문에 보다 더욱 자세하세 서술하였고, 현재 e스포츠 분야의 스폰서십은 어떠한 것들이 있고, 어떠한 분류로 나뉘게 되는지 등 자세하게 서술하였다. 그리고 앞으로 e스포츠 산업 분야에서 스폰서십의 의미와 발전 가능성에 대해 제시하였다.

제9장, 제10장에서는 현재 아시안게임을 비롯한 공인된 세계대회 및 이벤트에 대해 알아보고, 게임사에서 주최하는 대회와 대한체육회 및 대한장애인체육회에서 주관하는 대회의 차이점을 알아보았고, 대회 규모에 따라 달라지는 스폰서십 활동에 대해 서술하였다.

제11장에서는 e스포츠와 아주 밀접한 관계를 지닌 미디어에 대해 설명하였고, 미디어를 통한 마케팅 전략 방안을 제시하였다. 제12장에서는 e스포츠 선수 보증광고에 대한 개념 정의 및 선수의 자격요건 등 다양하게 서술하였으며, 프로선수들을 위한 에이전트 및 에이전시의 필요성을 서술하여 보다 원활한 계약을 할 수 있도록 서술하였다.

제13장에서는 e스포츠를 통해 나타나는 라이센싱과 머천다이징에 대한 개념을 정의하였고, 나타날 수 있는 제품들은 어떠한 것들이 있고, 개선사항은 어떠한 것들이 있는지 서술하였다.

제14장에서는 e스포츠 마케팅 활동을 함으로 나타날 수 있는 효과를 체계적으로 서술하였다. 경제적 효과, 문화적 효과, 사회적 효과로 나눠 서술하였다.

제15장에서는 현재 전국에 위치한 e스포츠 경기장과 같은 시설에 대해 서술하였다. 또한, 운영 방법 및 효과적인 내부마케팅을 통한 관리, 경영을 서술하였다.

그리고 마지막 장인 제16장에서는 현재 e스포츠 저변 확대 및 흥행을 유도할 수 있었던 e스포츠 캐스터 및 유튜버·커뮤니티에 대해 서술하였고, 다른 학문으로 설명되지 않는 부분을 현상적 부분을 서술하여 이해를 도왔다. 그리고 부가적으로 본 저자의 활동을 사진을 보면서 설명하는 부록을 첨부하였다.

감사의 글

e스포츠 마케팅 저서 작업을 시작하면서 우여곡절도 많았고, 감사해야 될 분들이 많기 때문에 내용이 조금 많다. 독자 여러분의 양해 부탁드린다.

항상 e스포츠 강의나 어디서 교육을 할 때 학생(소비자)들에게 농담 반, 진담 반으로 이야기하는 거지만, 본 저자는 훌륭한 학자가 될 생각도 없었다. 지금도 본 저자는 훌륭하다고 생각하지 않는다. 다만 e스포츠 학문적 견해를 가지고 있을 뿐이다.

저자는 6살 때부터 매일같이 30년이라는 기간 동안 태권도를 수련해 왔다. 성인이 된 이후로는 지도자로, 때로는 생활체육인으로, 전문 선수로 태권도 한길만을 걸어왔다. 대학교도 태권도학과를 졸업했고, 석·박사는 더 넓은 학문인 체육학을 공부해왔다. 학문의 길을 스포츠 또는 태권도에서 찾으려고 했다. 여기까지만 읽으면 쭉 태권도만 했어야 했는데, 그 생각을 바꿔주신 분이 바로 경희대학교에 계신 지도교수님이신 '이정학 교수님'이시다.

이정학 교수님은 스포츠 마케팅의 권위자이시면서 학자로 정말 본받을 게 많은 교수님이다. 이 자리를 빌려 말씀드리고 싶은 건 항상 감사드린다는 것과 많이 배운다고 말씀드리고 싶다. 재미있는 일화로 저자의 첫 번째 학술 연구점수를 65점을 주지 않으셨으면 본 저서의 탄생과 학자로서 자리는 없지 않았을까 싶다.

그리고 경성대학교 우리 식구들이자 e스포츠의 학문적 가치 발견과 토대를 구축하기 위해 노력하고 계신 경성대학교 e스포츠연구소 교수님들에게 감사의 말씀을 드린다. 황옥철 교수님을 비롯한 이상호 교수님, 김영선 교수님, 김재훈 교수님 덕분에 본 저서가 나올 수 있었고, 다들 다양한 매력과 본받을 점들이 많아서 같은 학자로서 정말로 배울 때가 많았다.

저서 작업 중에 막히는 부분과 마케팅 관점에서 소명되지 않는 부분들을 내 일같이 발 벗고 나서서 다양한 관점으로 논의하고 토론한 결과 많은 부분들이 이해가 되었다. 다시 한번 감사의 말씀을 드리고 싶다.

그리고 이 자리가 있기까지 물심양면으로 도와주고, 응원을 아끼지 않은 가족들에게 고마움을 전하고 싶다. 어렸을 때부터 어머님은 저자가 공부 머리가 아니라고 해서 기술을 배우길 원하셨다. 대학교 졸업 이후 대학원 과정에 들어갈 때까지만 해도 돈이 아까우니 태권도만 열심히 하라고 하셨다. 하지만 요즘 어딜 가나 아들 자랑을 하고 다니신다. 참 뿌듯하다. 평소에 건강이 안 좋으시지만 그래도 좋은 거 많이 드시고 오래오래 건강하게 자식들 곁에 계셨으면 좋겠다.

그리고 우리 아버지 참 존경한다. 항상 인자한 마음으로 가족들을 품어주시는 자랑스러운 아버지이다. 저자도 자식이 있지만 아직도 부모님에게 마음 표현이 어색하다. 자주자주 해야지 하지만 마음처럼 안 된다. 그렇지만 항상 아버지, 어머니 사랑한다고 말씀드리고 싶다.

그리고 세상에서 가장 사랑하는 아내(이유정), 나의 보물 1호 아들 선우 너무너무 사랑한다고 말하고 싶다. 사실 저서라는 작업이 하루 아침에 뚝딱 만들어지는 것도 아니고, 잠깐 쓴다고 해서 되는 것도 아니다. 우리 아기가 자라는데 보지도 못하고 작은 방에서 원고를 집필할 때마다 미안한 감을 감출 수 없었다. 하지만 훌륭한 학자가 되길 바란다며 묵묵히 뒤에서 육아와 서포터즈 역할을 해주었다. 이 자리를 빌려 사랑하고 고맙다고 전하고 싶다. 그리고 우리 아들 선우가 자라서 아빠의 책을 읽는 날이 얼른 왔으면 좋겠다.

철부지 동생을 아껴준 은미 누나, 은희 누나, 은정이 누나 사랑한다. 그리고 항상 누나들이 항상 꽃길만 걷길 바란다. 다들 잘됐으면 좋겠다. 더불어 고영상(매형) 어린 처남이 잘 자랄 수 있게 물심양면으로 도와주셔서 감사드린다고 전하고 싶다.

마지막으로 본 저서에 도움을 주신 많은 분들에게 감사드리고, 저서에 인용된 많은 학자들에게 사의를 표한다.

2023년 1월

e스포츠 마케터

최 경 환

목차

제 1 장

e스포츠의 이해
(Understanding of eSports)

제 1 장

e스포츠의 이해
(Understanding of eSports)

여러분들은 최근 언론이나 매스컴, 또는 SNS를 통해 'e스포츠'라는 단어를 접해본 적이 있거나 혹은 지인을 통해 한 번쯤은 들어봤을 것이다.

혹시 듣지 못하였어도 본 저서를 통해 이해하면 된다.

그럼 도대체 'e스포츠'란 무엇일까?

어떤 것을 e스포츠라 부르고, e스포츠라는 단어는 어떻게 탄생하게 되었고, 현재 어떤 의미로 사용되고 있는지 이해하기 쉽게 알려주고자 한다.

1 e스포츠의 정의

현재 e스포츠의 정확한 정의는 아쉽게도 체계적으로 정립이 되어 있지 않은 상태이다. 최근 e스포츠가 대중들에게 관심과 사랑을 받고 산업적으로 확장됨에 따라 많은 학자들이 자신만의 이론을 앞세워 정의를 내리고 있지만, 통합적으로 총칭하는 e스포츠의 정의는 정립되어 있지 않다.

그럴 수도 있는 것이 e스포츠는 한 개의 특정 종목을 지정하는 단어가 아니고, 일반 스포츠와 전혀 다른 개념을 사용하여 e스포츠만의 특성을 내포하기 있기 때문에 명확한 정의가 정립되어 있지 않은 것이다.

e스포츠에 대한 정의를 정립하기 전에 과거에서부터 현재까지 e스포츠에 대한 정의는 어떠한 방향으로 흘러가고 있으며, 어떠한 것들이 있는지 알아보고자 한다.

다음 〈표 1〉은 현재 학자들이 주장하고 있는 e스포츠에 대한 정의를 나열하였다.

표1 • e스포츠의 정의

남수, 이유찬, 최은경(2018)	e스포츠는 인터넷과 네트워크를 통해 승패를 겨루는 스포츠 경기이다.
신휘제, 이동건 (2019)	기기와 인터넷 통신을 이용한 사람과 사람 간의 승부를 겨루는 스포츠이다.
이상호, 황옥철 (2019)	e스포츠는 디지털 기기의 작동하에 인간의 움직임을 통해 승부를 겨루는 경기이다.
Hemphill(2005)	사이버 스포츠는 스포츠를 대체할 수 있는 스포츠이다. 현실 세계에서 일어나는 스포츠를 단지 디지털로 표상하는 상황 아래서 전기적으로 확장된 경기이다.
Wagner(2006)	e스포츠는 정보와 커뮤니케이션 기술을 이용하여 신체적, 정신적 능력을 발달시키고 훈련하는 스포츠 활동의 한 영역이다.
한국e스포츠협회 (2022)	e스포츠는 가상세계 속에서 경쟁과 유희성 등의 요소를 포함하며, 정신적, 신체적 능력을 활용하여 승부를 겨루는 여가활동이다.
한국콘텐츠진흥원 (2022)	실제 세계와 유사하게 구축한 가상적 전자환경속에서 정신적, 신체적 능력을 활용하여 경쟁과 유희성 등을 바탕으로 승부는 겨루는 여가활동의 총칭이다.
국제e스포츠연맹 (2022)	e스포츠를 경쟁적인 스포츠이며, 신체적 정신적 능력을 통해 경쟁한다.

이처럼 'e스포츠'라는 똑같은 단어를 사용하고 있지만, 학자들과 관련 기관들은 서로 약간씩 다른 의미로 사용하고 있음을 알 수 있다. 이와 같이 체계

적으로 정립되어 있지 않은 'e스포츠의 정의'를, 독자들의 이해를 돕도록 통합적인 정의로 정립하고자 한다.

앞서 언급하였듯이 e스포츠는 한 개의 스포츠 종목을 칭하는 단어가 아니기 때문에 포괄적 의미를 내포하고 있고, e스포츠 특성을 담은 정의가 필요하다. 이에 내린 e스포츠 정의는 다음과 같다.

e스포츠는 'electronic Sports'의 줄임말로 디지털 플랫폼을 기반으로 한 가상 세계 속에서 신체적, 정신적 능력을 활용하여 승부를 겨루는 행동 및 부대 행동들을 총칭하는 것으로 정의하고자 한다.

여기서 중요한 것은 e스포츠의 개념은 전통 스포츠와 같은 방식으로 접근해서는 절대 안 된다. 그러한 이유는 전통 스포츠와 전혀 다른 개념을 사용하고 있기 때문이다.

이해를 돕기 위해 예를 들어 설명하자면 저자가 "축구"라고 이야기하면 여러분들은 머릿속에 그라운드에서 축구공(공인구)을 가지고 골을 더 많은 넣은 팀이 이기는 종목으로 정확하게 인식이 될 것이다.

하지만 e스포츠는 e스포츠라는 단어 안에 다양한 내용이 내포되어 있다. e스포츠는 한 종목을 지칭하는 단어가 아니라 다양한 종목 및 장르(VR, AR, 프로, 생활, 장애인 등)가 합쳐져 있기 때문에 전통적 개념과 다른 더욱 큰 포괄적인 개념을 사용하고 있다. 다음 〈그림 1〉은 e스포츠의 이해를 돕기 위한 그림이다.

그림 1 • e스포츠의 이해

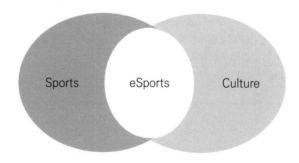

e스포츠는 스포츠 성격을 지니고 있는 동시에 문화적인 성격을 지니고 있다. e스포츠는 태초에 게임으로부터 파생되어 탄생된 경기이다. 게임은 과거 오랫동안 대중들에게 문화와 오락으로 자리매김하였기 때문에 이러한 성격을 e스포츠도 이어받게 되는 것이다. 그래서 아직까지도 많은 학자들은 e스포츠를 스포츠의 관점으로 바라봐야 하는지, 아니면 문화, 오락으로 봐야 하는지에 대한 논쟁을 끊임없이 진행하고 있다.

하지만 분명한 것은 e스포츠는 새로운 문화를 창조하였고, 스포츠 영역의 확장성에 포함되어 있다는 것이다. 그렇기 때문에 문화와 스포츠 가운데 고유의 e스포츠로 바라보는 것이 옳다.

그리고 마지막으로 많은 분들이 e스포츠라고 하면 e스포츠 전문 종목인 '리그 오브 레전드', '배틀그라운드', '피파온라인4' 종목만 e스포츠로 인식하고 다른 종목은 무관심하거나 게임으로 인지하는 경향이 아직 존재하고 있다.

강력하게 말하고 싶은 것은 한 가지의 종목만이 e스포츠가 아니고 다양한 종목들과 스포츠 본질, 문화 등이 합쳐져서 e스포츠가 탄생되었다고 강조하고 싶다. 더욱 자세한 이유는 뒷장에서 언급하도록 하겠다.

2 e스포츠의 역사

1) e스포츠의 탄생

e스포츠의 탄생은 시대적 흐름에 따라 한순간에 갑자기 나타난 스포츠가 아니다. e스포츠는 태초에 게임(Game)에서부터 파생되었고, e스포츠의 역사를 이해하기 위해서는 오락문화와 게임을 이해해야 한다.

어쩌면 아직까지도 대중들은 e스포츠라는 단어보다 오락 또는 게임이라는 단어가 익숙할지도 모른다. 저자 역시 e스포츠를 접해보기 전에 e스포츠라는 단어보다 게임이라는 단어를 수시로 이야기했던 시절이 있다.

오락이라는 문화는 연도를 특정 지어 거슬러 올라갈 수 없을 만큼 오래된 문화이지만, 컴퓨터를 이용한 오락이라는 문화는 1980년대 국내에 상륙하면서 이어지고 있었다. 그 이후 오락을 전문적으로 즐기기 위한 오락실이라는 장소가 각 동네마다 생기게 되었고, 1990년대에는 컴퓨터 기능향상과 인터넷 보급에 따라 PC게임, PC방이 출현하게 되었다(황옥철 외 7명, 2022).

오락실은 불건전한 이미지와 폭력성이 더해져 좋지 않은 이미지로 다가서는 대신 PC게임 및 PC방은 다양하게 즐길 수 있는 요소를 앞세워 남녀노소 가리지 않고 참여하고 있었다. 그중 블리자드(Blizzard)에서 출시한 스타크래프트(Star Craft)는 PC게임 이용자들에게 열풍적인 인기를 이끌었고, 급기야 스타크래프트 대회가 1999년에 탄생하게 되었다. 이것이 e스포츠 탄생의 서막을 알리는 신호탄이 되었다. 다음 〈그림 2〉는 1999년 스타리그 최초 중계 방송 사진이다.

그림 2 · **최초의 스타리그 중계 방송**

[자료출처: 스포츠서울].

스타크래프트는 날이 갈수록 대중들에게 관심과 사랑을 받았고, 급기야 1999년에 스타크래프트 대회와 게임 관련 전문 방송국(온게임넷)이 개국하여 그 당시 게임의 인기를 증명해주었다.

시간이 흘러 2004년에는 인기의 최고점을 찍게 되는데 가장 유명한 사건은 지금도 회자되며 불리고 있는 '광안리 대첩'이다. 원래 광안리 대첩이라는 명칭은 정식 명칭이 아니고 '2004 스카이 프로리그'가 정식 명칭이다. 명칭의 유래는 같은 날 부산 사직 야구장에서 프로야구 올스타전 열렸는데, 야구 관중은 1만 5천명 몰리는 반면, e스포츠 경기에는 3일간 10만명(추정)의 관중이 집결하게 되어 e스포츠 위상을 보여주었다 하여 구전으로 전파되어 내려온 것이다. 다음 〈그림 3〉은 2004년 광안리 대첩의 사진이다.

그림 3 · **2004년 광안리 대첩**

[자료출처: 조이뉴스].

그 이후로도 스타크래프트의 인기는 지속되었지만, 2011년 '리그 오브 레전드' 게임이 출시되면서 자연스럽게 스타크래프트에서 리그 오브 레전드로 흥행 구도가 바뀌게 되었다.

그리고 2017년 4월 '2018 인도네시아 자카르타-팔렘방 아시안게임'에

e스포츠가 시범종목으로 채택되면서 국내뿐만 아니라 전 세계적으로 e스포츠의 존재를 당당하게 알릴 수 있었고, 꾸준히 대중들의 e스포츠 인지와 인식 개선에 대해 발전해 나가고 있는 과정이다.

2) e스포츠 단어의 탄생

e스포츠 단어의 탄생 비화를 언급하기 위해서는 과거 2000년으로 거슬러 올라가야 한다. 2000년 2월 당시 프로게임협회(현, 한국e스포츠협회)창립 행사에서 내빈으로 참석한 박지원 문화관광부 장관이 축사에서 최초로 e스포츠라는 단어를 언급하면서, 수많은 사람들이 e스포츠라는 단어를 사용하게 되었다. 그리고 현재까지도 'e스포츠'라는 단어를 사용하게 되었다. 다음 〈그림 4〉는 e스포츠 단어가 처음으로 사용된 신문내용을 발췌하였다.

그림 4 · **최초의 e스포츠 단어 사용**

[자료출처: 이박사와 e스포츠 같이 놀기].

보는 바와 같이 전자신문 2000년 12월 15일날 신문에 'e스포츠'로 표기되어 있다. 이처럼 최초 사용 근거가 있음에도 불구하고 현재까지도 조직 및 기관들의 공통된 표기방법은 각기 다르며, e스포츠를 'eSports', 'e-Sports',

'ESports', '이스포츠' 등 다양한 방법으로 지칭하고 있어 소비자들의 혼란을 가중시키고 있다. 이제 e스포츠의 종합적인 정립을 위해 e스포츠의 최종 단어 사용의 채택이 필요하다.

아직 최종적 단어 선택이 되지 않아 본 저서에서는 e스포츠 최초의 사용을 바탕으로 'e스포츠'라 지칭하고자 한다.

③ e스포츠의 종목 이해

1) 2022년 e스포츠 종목

현재 대한민국에서 e스포츠의 종목을 선택할 수 있는 기관은 문화체육관광부를 제외한 한국e스포츠협회(KeSPA)와 대한장애인e스포츠연맹(KeSA) 두 기관뿐이다. 물론 두 단체의 상급 기관인 대한체육회와 대한장애인체육회가 존재하지만 현재는 협회에 위임을 하고 있다. 번외로 e스포츠 국제 경기에 대한 종목 선택은 국제e스포츠연맹(IeSF)에서 결정하고 있다.

일반적으로 e스포츠 종목은 크게 세 가지로 나뉠 수 있다. 첫째, 전문종목, 둘째, 일반종목, 셋째, 시범종목이다. 전문종목은 e스포츠 프로 선수들이 참여하는 종목을 의미하는데 '리그 오브 레전드(롤, LOL)', '배틀그라운드', '배틀그라운드 모바일', '피파온라인4'가 있다(2022년 한국e스포츠협회 기준).

일반종목은 아마추어 또는 생활 e스포츠 종목으로 바꿔 부르기도 하는데 종목으로는 '던전앤파이터', '서든어택', '카트라이더', '오디션', '클래시 로얄', '브롤스타즈', 'A3: 스틸얼라이브', 'eFootball PES 2021'이 포함되어 있다. 시범종목으로는 '크로스파이어'가 등록되어 있다.

한편, 장애인들이 참여하는 장애인 e스포츠 종목은 비장애인 참여 종목과 다소 상이한 부분이 있다. 이러한 이유는 e스포츠 참여자들의 정신적·신체적 제약이 존재하기 때문에 비장애인 e스포츠 종목과 차이가 있는 것이다.

장애인 e스포츠 종목은 '카트라이더', '닌텐도Wii', '리그 오브 레전드', '배틀그라운드', '피파온라인4', '스타크래프트 리마스터'가 정식종목으로 되어 있다(2022 대한장애인e스포츠연맹 기준).

하지만 장애인 e스포츠 종목은 한국e스포츠협회처럼 전문, 일반, 시범종목으로 구분하지 않고 단일종목으로 구성하여 정식종목이라는 단어를 사용하고 있다.

이러한 맥락에서 e스포츠 종목은 과거에도 사회·시대적 변화에 따라 종목이 변경되어 왔고, 앞으로도 변경될 예정이다. 과거 종목 채택을 살펴보면 클래시로얄의 경우 2018년부터 2020년 3년간 e스포츠 전문종목으로 등록되어 있었다. 하지만 2021년부터 일반종목으로 변경되는 사례를 보여주고 있고, 서든어택의 경우도 역시 2015년부터 2016년까지는 전문종목이였지만 2017년부터는 일반종목으로 변경되었다.

이처럼 e스포츠 종목은 대중들의 인기와 시대의 흐름에 따라 종목 분야가 바뀌는 사례를 보이고 있다. 이러한 시대의 변화와 종목의 흐름을 e스포츠 마케터는 인지하고 대비하고 있어야 한다. 향후 새롭게 추가되는 종목에 대한 이해와 흐름에 대비한 전략에 대비해서 효과적인 마케팅 전략을 수립해야겠다.

2) e스포츠 종목의 확장성

대부분 e스포츠라고 언급하면 리그 오브 레전드(롤, LOL), 또는 배틀그라운드, 피파온라인4를 가장 많이 떠올릴 것이다.

저자 역시 과거에는 그렇게 인식한 세월이 있었다.

하지만 e스포츠는 앞에서 언급하였듯이 한 가지 종목만을 지정하여 e스포츠라 부르는 것이 아니다. 여러 가지 특색을 지닌 종목들이 합쳐지고 가상세계 속에서 신체적, 정신적 능력을 활용하여 겨루는 승부 활동 또는 부대 행동들을 e스포츠로 정의하고 있기 때문에, 가상세계 속에서 스포츠의 본질인 경쟁과 유희성, 규칙, 규정 등이 존재하면 그것이 바로 e스포츠인 것이다.

하지만 많은 대중들은 e스포츠에 대해 잘못된 인식을 가지고 있다. 이것은 대중들이 오해할 수 있도록 편향된 정보를 미디어에서 지속적으로 제공하고 특정 종목만 부각시켜 홍보하기 때문에 그럴 수밖에 없었을 것이다. 이에 정부 및 각 협회를 비롯해서 충분한 논의와 방향성을 재설정해서 올바른 이미지를 제고하기 위해 노력해야 할 것이다.

이해를 돕기 위해 예를 들어 설명하자면 저자는 학생들을 대상으로 e스포츠에 대한 강의를 지속적으로 해오고 있다. 하지만 학생들에게 e스포츠에 대해 물어보면 리그 오브 레전드만을 생각하는 경향이 있다. 그리고 e스포츠에 참여하고 있냐고 질문을 하면 모르거나, 제대로 된 인식을 가진 학생을 만나기 힘들다. 본 저서를 통해서라도 제대로 된 e스포츠의 개념을 알아야 되고, 올바른 인식을 제고해야 될 필요성이 있다.

e스포츠는 특정 종목에 참여해야만 하는 것이 아니라 가상세계 속에서 이뤄지고 신체적, 정신력 능력을 활용해서 승부를 내거나 부대 행동들까지 e스포츠로 정의하고 있기 때문에 누구나 참여 가능하고 우리도 모르게 참여하고 있다.

자신뿐만 아니라 부모, 할아버지, 할머니, 누나, 동생, 친구 등 다양한 관계 속에 있는 사람 또는 연령층에서 e스포츠에 참여하고 있을 것이다. 하지만 여러분은 이 글을 읽는 동안 우리 부모님 또는 우리 가족, 친구들은 e스포츠에 참여하지 않는다고 생각할 수도 있다.

그렇기에 본 저자는 우리들의 가족을 포함한 주변 인물들이 어떻게 e스포츠에 참여하는지에 대해 설명하고자 한다.

(1) VR·AR 스포츠 역시 e스포츠이다

VR스포츠 중에 가장 유명한 것이 스크린 골프와 스크린 야구이다. 문화체육관광부(2018) 발표에 따르면 국내 인구 중에 158만 명이 여가활동으로 골프에 참여하고 있는 것으로 나타났다(김용석, 2021. 08. 04). 골프 인구가 늘어나고 있는 가운데 2020년 코로나19(COVID-19)와 같은 사회적 변화로 인하여 사회적 거리두기는 강화가 되었고, 실내체육은 집합금지에 해당되어 많은 대중들이 스포츠에 참여를 하지 못하는 사태가 발생되었다.

하지만 야외 스포츠에 해당이 되는 골프는 스포츠 활동을 갈망하던 대중들에게 아주 좋은 호재로 다가서게 되었고, 코로나19 시대에 가장 호황을 맞이한 스포츠가 되었다. 이처럼 야외 스포츠인 골프가 엄청난 유행을 선도하게 되었고, 실내체육집합금지가 해제되면서 골프의 인기를 이어받은 종목이 바로 바로 스크린 골프이다.

앞 부분에서 언급했듯이 e스포츠는 전자 스포츠이기도 하고 가상세계 속에서 신체적·정신적 능력을 활용하여 승부를 내는 경기의 총칭이라고 정의하였다. 스크린 골프 역시 VR(Virtual reality)기술을 이용하여 가상세계 속에서 승부를 내는 레저이자 스포츠 경기이다. 그렇기에 스크린 골프와 스크린 야구 역시 e스포츠가 추구하는 방향성과 일치하고 주체성이 같다.

스크린 골프는 골퍼의 신체적·정신적 능력을 활용하여 승부를 겨루고, 실제 필드가 아닌 과학적 기술인 VR기술을 통해 가상세계에서 골프를 즐기고 있다. 이러한 것이 바로 e스포츠인 것이다.

2022년 위드 코로나19 시대에 골프인구는 560만 명으로 추정되면서 2018년 기준 3배 이상 늘어났고, 스크린 골프 이용건수는 19년도 대비 약 9%가 상승된 것으로 나타났다(박순찬, 2022. 05. 19). 다음 〈그림 5〉는 스크린 골프가 e스포츠에 해당이 된다는 기사 내용이다.

그림 5 • 스크린 골프와 e스포츠에 관한 기사

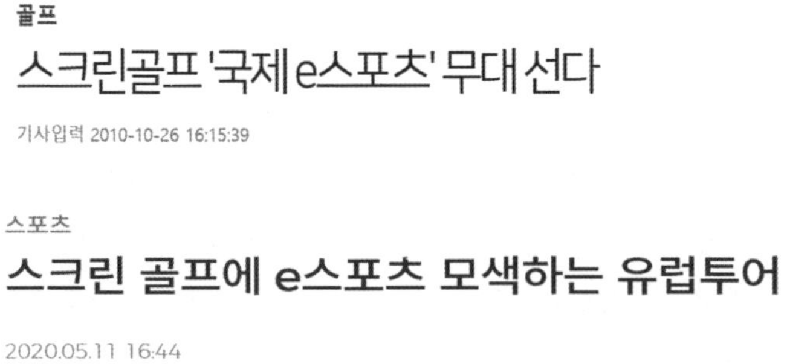

골프

스크린골프 '국제 e스포츠' 무대 선다

기사입력 2010-10-26 16:15:39

스포츠

스크린 골프에 e스포츠 모색하는 유럽투어

2020.05.11 16:44

[자료출처: 스포츠조선 & 헤럴드 경제].

최근 2022 테일러메이드에서 주최한 스크린 골프 챌린지 대회에서는 예선에서 1만 명 이상이 참가하는 상황이 속출되었고(임재훈, 2022. 02. 28), DGB 금융기업에서 온라인올림픽(스크린골프, 카트라이더)을 개최해 소비자들에게 화제를 모으기도 하였다(정선우, 2022. 05. 13).

이뿐만 아니라 문화체육관광부는 VR스포츠를 적극 권장하기도 하는데, VR종목으로 축구, 농구, 핸드볼, 양궁, 볼링, 야구 종목이 채택되어 현재 많은 대중들이 즐기고 있다.

그리고 VR스포츠와 더불어 AR(Augmented reality, 증강현실)스포츠도 소비자들에게 각광받고 있다. 현재 대표적인 AR 스포츠인 'HADO SPORTS'가 대중들에게 인기를 끌고 있다. 다음 〈그림 6〉은 HADO SPORTS의 대표 이미지이다.

HADO SPORTS는 선수들이 머리에 장착한 디스플레이와 손목의 센서를 통해 공격과 방어를 하는 신개념 e스포츠로서 증강현실 기술을 기반으로 많은 대중들에게 관심을 받고 있다.

그림 6 · **HADO SPORTS**

[자료출처: HADO SPORTS].

이처럼 'e스포츠'라는 단어는 리그 오브 레전드, 배틀그라운드 등 몇 개의 종목이 대표성을 가져서 사용될 수는 있지만, e스포츠 전체성으로 표현할 수는 없다. VR스포츠와 AR스포츠 등 각 e스포츠가 가진 고유 특색이 강하기 때문에 앞으로 e스포츠의 단어가 세분화되어 사용될 필요성이 있다.

그리고 e스포츠 확장성을 통하여 무한한 성장 가능성을 엿보았다. 본 저자는 e스포츠의 가능성은 무한대에 가깝다고 판단한다. e스포츠 종목과 다른 분야의 융합은 상상 이상일 것이고, 새로운 스포츠와 문화를 창조하여 트렌드를 주도할 것으로 판단된다.

골프와 VR스포츠의 융합, 닌텐도 Wii와 테니스의 조합 등을 누가 감히 상상이나 했겠는가. 이러한 융합을 e스포츠를 통해서 해내고 있는 것이다. 더욱 놀라울 것은 앞으로 더욱 많은 융합이 생겨날 것이고 e스포츠를 통해 새로운 문화를 만들어 낼 것이다. 이제 어떠한 장르가 재탄생될지 매우 기대가 되고 있다.

제 2 장

e스포츠 마케팅
(eSports Marketing)

제 2 장

e스포츠 마케팅
(eSports Marketing)

1 e스포츠 마케팅의 정의

e스포츠 마케팅에 대한 정의를 이해하기 위해서는 앞서 마케팅에 대한 개념과 스포츠 마케팅을 먼저 이해할 필요가 있다. 스포츠 마케팅은 e스포츠 마케팅보다 선 학문으로서 스포츠라는 제품을 매개로 한 마케팅 활동을 의미한다. 마케팅 분야 중 본질이 e스포츠와 가장 비슷하고 전략 방안도 같은 방향성을 제시하고 있어 e스포츠 마케팅을 보다 쉽게 이해하기 위해서 간략하게 스포츠 마케팅에 대해 설명하고자 한다.

스포츠 마케팅(Sports Marketing)이란 스포츠라는 제품을 매개로 소비자의 욕구를 충족시켜 주고 조직의 목적 달성을 위한 교환 활동으로 정의하고 있다(Brooks, 1994; 이정학, 2012). 또한, Mullin, Hardy & Sutton(1993)은 "스포츠 마케팅은 교환 과정을 통해 스포츠 소비자들의 욕구와 기대를 충족시켜 주고, 스포츠 관련 조직의 목적 달성을 위한 창조적인 교환 활동을 충족시키는 데 목표를 둔 활동의 총합이다"라고 정의하였다.

이처럼 스포츠를 매개로 교환 활동을 하는 것을 스포츠 마케팅이라 칭하는데 e스포츠 마케팅은 스포츠 마케팅의 정의에서 electronic 특성과 가상세계, 인터넷 특성이 가미되어 새롭게 탄생된 교환 활동이라 정의할 수 있다.

즉, e스포츠 마케팅(eSports Marketing)은 현실과 가상세계 속에서 이뤄지는 스포츠 활동 및 부대행동 매개체로 소비자의 욕구 충족과 기업의 목적 달성을 원활하게 도와주는 교환 활동으로 정의할 수 있다.

e스포츠 마케팅의 장점은 현실에서의 마케팅 활동과 더불어 가상세계 속에서의 마케팅 활동을 동시에 병행할 수 있다는 장점을 지니고 있으며, 국가 및 지역에 국한되지 않는다는 장점을 지니고 있어 새로운 마케팅 활동으로 주목받고 있다. 그리고 인터넷을 통한 소비대상 및 소비지역의 경계가 확장됨에 따라 스포츠 마케팅보다 파급효과가 매우 클 수 있다.

② e스포츠 마케팅 출현의 사회·문화적 동력요인

국내 e스포츠 마케팅은 e스포츠가 과거 게임이었던 시절에도 마케팅 활동이 지속적으로 이뤄지고 있었으나 현재처럼 활발하지는 않았다. e스포츠 마케팅의 발달 시점은 2018 인도네시아 자카르타·팔렘방 아시아게임을 전·후로 나눠 이야기할 수 있다. e스포츠가 아시안게임 시범종목으로 채택됨에 따라 대중들의 관심과 참여는 급속도로 늘어났고, 참여율이 증가함에 따라 국내 e스포츠 산업 규모 역시 빠른 속도로 성장하게 되었다.

그리고 과학 기술적 발달도 한몫을 하였다.

과학 기술적 발달에 따라 e스포츠 참여환경이 좋아지게 되었고, 사실과 같은 그래픽 지원 및 속도 상향은 소비자들에게 좋은 요소로 작용하게 되었다.

다음 〈그림 7〉은 국내 e스포츠 산업 규모 추이를 나타낸 지표이다.

그림 7 · e스포츠 산업 규모 추이

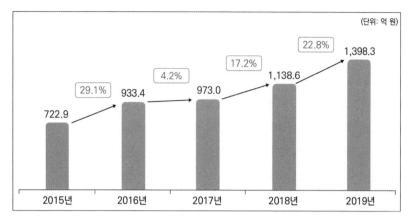

[자료출처: 2020 대한민국 게임백서].

이처럼 e스포츠는 2017년 아시안게임 시범종목 채택 이후 짧은 기간 동안 빠른 속도로 성장하게 되었다. 이처럼 e스포츠가 성장할 수 있었던 사회·문화적 동력요인은 무엇이 있는지 살펴보면 다음과 같다.

첫째, 새로운 스포츠로의 인식이다. e스포츠는 앞서 언급한 바와 같이 스포츠로서 인정을 받은 것이 2018 인도네시아 자카르타·팔렘방 아시아게임에서 시범종목으로 채택이 되면서 대중들이 새로운 스포츠로서 인식하기 시작했다. 그동안 존재의 여부를 모르던 소비자들과 게임으로만 여기던 소비자들에게 아시아게임의 공신력을 앞세워 새로운 스포츠로 인정을 받게 되는 계기를 제공하였다.

그리고 아시안게임을 통해 전 세계 소비자들에게 새로운 문화와 스포츠로서 충분한 가능성을 선보였다. 이러한 성장가능성 제시는 수많은 기업들에게 새로운 e스포츠의 산업적 효과를 제시하는 결과로 나타났다. 다양한 성장가능성을 인지한 기업들은 e스포츠 분야에 전폭적으로 활동하게 되었고, 이로써 e스포츠가 사회·문화적으로 성장할 수 있었던 요인을 제공한 것이다.

둘째, 기업의 후원이다. e스포츠 산업 규모가 단기간 내에 급성장할 수 있었던 요인 중 두 번째는 국내·외 기업의 활발한 스폰서십 활동이다. 현재 e스포츠 마케팅 활동에 있어서 기업의 스폰서십 활동이 절반 이상을 차지하고 있다 해도 과언이 아니다. 이처럼 수많은 기업들이 e스포츠 마케팅 활동(후원)을 하는 사회·문화적 동력요인은 바로 새로운 세대인 MZ(Millennials Z)세대에 어필할 수 있다는 장점과 무한한 성장가능성을 보았기 때문이다.

MZ세대는 밀레니얼 세대와 Z세대가 합쳐져서 만들어진 신조어이다. e스포츠의 대부분 참여자들은 MZ세대로 새로운 문화창조와 스포츠 소비 형태가 다르게 형성되어 있기 때문에 많은 기업들은 e스포츠 마케팅 활동을 하는 것이다.

사례를 들어 이해를 돕고자 한다. 롯데제과는 2020년 T1 소속인 페이커 (본명 이상혁)를 월드콘(아이스크림) 광고 모델로 발탁하여 MZ세대에 어필하기 위해 강수를 두었다. 이를 통해 월드콘은 작년 대비 15% 매출이 상승되는 효과가 나타났고(박태균, 2020. 06. 15), 롯데제과는 페이커를 통해 이윤추구와 이미지 제고에 긍정적 효과를 보았다.

이처럼 MZ세대는 소비 시장에서 핵심 키워드로 성장하였고, 많은 기업들이 MZ세대에게 어필하기 위해 마케팅 활동을 하고 있는 것이다. 이러한 과정속에서 e스포츠는 새로운 마케팅 활동 수단이 되었고, 긍정적인 효과를 나타냄으로 기업들에게 이점으로 다가가고 있다.

셋째, 정부의 비즈니스적 인식 전환이다. 정부는 e스포츠를 경제적 부가가치가 높은 산업으로 인식하고 보다 적극적인 투자를 통하여 이윤의 극대화를 얻고자 하는 e스포츠 비즈니스적 인식 전환이 있었다. 정부의 e스포츠 산업의 기초 정립에 대한 필요성 인식 및 육성지원 정책은 국내 e스포츠 마케팅 출현을 촉발시킨 사회·문화적 동력요인이 되었다.

정부는 e스포츠 산업을 외화 획득, 고용 창출을 위한 21세기 국가전략사업으로 육성할 계획을 가지게 되었다. 특히, e스포츠 산업을 신산업으로 육성시키기 위해 「이스포츠(전자스포츠) 진흥에 관한 법률」이 제정되었다(2020. 06. 09; 법률 제 17414호).

「이스포츠(전자스포츠) 진흥에 관한 법률」은 e스포츠 산업 육성을 위하여 문화체육관광부가 중심이 되어 중장기계획을 수립하여, 경쟁력을 강화하기 위한 조치를 구제적으로 시행할 수 있도록 2020년 제정한 법률이다. 이 법률에 따라 정부는 e스포츠 산업 진흥을 위하여 필요한 전문인력을 양성하는 데 노력하고자 하며, 국민의 건전한 여가활동을 도모하기 위한 규정을 마련하였다.

넷째, 재정적 확립을 위한 수단작용이다. 국내 e스포츠 경기 단체 및 협회는 재정적 자립을 위한 수단으로, 더불어 지역 활성화의 수단으로 e스포츠 마케팅 도입이 절실히 요구되어 출현을 가속화시키는 사회·문화적 환경요인을 제공하였다.

게임이라는 프레임 속에 갇힌 e스포츠는 존폐의 위기에 직면할 수밖에 없었고, 재정적인 어려움을 극복하고자 하는 의식 속에서 e스포츠 경기 단체 및 협회에서는 e스포츠 마케팅 적용에 대한 필요성이 요구되었다. 즉, 재정적 확충의 일환으로 각 협회 및 경기 단체는 크고 작은 e스포츠 이벤트 및 대회에 성공적인 개최를 위한 전략, 기획, 운영, 관리, 홍보 및 마케팅 등을 효과적으로 다룰 수 있는 e스포츠 마케팅 능력이 절실히 요구되었던 것이다.

다음 〈표 2〉는 국내 e스포츠 마케팅 출현의 사회·문화적 동력요인에 대한 요약이다.

표 2 • 국내 e스포츠 마케팅 출현의 사회·문화적 동력요인

국내 e 스포츠 마케팅 출현의 사회·문화적 동력요인
· MZ세대를 주축으로 기업의 이윤추구 및 이미지 제고 효과 · e스포츠 가치에 대한 정부의 인식 변화 · 국내 경기단체 및 협회의 재정적 자립을 위한 수단으로 인식

3 e스포츠 마케팅 발전 과제

국내에서 e스포츠 마케팅이라는 단어가 사용된 것이 언제부터라고 정확하게 명시되어 있진 않지만, 과거 보도된 자료에 따르면 2006년 CJ인터넷은 넷마블 개편 이후 사용자의 편의성을 극대화하기 위해 최초로 e스포츠 마케팅 활동을 하겠다고 보도하였다(이택수, 2006. 07. 19).

또한, 2005년부터 시작되어 아시아 최대 문화 콘텐츠 전시회로 자리매김한 '국제문화창의산업전(ACE Fair 2005)'에서 게임 캐릭터 라이센싱을 최초로 판매하는 활동을 선보이면서 e스포츠를 이용한 마케팅 활동 출현을 앞당기는 촉매제 역할을 하였다(김한식, 2010. 07. 23). 그리고 2010년을 전후로 급성장하기 시작한 e스포츠 관람문화는 관람 산업 발전가능성을 제시하여 국내 e스포츠 마케팅의 필요성을 더욱 제기시켰다.

현재 e스포츠는 매년 급속도로 성장해 나가고 있고, 시장 규모 역시 늘어나고 있다. 국제적 행사 및 국내 e스포츠 이벤트를 성공적으로 유치 및 개최하기 위해서는 다양한 각도에서 세밀한 노력이 요구된다.

이러한 과정 속에서 현재 e스포츠 마케팅의 문제점을 살펴보고, 활성화를 위한 발전 과제는 무엇인지, 어떠한 점들을 개선해야 되는지, e스포츠 마케팅의 올바른 방향성을 제시하고자 한다. 다음 〈표 3〉은 국내 e스포츠 마케팅 발전 과제의 요약이다.

표 3 • **국내 e스포츠 마케팅 발전 과제**

국내 e스포츠 마케팅의 발전 과제
· e스포츠 마케팅 전문인력 양성 · 지속적인 e스포츠 마케팅 상품 개발 및 판매 · e스포츠 품질의 고급화

1) e스포츠 마케팅 전문인력 양성

앞으로 e스포츠 산업의 비중이 커지면 커질수록 e스포츠 마케터의 역할과 능력이 중요시될 것이다. 다양한 분야의 의견을 조율해야 하는 조정능력과 아이디어를 상품으로 연결시키는 기획력, e스포츠 소비자의 욕구를 해결시켜줄 수 있는 능력이 바로 e스포츠 마케터의 능력이다.

따라서 국내 e스포츠 마케터 전문인력을 양성하기 위해서는 대학 내 e스포츠 마케팅 관련 학과의 증설 및 실무중심의 교과과정 개편 그리고 기업과 정부의 전폭적인 지원을 통한 전문인력 양성기관의 질적·양적 증대가 시급히 요구된다.

2022년 기준으로 전국에 e스포츠 관련 학과가 개설된 곳은 4년제 1곳(호남대), 2년제 전문대학 3곳(전남과학대, 오산대, 조선이공대)이다. 물론 융합과정 및 전공은 제외하고 e스포츠의 이름을 내건 학과를 기준으로 하였다. 그리고 대학원 과정은 전국에 점차 생기고 있는 과정 속에 있다. 하지만 e스포츠 산업 발전 속도에 비하면 전문인력 양성 과정 속도는 매우 늦은 편에 속한다.

e스포츠는 가상세계의 특성과 인터넷을 통한 소비라는 특성이 더해져 정량화, 예측하기가 쉽지 않다. 이러한 변수의 요소가 많기 때문에 이론 또는 상식으로 설명할 수 없는 부분 역시 존재하고 있다. e스포츠 특성과 본질을 이해하고 전문적인 능력을 발휘할 수 있도록 전문인력을 양성하고 배출해야 하겠다.

그리고 e스포츠 분야에서도 마케팅 분야뿐만 아니라 다양한 세부분야로 나뉠 수 있기 때문에 e스포츠 분야를 전체를 포괄할 수 있을 만큼 전문인력을 양성해서 산업 현장으로 연계되어야 할 것이다.

2) 지속적인 e스포츠 마케팅 상품 개발 및 판매

이 글을 읽는 여러분은 'e스포츠가 어떠한 상품이 있지?'라고 의아해할 수 있을 것이다.

하지만 e스포츠는 곧 e스포츠 자체가 무형의 상품이고, 무형의 상품을 제품화하여 소비자들에게 판매하는 것이다. 따라서 e스포츠에 관련된 상품들을 지속적으로 개발하여 많은 관심을 갖도록 하는 것이 흥행성공을 위한 가장 기본적이고 중요한 요소가 된다.

이해를 돕기 위해 예를 들어보고자 한다. 전국 각 지역에 위치한 이스포츠 경기장(부산, 광주, 대전)은 생활체육 및 프로리그 대회를 개최하여 관람객을 유입시키는 동시에 소속된 지역이미지를 고취시키고, 관람 수입을 증대하는 등 경제적, 사회적 효과를 보이고 있다(이수호, 2017. 11. 20). 이러한 가운데 e스포츠는 소비자들을 경기장으로 유도하는 하나의 제품으로 작용하는 것이고, 관람으로 이어지게 하는 것이다. 관람을 통해 발생된 수입은 e스포츠 제품의 질을 높이는 데 사용되거나 재정적 규모를 확장시키는데 사용된다.

또 하나의 사례로는 LCK (LOL Champions Korea)를 언급할 수 있다. 최근 2019년에 개최된 LCK 대회에서 현장 관람객들은 3,500명으로 집계가 되었고, 세계 동시 관람객 수는 242만 명에 달하여 인기를 실감케 하였다(윤민섭, 2019. 06. 30). 또한, 글로벌 관람객들을 위해 영어, 중국어, 프랑스어 등 6개 언어로 중계를 하여 관람객들의 뜨거운 반응을 이끌어 냈다. 전 세계에 대한민국이라고 하면 수많은 단어가 대표성을 가질 수 있는데, 미래 주역인 MZ세대에서는 많은 단어 속에서 'e스포츠'라는 키워드까지 추가되어 대한민국 위상을 드높이고 있는 것이다.

지금처럼 e스포츠가 지속적으로 성장하고 저변을 확대하기 위해서는 국내뿐만 아니라 전 세계 소비자들에게 주목을 받아야 한다. 소비자들의 지속적인 관심과 주목을 받기 위해서는 끊임없이 e스포츠 상품 개발을 해야 하며, 다양한 판매 경로를 통해 어필해야 할 것이다. 만약 새로운 e스포츠 상품을 개발하지 않게 되면 소비자들의 관심에서 벗어나게 될 것이며, e스포츠는 당연히 소비자들에게 외면을 받게 될 것이다.

e스포츠 마케터는 이러한 중요성을 인지하고 새로운 상품 또는 융합된 상품을 개발해야 할 것이다.

3) e스포츠 품질의 고급화

국내 e스포츠 마케팅 발전을 위한 과제로 e스포츠 자체 품질의 고급화가 요구된다. 코로나19(COVID-19)로 인한 비대면 스포츠 소비는 급속도로 증가되었고, 소비자들의 라이프 스타일이 짧은 시간 내에 180도 변화되었다. 이러한 환경 변화에 따라 소비자들의 욕구가 점차 다양하고 높아지고 있는 것이다.

이제 위드 코로나시대를 맞이하여 소비자들의 욕구에 충족하기 위해서는 e스포츠 품질의 고급화가 이루어져야 한다. 코로나19 이전까지 단순하게 참여하고 즐겼던 e스포츠에서 볼거리와 즐길 거리를 제공하고 끝났던 마케팅 수단을 넘어서 기술적 지원과 이벤트 퀄리티 향상, 프로 선수 매너 등의 고급화를 통해 소비자들의 긍정적인 신념과 더불어 재참여, 재관람, 추천 등 행동 의도를 불러일으켜야 할 것이다.

현재 e스포츠는 무한한 성장 잠재력을 지녔음에도 불구하고 아직까지 제대로 된 마케팅 이론을 바탕으로 현장에서 적용되고 있지 않아 산업적으로 미약한 부분이 존재하고 있다.

특히 e스포츠 이벤트, 상품개발, 현장 마케팅 활동은 다른 스포츠 마케팅 및 문화 사업에 비해 매우 미비한 편에 속하고 있다. 이에 e스포츠 마케팅 발전과 지속 가능한 e스포츠를 유지하기 위해서는 e스포츠의 고급화를 통해 소비자들을 유도해야 한다. 무분별한 마케팅 활동보다, 체계적으로 확립되어 있지 않고 당장 이득을 위해 개최되는 이벤트보다 체계적이고 객관적인 조사를 통해 소비자들에게 다가가는 e스포츠 마케팅 활동이 더욱 효과적으로 나타날 것으로 판단된다.

1) Shanghai MG(2021)

중국의 e스포츠 시장은 24조 원의 규모를 지니고 있어, 전 세계적으로 e스포츠 인기가 가장 많은 나라이다. 이러한 가운데 상하이 자동차의 경주용 전기차 브랜드인 Shanghai MG(上汽名爵)는 2021년 BLG(Bilibili Gaming) LOL 팀의 차량을 지원하는 협력사가 되는 동시에 대대적인 홍보 마케팅 활동을 펼치고 있다(이윤식, 2022. 03. 31).

Shanghai MG는 젊은 소비층의 관심 유도와 소통하는 장을 마련하기 위해 e스포츠를 매개로 삼고 적극적인 e스포츠 마케팅 활동을 펼치고 있어 성공적인 사례로 평가받고 있다. 다음 〈그림 8〉은 Shanghai MG의 BLG 협찬 광고 장면이다.

그림 8 • Shanghai MG의 BLG 협찬 광고

[자료출처: 텅쉰망(腾讯网)].

2) 미국 AB인베브(2019)

세계 1위 주류회사인 AB인베브(Anheuser-Busch InBev)는 MZ세대들에게 e스포츠 마케팅 활동을 하기 위해 e스포츠(오버워치) 리그와 파트너십을 체결하고 공식 맥주로 마케팅 활동을 펼치고 있다.

세계 맥주 브랜드들은 미식축구 결승전 슈퍼볼(Super Bowl)과 아마추어 대학농구 챔피언을 가르는 미국대학스포츠협회(NCAA)의 '3월의 광란(March Madness)' 등 전통적인 스포츠 경기 이벤트에 수백만 달러의 광고와 마케팅 비용을 쏟아부으며, 마케팅 활동을 펼치고 있었다.

하지만 맥주 시장 규모가 점차 줄어들면서 새로운 주요 고객층으로 떠오른 밀레니얼과 Z세대에게 적극적으로 다가가기 위해 e스포츠까지 마케팅 영역을 확장하고 있는 것이다(박소정, 2019. 07. 08).

그림 9 • AB인베브의 공식포스터

[자료출처 : Brand Brief(http://www.brandbrief.co.kr)].

더불어 AB인베브는 'e스포츠의 공식 맥주(The Official Beer of Esports)', '게이머 공식 맥주(The Official Beer of Gamers)', '게이밍 공식 맥주(The Official Beer of Gaming)' 등에 대한 상표권을 미국 특허상표청(USPTO)에 등록하는 등 e스포츠 마케팅 활동을 적극적으로 펼치고 있다.

3) 롯데제과(월드콘)(2020)

롯데제과는 지난 2020년 4월, T1 소속 선수인 페이커(본명: 이상혁)를 광고 모델로 발탁하여 MZ세대에게 어필하였다. 롯데제과의 아이스크림인 월드콘은 아이스크림 분야에서 판매량 1위를 달성하고 있는데 MZ 소비자들에게 공감대 형성과 커뮤니케이션 효과를 누리기 위해 페이커 선수를 광고 모델로 발탁하는 과감한 e스포츠 마케팅을 선보였다.

이 결과로 롯데제과는 작년 5월 매출 대비 15%가 상승하는 매출 효과로 나타나 e스포츠 마케팅의 성공적인 사례로 평가받고 있다. 다음 〈그림 10〉은 페이커가 광고한 월드콘 포스터이다.

그림 10 • 페이커 월드콘 광고포스터

4) 기아(KIA)(2021)

국내 대기업 중 하나인 기아(KIA)가 MZ세대에게 어필하기 위해 e스포츠 팀인 DWG KIA(담원 기아)를 후원하는 동시에 다양한 e스포츠 마케팅을 펼치고 있다.

이후 시장조사 업체인 마크로밀엠브레인에 따르면 기아는 e스포츠 프로게임단 DWG KIA(담원 기아)를 후원하면서 MZ세대들의 호감도가 47.8%에서 5%가 오른 52. 8%로 나타나 e스포츠 마케팅 효과를 본 사례이다(서동철, 2021.

05. 11). 〈그림 11〉은 담원 기아의 이벤트 포스터 내용이다.

그림 11 • 담원 기아의 이벤트 포스터

제 3 장

e스포츠 STP 전략
(eSports STP Strategy)

e스포츠 STP 전략
(eSports STP Strategy)

1 STP 개념의 등장

체계적이고 일관성 있게 e스포츠 마케팅을 추진하기 위해서는 먼저 효과적인 전략을 수립하는 것이 우선시되어야 한다. 전략적인 e스포츠 마케팅의 핵심은 STP 전략이 될 것이다.

하지만 아쉽게도 현재 e스포츠 분야에서 STP 전략에 대한 정의와 이론이 체계적으로 정립되어 있지 않은 상태이다. 이에 본 저자는 e스포츠와 본질이 비슷한 스포츠 마케팅 이론에서 e스포츠 특성을 가미하여 개념을 정의하고자 한다.

STP는 Segmentation, Targeting, Positioning의 앞글자를 따서 STP로 불리는데, 즉 **e스포츠 시장의 세분화**(Segmentation), **e스포츠 시장의 표적화**(Targeting), **e스포츠 제품의 위치화**(Positioning)로 정의할 수 있다. 이를 다른 말로 e스포츠 표적 마케팅이라고도 부를 수도 있다. 이는 e스포츠 시장을 하나의 시장으로 가정한 다음 세분화된 시장으로 나누어, 각 시장의 매력성을 평가한

후, 대응하는 e스포츠 제품의 위치와 개념을 소비자들에게 전달하고 그에 맞는 e스포츠 제품을 개발 및 판매하는 것을 의미한다.

　　마케팅 전략에서 STP 개념을 최초로 규명한 학자는 필립 코틀러(Phillip Kotler) 박사이다(허경아, 2008). 필립 코틀러는 마케팅 경영관리 5단계 과정으로 설명하였는데 〈그림 12〉와 같다.

그림 12 • **Phillip Kotler의 마케팅 경영 5단계 과정**

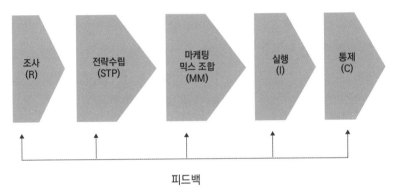

[자료출처: Phillip Kotler(1997). Marketing].

　　1단계는 조사(Research)이다. 2단계는 STP, 즉 시장세분화, 목표 시장 선정, 포지셔닝이다. 3단계는 마케팅 믹스(Market ing Mix)이다. 마케팅 믹스는 4가지 요인으로 설명할 수 있는데 제품(Product), 가격(Price), 장소(Place), 촉진(Promotion)이다. 4단계는 실행(Implementation)이며, 5단계는 통제(Control)이다.

　　이러한 필립 코틀러의 마케팅 경영관리 5단계 과정은 e스포츠 마케팅에서도 그대로 적용할 수 있다. 즉, e스포츠 시장의 조사를 통해 각기 다른 욕구를 가진 소비자들로 구성된 각기 다른 시장을 발견하고, e스포츠 상품의 구조와 목적을 분석하여 세분화된 시장을 설정할 수 있을 것이다.

　　다음으로 목표 시장(타켓)을 설정하여 e스포츠 상품의 위치를 정하는 포지셔닝을 수행함으로써 차별화된 상품을 소비자들에게 알릴 수 있다. 그다음 마케팅 믹스(4P)를 개발 및 실행하고 마지막으로 결과를 통제, 평가한 후 전략 전술을 개선해 나갈 수 있을 것이다.

따라서 e스포츠 관련 기업 및 관련 단체는 효과적인 목적을 달성하기 위해서는 e스포츠 시장에 각기 다른 소비자들의 욕구를 세분화되게 분석한 뒤 e스포츠 제품만이 가지고 있는 차별성을 통해 e스포츠 마케팅 활동을 펼쳐야 할 것이다.

e스포츠에 참여하는 소비자들은 각자만의 e스포츠 소비 습관·욕구를 가지고 있다. 그리고 현재 e스포츠에 참여하지 않는 소비자들 역시 필요한 욕구와 만족·불만족을 가지고 있다. e스포츠 마케팅 및 마케터는 이러한 소비자들이 어떠한 욕구를 가지고 있고, 어떠한 점에 만족·불만족하는지 알고 대처한다면 e스포츠 참여자들은 현재보다 더욱 늘어날 것이다.

e스포츠 소비자들은 현재보다 더욱 늘리고, 유도하기 위해서는 효과적인 e스포츠 마케팅 활동을 해야 하고, 소비자들이 원하는 욕구를 비슷한 요인들끼리 그룹을 형성시킨 뒤 세분화된 시장을 설정하여 그 목적에 맞는 마케팅 활동을 펼쳐야 할 것이다. 그러면 e스포츠 산업 발전 및 참여율은 매우 상승될 것으로 판단된다. 다음 〈표 4〉는 STP의 단계별 주요활동을 구분하였다.

표 4 · STP의 단계별 주요활동

단계	표적마케팅	단계별 주요 활동
1단계	시장세분화	· e스포츠 시장의 세분화 · e스포츠 상품시장의 구조분석
2단계	표적시장 선정	· 세분시장별 사업성 검토 · 세분시장의 선정
3단계	포지셔닝	· 포지셔닝의 목표 수립 · 마케팅 전략 수립 · 차별화 전략 수행 및 목표 달성

2 e스포츠 시장의 세분화(Segmentation)

　표적 마케팅의 첫 시작은 e스포츠 시장을 이해하고 시장을 세분화하는 것으로부터 시작된다. 이는 현재 e스포츠 시장에 있는 경쟁 상품을 이해하고 소비자 반응을 분석한 다음, 비슷한 성질을 가진 범주들로 묶어서 파악하는 단계이다.

　e스포츠 소비자들의 욕구가 갈수록 다양해지면서, 모든 욕구를 충족하기에는 사실상 어려운 것이 현실이다. 따라서 많은 소비자들의 만족을 이끌어 내기 위해서 공통적인 요인을 중심으로 시장을 세분화해야 할 필요성이 있다.

　또한, e스포츠 시장에서도 경쟁이 심화되고, 자사와 경쟁사 제품 간의 격차가 줄어들고 있기 때문에, e스포츠 소비자의 관심을 이끌기 위해서는 욕구에 부합하는 서비스를 제공해야 한다. 이러한 서비스를 제공하기 위해서는 e스포츠 시장의 세분화는 꼭 필요하다(임기태, 전찬수, 2020).

　e스포츠라는 하나의 상품으로 모든 e스포츠 소비자들의 만족을 이끌어 내기란 사실상 불가능에 가깝다. 어떤 소비자는 직접 참여보다는 관람과 같은 간접 참여로 만족을 느끼는 소비자도 있고, 어떤 소비자는 관람보다는 e스포츠에 직접 참여함으로 쾌락과 즐거움 등 다양한 감정을 느껴 만족을 지각하는 소비자도 있을 것이다. 그리고 어떤 소비자는 e스포츠 종목 중에서 리그 오브 레전드보다 카트라이더를 할 때 쾌락을 느낄 수 있고, 어떤 소비자는 직접 참여보다 부대 행동을 수행함에 만족을 느낄 수 있다.

　이처럼 e스포츠에 참여하는 소비자들 사이에서도 각자 추구하는 목적과 욕구가 다른 것이다. 이러한 소비자들을 전체적으로 만족시키기 위해서는 e스포츠 시장을 세분화하여 목표 시장을 선정한 후에 각기 원하는 제품에 대한 포지셔닝을 설정한 후 판매 및 개발해야 하는 것이다. 소비자들에게 만족이 높은 제품 및 서비스를 제공하기 위해서는 먼저 현재 e스포츠 시장에 대해 조사해야 하고 세분화해야 하는 것이다.

1) e스포츠 시장의 세분화 조건

e스포츠 시장을 정확하게 세분화하기 위해서는 다음과 같은 4가지 조건이 고려되어야 한다.

첫째, e스포츠 시장의 측정 가능성이다. 전체 e스포츠 시장의 규모를 파악하는 것은 힘들겠지만 제품(서비스)을 판매하기 위한 목표 시장의 규모는 정확하게 파악해야 할 것이다. 그리고 제품(서비스)을 사용할 e스포츠 소비자의 특성, 비용, 잠재력 등이 정확하게 파악되어야 한다.

둘째, e스포츠 시장의 접근 가능성이다. 대상에 따른 e스포츠 접근 가능성을 고려해야 한다. 예를 들어 고령의 어르신들에게 e스포츠 종목인 리그 오브 레전드(LOL) 종목을 숙지시켜 e스포츠에 참여시키고자 한다고 가정해보자. 이론상으로는 가능하지만 현실적인 부분에서 어려움이 많다는 것은 많은 분들이 알고 있을 것이다.

이처럼 e스포츠 시장의 접근 가능성은 참여 대상과 참여 조건에 따른 접근 가능성을 염두에 두고 조사해야 할 것이다.

셋째, e스포츠 시장의 실체성이다. e스포츠 마케팅의 최종 목적과도 같은 맥락이지만 투자할 가치가 있고 수익성이 확보되어야 한다. 즉, e스포츠 시장이 단일하고 규모가 작다면 아무리 좋은 상품과 서비스를 제공한다 하여도 세분화할 수 없다.

넷째, 실행 가능성이다. e스포츠 시장이 아무리 전망이 좋고 산업적 발전 가능성이 무한대라 하여도 조직이 수행할 수 있는 능력과 자원을 보유하고 있어야 실행 가능성이 높아지는 것이다. 기업이 활용할 수 있는 인적 및 자원이 부족하거나 동원할 수 없다면 아무리 좋은 상품이어도 시장 세분화는 의미가 없기 때문에 e스포츠 시장을 세분화하는 조건으로 고려해야 할 것이다.

2) e스포츠 시장의 세분화 변수

e스포츠 시장을 목표 시장에 맞게 세분화하기에 가장 일반적인 변수는 인

구통계학적, 지리적, 행위적, 심리적 변수를 대표로 꼽을 수 있다. 다음 〈표 5〉
는 e스포츠 시장 세분화 변수에 대한 내용이다.

표 5 • e스포츠 시장 세분화 변수

e 스포츠 시장 세분화 변수
· 인구통계학적 세분화
· 지리적 세분화
· 행위적 세분화
· 심리적 세분화

첫째, 인구통계학적 세분화는 e스포츠 마케팅 분야에서뿐만 아니라 경영학,
스포츠 마케팅 등 다양한 분야에서도 가장 쉽게 사용하는 세분화 요인 중에
하나이다. 인구통계학적 특성은 성별, 소득, 나이, 직업, 종교 등과 같이 나뉠
수 있는 특성을 뜻하고 있다.

**둘째, 지리적 세분화는 쉽게 설명하여 지역에 따라 세분화하는 방법을 의미한
다.** 대한민국 소비자들은 거주하는 지역에 따라 소비 경향 및 e스포츠 선호 종
목 등 다소 상이한 경향이 보고되고 있다.

2006년 한경뉴스(2006. 11. 05) 기사에 따르면 대전광역시와 제주특별자치
도에서는 다른 지역에 비해 축구게임이 강세이며, 영남에서는 FPS, 호남에서
는 아케이드가 비교적 많이 이용되는 것으로 나타났다고 발표하였다.

이처럼 국내에서도 지리에 따라 e스포츠 소비자들의 욕구와 반응은 상이
하기 때문에 세분화할 수 있는 변수로 작용하고 있는 것이다. 지리적 세분화는
생각보다 소비자들이 중요한 요소로 생각하기 때문에 e스포츠 마케터는 이러
한 중요성을 숙지하여 지리적 조건을 이용한 세분화 방안을 마련해야 하겠다.

**셋째, 행위적 세분화는 인구통계학적, 지리적 변수와 더불어 많이 사용되고 있
는 세분화의 변수이다.** 행위적 세분화는 소비자들이 e스포츠에 대해 얼마만큼
알고 있는지에 대한 인지 여부(고관여/저관여)와 참여 정도(빈도수), 사용 여부,
애호 정도 등 행위에 따라 세분화할 수 있기 때문에 마케팅 전략에서 활발하게

사용하고 있는 요소이다. 또한, 참여시간(오전/오후) 및 참여유지시간으로도 세분화가 가능하기에 다양한 행위로 세분화가 가능하다는 장점을 가지고 있다.

넷째, 심리적 세분화는 e스포츠 소비자들의 태도, 동기, 관심 등과 같은 무형적 변수로 세분화하는 방법이다. 현재 e스포츠 마케팅 사례에서 심리적 세분화 변수를 사용한 사례가 보고되고 있지는 않지만 타 학문에서는 심리적 세분화를 하기 위해서 라이프 스타일(Life Style)유형에 따른 세분화 방법과 AIO(Actici-ties Interests Opinions) 분석을 활용하고 있다.

AIO분석은 소비자들의 심리적 특성을 파악하기 위해 가장 많이 사용되는 방법으로 여가, 취미, 사회활동 등 다양한 활동(Acticities)과 사회적, 개인적, 대상, 사물 등에 대한 관심(Interests), 그리고 사회문제, 경제, 자신, 타인, 상품, 문화 등 다양한 주제에 대한 의견(Opinions)을 조사하여 시장을 세분화하는 방법이다. 또한, 라이프 스타일은 최근 여가생활이 증대됨으로 주요하게 떠오르고 있는 세분화 방법으로 여러 가지(인구통계학적, 심리적, 행위적, 지리적) 세분화 방법들이 설명하지 못하는 부분을 설명하고 있기에 중요한 변수로 작용하고 있다.

이처럼 효과적인 e스포츠 마케팅 활동의 전략을 수립하기 위해 e스포츠 시장을 세분화하고 변수를 살펴보았는데 아쉽게도 다른 분야에 비해 e스포츠 시장은 STP 전략을 효과적으로 사용하고 있지 않아 아쉬움으로 남고 있다. 이에 향후에서는 e스포츠 소비자들에게 적은 비용으로 효율적이고 최대의 효과를 나타내기 위해서는 STP 계획을 수립하고 체계적인 방안을 세워야겠다.

앞서 e스포츠 목표 시장을 세분화하였으면 다음으로 e스포츠 소비자들을 공략하기 위한 목표 시장을 세워야 한다. 목표 시장을 고려할 때 다음과 같은 조건들을 고려해서 수립해야 하겠다.

첫째, 공급자의 목적과 자원을 고려하여 목표 시장을 세워야 한다.

즉, e스포츠 시장의 매력성이 아무리 넘친다 하여도 공급자의 원래 목적과 불일치하고, 재정적 자원이 충분히 확보되지 않고 공략할 때에는 사실상 실패할 확률이 높다.

그리고 무리한 목표 시장 공략은 실패와 부정적 이미지로 소비자들에게 다가갈 수 있기 때문에 공급자의 기준에 맞춰 재정적·시간적 부담을 주지 않는 목표 시장을 세워야 한다. 그래서 공급자가 원하는 목표와 재정, 시간 등을 정확하게 고려하여 소비자들에게 접근해야 한다. 그리고 조사를 통해 e스포츠 목표 시장을 세워야 한다.

둘째, e스포츠 목표 시장을 몇 개를 선정하는지 고려해야 한다. 앞서 언급했듯이 하나의 e스포츠 시장을 세분화하였다는 것은 수많은 e스포츠 시장으로 나뉘었다는 뜻과 같다. 이에 e스포츠 시장에서 목적 달성을 하기 위해 효과적인 마케팅 전략을 펼쳐야 한다. 그러기 위해서는 제품의 목적에 맞는 e스포츠 시장을 몇 개로 세분화하여 표적화하는지 고려해야 된다.

예를 들어 한 개의 e스포츠 목표 시장만을 선택해서 우선권과 이윤을 창출할 것인지, 전략적으로 몇 개의 목표 시장을 선택해서 넓은 시장확보와 이윤을 창출할 것인지에 대한 고민을 해야 할 것이다. 이러기 위해서는 판매하는 상품의 목적과 서비스에 대한 이해와 그리고 공급자의 목적이 정확하게 수립되어야만 효과적인 e스포츠 마케팅 전략을 수립할 수 있을 것이다. 그리고 앞서 언급한 것처럼 공급자의 시간적 여유와 재정적 지원이 확보되어야만 목표 시장에서 경쟁을 할 수 있기 때문에 무리하면 안 된다.

셋째, 인구통계학적 특성에 맞는 방안을 세워야 한다. 제품(서비스)의 목적에 맞는 e스포츠 목표 시장을 세웠으면 어떤 소비자들을 대상으로 할 것인지, 어떠한 경로로 판매할 것인지, 어떤 성별에 중점을 둘 것인지 등에 대한 방안이 마련되어야 한다.

예를 들어 아무리 똑같은 e스포츠 제품을 사용해도 소비자의 성별과 연령에 따라 사용 방법 또는 사용 결정 여부가 달라지게 된다. 이뿐만 아니라 똑같은 성별이라도 사용하는 지역에 따라 달라지게 되고, 라이프 스타일에 따라도 사용 여부가 달라지게 된다. 이처럼 목표 시장을 세우는 가운데 변수가 생각보다 많다.

그래서 e스포츠 마케터는 마케팅의 효과를 극대화하기 위해 인구통계학적 특성에 맞는 방안이 가장 먼저 강구되어야 할 것이다. 여성이 e스포츠 제품을 사용할 때, 남성이 e스포츠 제품을 사용할 때 다른 방법으로 접근을 해야 할 것이며, 지역에 따라 특색을 변화하여 소비자들에게 접근해야 할 것이다.

이뿐만 아니라 인구통계학적 특성은 다양한 변수를 가지고 있기 때문에 e스포츠 마케터는 이러한 변수를 인지하고 대비할 수 있는 방안을 마련해야 할 것이다.

4 e스포츠 시장의 위치화(Positioning)

e스포츠 시장에서 자사의 제품이 소비자 신념 속에 유리한 위치를 차지할 수 있게 도와주는 활동을 포지셔닝이라 한다(이정학, 2012). 즉, 소비자들의 마음에 자사의 제품이 차지하는 위치를 의미하는 것이다.

포지셔닝이 꼭 필요한 이유는 향후 타사 또는 경쟁사 상품과 경쟁을 하더라도 높은 위치에 자리한 자사의 제품이 훨씬 유리한 입지를 가질 수 있기 때문에 포지셔닝은 매우 필요한 전략이다(김종, 조성직, 염지환, 정희윤 2009). 그러면 e스포츠 포지셔닝의 원리와 특성은 무엇인지 한번 알아보고자 한다.

1) 포지셔닝의 기본 원리와 특성

성공적인 e스포츠 전략을 수립하기 위해서는 제품(서비스)의 특성뿐만 아니라 포지셔닝에 대한 기본 원리를 이해하고 있어야 한다. 다음 〈표 6〉은 포지셔닝의 기본적 원리를 요약한 것이다.

표 6 · **포지셔닝의 기본적 원리**

포지셔닝의 기본적 원리
· 단순하고 일관성 있는 메시지를 전달해야 한다 · 경쟁자(상품)와 차별되어야 한다 · 소비자의 마음에 위치해야 한다

첫째, 단순하고 일관성 있는 메시지를 전달해야 한다.

현대를 살아가고 있는 소비자들은 e스포츠뿐만 아니라 다양한 정보와 광고에 노출되어 살아가고 있다. 이처럼 수많은 정보 속에서 살아남기 위해서는 다양한 정보를 가지고 있는 소비자들에게 어필하는 광고보다 일관성 있고 간략하게 메시지를 전달하는 것이 소비자들에게 기억되기 쉽다.

이해를 돕기 위해 예를 들어 설명하고자 한다. 현재 정식 e스포츠 리그는 아니지만, 아프리카TV 및 트위치TV BJ들 간에서 시작되어 현재 상당한 규모로 개최되고 있는 '멸망전'이라는 대회가 있다. 사실 일반 광고 및 홍보에서 멸망이라는 단어는 사용하지 않는 단어이고 사회적으로도 공격적인 단어에 속하고 있어 잘 사용하지 않는 단어에 속한다. 그런데 이런 단순하고 공격적인 단어가 역발상 e스포츠 마케팅 전략으로 e스포츠 소비자들에게는 인상 깊게 받아들여지고 있다.

현재 BJ멸망전에서는 리그 오브 레전드, 배틀그라운드, 스타크래프트 등 다양한 e스포츠 경기가 열리고, 상금 및 부상까지 갖추고 있어 소비자들의 관심을 모으고 있다.

그럼 이번에는 e스포츠가 아닌 전통 스포츠 마케팅 사례를 들어 보고자 한다. 여러분들은 '나이키(Nike)'라는 스포츠 브랜드이자 기업을 아는가?

많은 소비자들이 나이키에 대해 인지를 하고 있고, 나이키 제품을 사용하고 있을 것이다. 그러면 "나이키의 슬로건(Slogan)은 무엇인가? 나이키 브랜드를 생각하면 무엇이 떠오르는가?"라고 여러분들에게 물어보고 싶다.

그러면 대부분 나이키 로고와 'Just Do It'을 언급할 것이다.

나이키는 앞서 이야기한 것과 같이 다양한 메시지를 소비자들에게 전달하지 않는다. 물론 매 광고마다 전달하는 메시지는 다를 수 있지만 본질적인 메시지가 다르지 않다. 일관성 있는 메시지를 소비자들에게 전달하고자 하고 있는 것이다. 이러한 마케팅 활동을 통해 소비자는 나이키 광고를 보아도 메시지를 전달받을 수 있는 것이고, 장기 기억으로 남게 되는 것이다. 이러한 사례를 바탕으로 e스포츠 마케터는 일관성 있는 메시지를 어떻게 전달할 것인지 새로운 방안으로 마련해야 할 것이다.

둘째, 경쟁자(상품)와의 차별성이다.

e스포츠 시장에서 경쟁사 또는 경쟁 제품(서비스)과 자사의 제품 간의 차별성은 경쟁 시장에서 높은 위치를 차지할 수 있느냐 없느냐를 갈라 놓을 수 있는 아주 중요한 요소이다. 그렇기 때문에 차별성은 마케팅 전략에서 매우 중요한 부분이다. 꼭 명심하길 바란다.

현재 e스포스 시장은 비슷한 경쟁사와 서비스, 상품들로 형성되어 있다. 예로 키보드도 처음에는 화려한 LED를 채택해 차별성을 두었지만 현재는 비슷한 상황이 연출되고, 마우스도 비슷한 모양, 대부분의 e스포츠 용품들이 비슷한 모양과 가격대를 형성하고 있다. 그렇기 때문의 e스포츠 소비자들이 선택함에 있어서 제품 차별성이 없어 구매를 결정하는 데 어려움이 있다.

이러한 이야기는 제품에 대한 충성도와 포지셔닝이 제대로 되어 있지 않다는 것과 같다. 비슷한 성격의 제품들이 쏟아져 나오고 있어 소비자들 입장에서는 높은 포지셔닝을 누구에게 주어야 할지 고민을 하고 있을 것이다.

사례로 e스포츠 전용 마우스는 아니지만 일반 컴퓨터 용품인 마우스 사례를 들어보고자 한다. 마우스를 떠올리면 우리가 생각하는 그림에서 크게 벗어 나지 않을 것이다. 하지만 최근 기업들은 기존의 마우스에서 기업만의 차별성을 강조하기 위해 모양과 캐릭터 등을 삽입하여 다양한 상품을 출시하고 있다. 다음 〈그림 13, 14〉는 차별성을 지닌 마우스 사진이다.

그림 13 • **마이크로소프트 아크(Arc)마우스**

[자료출처: 마이크로소프트].

그림 14 • **카카오 프렌즈 마우스**

이처럼 마우스의 기존 상식을 깬 상품이 출시되면서 경쟁사 제품의 마우스와 차별성을 지니게 되었고, 차별화된 매력을 소비자들에게 어필하고 있다. 이러한 사례를 바탕으로 e스포츠 시장에서도 차별화된 포지셔닝을 하기 위한 방안이 고려되고 제시되어야 할 것이다.

2) 포지셔닝 전략 개발

e스포츠 시장 내에서 경쟁력 있고 차별화된 포지셔닝 전략을 개발하기 위해서는 다양한 측면에서 시장조사 및 제품에 대한 이해가 필요하다. e스포츠 마케팅 전략을 수립하기에 앞서 고려해 보아야 할 사항은 다음과 같다.

첫째, 경쟁사(제품, 서비스)를 파악해야 한다. 이것은 e스포츠뿐만 아니라 어떤 분야와도 일맥상통한 부분이다. 현재 경쟁 시장에서 블루오션(Blue Ocean)은 사실상 거의 존재하고 있지 않기 때문에 경쟁은 피할 수 없다.

이러한 상황 속에서 경쟁사(제품, 서비스)를 파악하는 것은 e스포츠 마케팅 전략 수립을 위해 꼭 필요한 작업이다. 경쟁사 제품(서비스)의 장점은 무엇이고, 주력 상품은 어떠한 것들이 있는지, 로고와 마스코트 등 대표성을 상징하는 것은 무엇인지, 위치는 어디인지, 지리적 강세는 어디인지, 어떠한 서비스를 제공하는지 등 다양한 조사를 실시하고 정확한 분석을 통해 자사의 제품의 포지셔닝 전략을 개발해야 할 것이다.

e스포츠 시장에서 경쟁을 하기 위해서는 경쟁 제품과 경쟁사에 대한 파악은 기본적으로 되어야 할 것이다. 이러한 작업 없이 e스포츠 시장에 진출하게 된다면 실패할 확률이 높기 때문에 객관적이고 정확한 조사를 통해 포지셔닝 전략을 개발해야 한다.

둘째, e스포츠 소비자들의 대안을 알아야 대비할 수 있다. 현재 e스포츠 시장은 점차 확대되면서 다양한 제품들이 쏟아져 나오고 있는 상황이다. 소비자들이 계속해서 자사의 제품만을 쓴다고 자만해서는 안 된다.

언제나 소비자들은 전환할 수 있고, 이용을 중지할 수 있다. 그렇기 때문에 기업에서는 소비자들이 오랫동안 유지되고, 지속적으로 재구매할 수 있게 노력해야 하는 것이다.

하지만 아쉽게도 하나의 제품으로 모든 소비자들을 만족시킬 수 없다는 것을 알고 있을 것이다. 만약에 자사의 제품에 불만족 시 소비자들이 대안으로 어떤 제품과 팀, 브랜드를 선택할지 미리 파악해둬야 한다. 불만족 시 이뤄지는 차선책을 미리 파악하고 대비하게 된다면 전환 및 이용중지하는 소비자들을 돌릴 수 있고, 경쟁 상품보다 품질 및 수준 높은 질을 제공할 것으로 판단된다. 이러한 마케팅 활동으로 인해 자사 제품의 포지셔닝은 e스포츠 시장에 상위를 차지하게 될 것이다.

3) 포지셔닝의 목표

e스포츠 분야뿐만 아니라 많은 분야에서 소비자들은 자신의 마음속에 우위를 차지하고 있는 제품 또는 브랜드를 우선적으로 고려한다. 우선적으로 고려된 제품 및 기업의 이미지는 구매행동 및 추천의도로 이어지게 되고 곧 이윤과 연결되게 된다. 이러한 소비자들의 태도 및 신념을 마케팅 용어로 '**충성도(Loyalty)**'라고 부른다.

다양한 욕구를 가진 e스포츠 소비자들은 가장 좋아하는 제품 또는 팀, 브랜드를 집중적으로 결정·선택하고, 그것을 기준으로 정하기 때문에 소비자들 마음에 다른 경쟁사(제품)보다 우위를 차지하는 것이 포지셔닝의 최종 목적이라 할 수 있다.

이러한 포지셔닝의 최종 목적에 원활하게 도달할 수 있게 도와주는 역할이 바로 e스포츠 마케팅이고 e스포츠 마케터가 해야 하는 일 중에 하나이다. e스포츠 마케터는 이러한 중요성을 인지하고 어떻게 하면 e스포츠 제품이 소비자들에게 높은 포지셔닝으로 자리매김할 수 있는지에 대한 방안을 강구해야 한다.

제 4 장

e스포츠 소비자
행동의 이해
(eSports Consumer Behavior)

e스포츠 소비자 행동의 이해
(eSports Consumer Behavior)

e스포츠 소비자 행동
1 (eSports Consumer Behavior)

 e스포츠 마케팅뿐만 아니라 모든 마케팅 활동의 본질은 소비자 관점에서 생각하고 행동하는 일련의 과정이다. 성공적인 e스포츠 마케팅 전략을 펼치기 위해서는 소비자들을 정확하게 파악해야 하며, 그러지 못할 경우 실패할 가능성이 매우 높다.

 이제 경쟁 시장에서 어떠한 기업이 e스포츠 소비자의 행동을 이해하고 예측하는지에 따라 e스포츠 시장 내에서 우위가 바뀔 것이다. 그만큼 e스포츠 소비자 행동에 대한 이해는 매우 중요한 요소로 작용하고 있다.

 그러나 최근 코로나19(COVID-19)로 인하여 e스포츠 소비자들은 짧은 기간 내에 인식 및 소비, 참여하는 패턴이 180도 달라지게 되면서, 욕구가 다양하게 늘어나게 되었다.

 예를 들면 과거에는 소비자들이 단순하게 참여하고 즐기고 만족하는 욕구였다면, 코로나19 엔데믹을 맞이하는 현 시점에서는 사실과 같은 그래픽을 원하고, e스포츠 안에 쾌적한 환경을 요구하는 등의 예전과 다르게 소비자의 요구가 늘어났음을 시사하는 것이다.

이처럼 급변하는 환경 속에서 e스포츠가 성장하기 위해서는 e스포츠 소비자 행동 이해는 더 나은 e스포츠 서비스를 개발하거나 효과적인 마케팅 전략을 수립하는 데 꼭 필요하기 때문에 매우 중요시되고 있다. 복잡하고 다양한 e스포츠 소비자들의 행동을 어떻게 분석하고 이해하며, 욕구에 어떻게 부합할 것인지를 고민해야 한다.

e스포츠 소비자들의 인구통계학적 특성을 비롯한 라이프 스타일, 관여수준 등 범주를 내릴 수 없는 요소들로 인하여 다양하게 차이가 나기 때문에 소비자의 욕구를 충족시킬 수 있게 세분화되고 전략적인 방안이 제시되어야 할 것이다. 그러기 위해서 e스포츠의 소비자들에 대해 보다 자세하게 알아보고자 한다.

1) e스포츠 소비자의 개념과 종류

문득 이런 생각을 할 수 있을 것이다.

"나는 e스포츠 경기 관람을 하지만, 물건을 구매하는 건 아닌데?"라고… 또는 "나는 PC방에 가서 e스포츠에 참여만 하지, 관람을 하지도, 물건을 사지도 않는데?"라고 의문점을 가질 수 있다.

하지만 결과적으로 말하자면 모두 e스포츠 소비자에 해당된다.

e스포츠 소비란 e스포츠 경기를 관람 및 시청하고, e스포츠에 대한 정보를 탐색하고, e스포츠에 직접 참여하고, e스포츠에 관련된 제품, 굿즈, 컴퓨터 용품 등을 구매하는 등 e스포츠 전반에 걸친 활동 소비를 일컫는다. e스포츠 범주 내에 각 세분화된 구분을 통해 소비 형태를 1차적, 2차적, 3차적 소비와 직, 간접 소비자로 나뉠 수 있다.

1차적 소비자는 e스포츠에 직접적으로 참여하는 소비자를 의미하며, 2차적 소비자는 e스포츠에 직접적으로 참여하지는 않지만, 관람(시청), 용품구매과 같이 간접적으로 참여하는 소비자를 의미한다. 마지막 3차 소비자는 경기장에 직접 방문을 해서 관람을 하지는 않지만, 인터넷, YouTube, SNS, 아프리카TV 등의 인터넷 플랫폼을 통해 시청자 또는 구독자의 역할을 하는 소비자를 일컫는다.

그럼 잠시 이해를 돕기 위해 본 저자가 겪은 사례를 예로 들고자 한다. 본 저자는 수많은 장소에서 MZ세대들에게 e스포츠에 대한 주제로 이론강의를 많이 하고 있다. 위에서 언급한 것처럼 e스포츠 소비라는 단어를 꺼내고 질문을 하면 매우 어렵게 느껴지는지 많은 분들이 저자의 눈을 피하곤 한다. 하지만 앞서 이야기한 것처럼 e스포츠 소비에 대해 눈높이에 맞춰 쉽게 설명하면 30명 중 3~4명을 제외하고는 거의 동의한다.

그렇다.

e스포츠 참여와 소비는 프로선수 또는 일부 팬들만의 특권이 아니라 우리 실생활에서 우리가 모르는 사이에 이뤄지고 있다. 독자 여러분들로 인하여 e스포츠가 발전되고 있는 것이고 e스포츠 산업이 성장을 하고 있는 것이다.

그리고 기업들과 정부에서는 어떻게 하면 e스포츠를 더욱 성장시킬 수 있는지 알아보기 위해 여러분들의 행동들을 이해하고자 하는 것이다. 그러니 e스포츠를 너무 어렵게 생각하지 않았으면 좋겠다.

2) e스포츠 소비자 행동의 영향 요인

e스포츠 소비자 행동에 주요 영향을 미치는 요인들은 크게 2가지, 개인적, 환경적 요인으로 정리할 수 있다. 첫째, 개인적 요인으로서 태도, 동기, 자기 이미지, 라이프 스타일 등이 존재한다. 둘째, 환경적 요인으로 가족, 준거집단, 사회계층이 존재한다.

(1) 개인적 요인 - 태도(Attitude)

태도란 일반적으로 특정 대상 또는 대상물에 대하여 일관적으로 호의적 또는 비호의적으로 반응하려는 경향으로 정의하고 있다(Ajzen & Fishbein, 1980). 더불어 Pride & Ferrell(1991) 역시 태도란 "소비자가 물건 또는 대상에게 가지고 있는 긍정 또는 부정적 감정"이라고 정의하였다. 그리고 Kotler(1984)는 "사람의 지속적인 인지적 평가와 감정이며, 어떠한 사물이나 생각에 대한 정서적, 행동적 경향"이라 정의하였다.

이러한 태도는 많은 요인에 직·간접적으로 많은 영향을 준다.

e스포츠 역시 예외일 수 없다. 태도는 e스포츠 참여 시에도, e스포츠 경기 관람 및 굿즈(Goods), 경기와 관련된 용품 구매 시에도 많은 영향을 미치고 있다.

예를 들어 e스포츠 종목 중에 하나인 '피파온라인4' 경기를 보는 가운데 소비자가 가지고 있는 태도 요인은 즐거움을 증가시키거나 반감시키는 요인으로 작용한다(장형월, 유창석, 2021).

즉, e스포츠에 참여(소비)함에 있어 태도가 긍정적이면 직접 관람(직관), 재관람 등으로 이어질 확률이 높아지고, 지속적으로 e스포츠에 참여할 확률이 높아질 것이다. 반대로 e스포츠에 대한 태도가 부정적이면 참여함에 있어서 소극적이거나 부정적이게 될 것이다.

'나는 리그 오브 레전드를 좋아해', '나는 e스포츠 팀 00을 좋아해'와 같이 e스포츠 참여에 있어 소비자가 가지고 있는 형성된 태도는 한순간에 만들어지기보다는 일상생활 속에서 축적된 정보와 감정을 통해 만들어진 태도이다.

태도는 특정 제품, 대상, 유·무형의 서비스 등에 대해 소비자가 가지고 있는 신념을 요약한 것으로 한 번 형성되면 쉽게 변화하지 않고 학습화가 된다. 이에 효과적인 e스포츠 마케팅을 펼치기 위해서는 소비자의 긍정적인 태도를 유도하기 위해 전략적인 방안을 수립해야 된다.

긍정적인 태도를 형성하고 유도하기 위해서는 어떠한 요소로 나뉘게 되는지 알아봐야 한다. 전통적인 태도 모형을 살펴보면 크게 태도는 3가지로 나뉘게 되는데 인지적, 감정적, 행동적 요소이다.

인지적 요소는 특정 팀, 제품 등 지정하여 소비자가 가지고 있는 지식이나 신념을 의미한다. 예로 'MSI 티켓은 비싸다'와 같은 표현은 태도의 인지적 요소를 나타내는 예이다. 감정적 요소는 '나는 DRX 팀을 좋아한다'와 같이 감정적인 느낌을 나타내는 요소이다. 인지적 요소와 감정적 요소는 서로 정비례할 수 있다.

감정적으로 긍정적인 요소를 지각하게 되면 인지적으로도 긍정적인 감정을 전달해 호의적인 태도를 형성할 수 있다. 행동적 요소는 '나는 젠지(Gen. G) 굿즈를 사려고 한다'와 같이 특정 팀 또는 제품에 대한 행동적 의도를 나타내는 요소이다. 이렇듯 태도는 다양한 요인(관여도, 행동, 구매, 추천 등)들에게 직접적으로 작용할 수 있는 중요한 요소이고, e스포츠 소비자들에게 매우 중요하게 작용하니 e스포츠 마케터는 소비자들의 태도를 긍정적으로 유도할 수 있는 방안을 세부적으로 마련해야 되겠다.

(2) 개인적 요인 − 동기(Motivation)

동기(Motivation)를 이해한다면 e스포츠 소비자들이 무엇 때문에 참여하고, 왜 그러한 행동들을 하고, 어떤 미래행동을 할지 등을 예측할 수 있기 때문에 동기를 파악하는 것은 매우 중요하다.

하지만 e스포츠 소비자들의 동기는 매우 다양하고 복잡하다. e스포츠 소비자들은 자신이 원하는 관람 또는 직접 참여에 대한 욕구가 높아지게 되면, 이를 충족시키기 위해 정보 탐색 행동 및 구매 행동을 보이게 된다.

여기서 개인의 주관적인 욕구를 동기라 부르고, 동기가 활성화하여 긴장을 유발하는 과정을 동기부여라 한다(이정학, 2012). 즉, 동기는 e스포츠 소비자들로 하여금 특정한 목적을 향해 행동을 유도하는 상태를 말한다.

현재 e스포츠 소비자들은 각자 다양한 동기(즐거움, 쾌락, 모임, 스포츠 본질 등)와 목적 달성을 위하여 e스포츠에 참여하고 있다. 동기는 한두 가지로 쉽게 정의되는 것이 아니라 현재 규명되어 있는 동기에서도 변형돼서 다시 재탄생되어 나타나고 있기 때문에 소비자들의 동기에 대한 연구는 e스포츠 산업을 확장시키고 유지시키는 데 매우 중요한 요인으로 작용할 것이다.

이러한 맥락에서 학문적으로 e스포츠 소비자들의 개인적 동기를 규명한 연구들이 발표되고 있는데, 성종환, 송기현(2021)은 e스포츠 소비자들의 소비 동기는 태도와 소비 행동에 구조적인 관계가 있다고 규명하였고, 주방궈, 김종무(2019)의 연구에서도 e스포츠 경기 관람객의 관람 동기는 관람 만족과 소비 행동에 긍정적인 영향을 미친다고 발표하여 동기에 대한 중요성을 강조하였다.

이처럼 동기는 e스포츠 소비자들에게 중요한 요인으로 작용한다는 결과를 알 수 있었으며, 따라서 e스포츠 동기를 자극할 수 있는 프로그램과 유도 방안을 개발하여야 할 것이다.

(3) 개인적 요인 – 자기 이미지(Self-Image)

자기 이미지(Self-Image)와 자아관(Self-Concept)은 인성과 행동에 중대한 영향을 미치는 요인이다(양천, 2018).

자아는 크게 4가지로 나눌 수 있는데 첫째 객관적인 자아, 둘째, 자신이 가지고 있는 자아, 셋째, 남들이 자신을 생각하는 자아, 그리고 이상적으로 생각하는 자아로 구분할 수 있다. 따라서 모든 사람은 자기 자신과 남들에 대해 인식 및 평가를 하게 되고, 이러한 자아 이미지는 소비 행동에 영향을 미치게 된다.

e스포츠 소비자는 e스포츠 속에서 자신의 이미지 또는 가상세계 속의 자신을 나타내기 위해 참여 및 소비 행동을 한다. e스포츠 프로팀 및 제품(서비스) 등에 대해 어떻게 지각하는지에 대해서는 자신이 지니고 있는 이미지와 관념을 반영하고 말미암아 우위를 선정해놓고 있을지도 모른다.

즉, 독자 여러분들의 마음속에서는 e스포츠 종목 중에서 00 프로팀을 우선적으로 생각하고 있고, A와 B 팀 중 고를 기회가 있다면 독자의 생각으로 우선순위를 정하고 있다는 뜻이다. 우선순위는 자신의 이미지와 부합되는 부분도 생각하고 있는 것이다.

이와 같이 자기 이미지와 소비 행동은 상관성을 지니고 있기 때문에 e스포츠 산업발전과 효과적인 마케팅을 위해서는 자기 이미지에 대해 조사하고 이해하고 있을 필요가 있다.

(4) 개인적 요인 – 라이프 스타일(Life Style)

최근 소비자들의 라이프 스타일은 e스포츠뿐만 아니라 다양한 분야에서도 중요한 변수로 자리매김하고 있다. 라이프 스타일(Life Style)이란 개인 또는 가족의 가치관 차이로 인한 생활, 행동, 사고, 심리 등의 차이를 전체적인 형태로 나타내는 언어로 정의하고 있다(최강옥, 2003).

최근 라이프 스타일은 e스포츠 소비자의 태도, 가치 등을 포함하여 복합적인 개념으로 작용하고 있어 중요성이 더욱 강조되고 있다. 이러한 이유는 주 52시간 근무 환경과 더불어 여가 시간이 증대되었고, 건강한 삶과 여가를 보내고자 하는 소비자들이 늘어남에 따라 라이프 스타일을 중요시하게 되었다.

이처럼 라이프 스타일이 중요성이 최근 강조되고 있는데 소비자들의 욕구와 스타일이 제각각 달라 충족을 시키기 매우 어렵다. 예를 들어 e스포츠 소비 시장을 세분화하기 위해 학력, 나이, 지역 등으로 나누어 분류하였어도 소비자들의 신념과 태도에 따른 라이프 스타일을 지니고 있기 때문에 e스포츠 소비행동을 예측하기란 매우 어렵다.

이에 라이프 스타일을 계량화하고 조사하기 위해 소비자들의 행동, 관심, 의견에 중점을 두어서 규명하는 방법이 바로 AIO(Acticities Interests Opinions) 분석이다. e스포츠 소비자들의 라이프 스타일은 어떻게 활동을 하고, 무엇에 관심을 두며, 어떻게 생각하고 있는가를 조사하고 분석한다.

다시 말해서 개인의 라이프 스타일은 독특한 삶의 방식이며, e스포츠 소비에 영향을 주는 중요한 요인이다. 즉, 현재를 살아가고 있지만 똑같은 삶을 사는 사람은 없다. 그렇듯 삶에서 e스포츠에 참여하는 방식, 동기, 목적, 관심 등 전부 같은 사람 또한 없다는 이야기이다. 하지만 효과적인 마케팅과 전략을 수립하는 e스포츠 마케터 입장에서는 무엇보다 소비자들의 라이프 스타일을 이해하고 조사해서 개인적 요인을 증명할 필요가 있다.

요즘 e스포츠 트렌드는 개인의 개성과 스타일을 부각시키기 위한 e스포츠 제품들이 출시되고 있다. 대한장애인e스포츠연맹의 정식종목이자 대한e스포츠협회 생활 종목인 '카트라이더'는 참여자의 개성을 부각시키기 위해 다양한 아이템과 스티커를 판매하고 있다.

더불어 생활e스포츠 종목인 'A3:스틸얼라이브'에서도 참여자의 개성과 스타일을 존중하고 차별화된 특색을 가지기 위해 캐릭터 커스텀(Character Custom)을 진행하고 있다. 이처럼 남들과 다르고 자신만의 개성을 강조하기 위한 마케팅은 활발하게 진행되고 있으며, 라이프 스타일은 촉진 활동과 결과를 바꿀 수 있는 중요한 변수로 작용하고 있기에 세분화되어 규명되어야 한다.

이러한 소비패턴 변화를 일찍이 인식한 김종훈, 이정학(2009)는 e스포츠 관람객의 라이프 스타일에 따라 시장을 세분화하여 마케팅활동을 펼쳐야 한다고 주장하였다. 이예지, 정권혁, 전익기(2022) 역시 스포츠 대회 참가자의 라이프 스타일은 태도 및 가치 등에 긍정적인 영향을 선사하기에 중요한 변수로 작용한다고 강조하였다.

이처럼 e스포츠 소비자의 라이프 스타일은 e스포츠뿐만 아니라 다양한 분야에서 변수로 작용하고 있기 때문에 보다 면밀히 세분화된 라이프 스타일 조사가 이뤄지고 대안을 마련해야 하겠다.

(5) 환경적 요인 - 가족(Famliy)

가족은 구성원 간의 밀접하고 지속적인 관계 때문에 무엇보다 가장 강력하게 영향을 미치는 환경적 요인이다. 가족은 가족 구성원 전체가 소비하는 제품이나 유·무형의 서비스뿐만 아니라 개인의 소비에도 많은 영향을 미치게 된다. 따라서 효과적인 e스포츠 마케팅 전략을 수립하기 위해서는 e스포츠의 참여자만 고려해서 전략을 계획하는 것이 아닌 참여자에게 영향을 미칠 수 있는 부모, 형제 등의 영향력을 고려해서 수립해야 할 것이다.

흔히 구매 또는 소비 의사결정하는 과정에 있어 부모, 공동, 본인으로 나뉠 수 있다. 만약 본인이 성인이라면 e스포츠 소비 의사결정권에 대한 비중이 늘어나겠지만, 아직 미성년자에 해당이 된다면 소비 의사에 대한 결정권은 부모에게 가중될 수밖에 없다.

이러한 맥락에서 Green & Chalip(1998)은 자녀들의 스포츠 참여 및 관람에 있어서 부모와 형제로부터 영향을 많이 받는다고 주장하였으며, 반대로 부모의 스포츠 소비 역시 자녀들에 의해 영향을 많이 받는다고 주장하였다.

이러한 사실은 곧 가족 구성원들 간에 서로 영향을 주고받는 것을 의미한다. 그렇기 때문에 e스포츠에 참여하는 소비자가 의사결정권이 있느냐 없느냐에 따라 비중이 달라지게 된다. 이러한 사실을 e스포츠 마케터는 인지하고, e스포츠 소비에 있어서 구성원이 미치는 영향력을 미성년자일 때와 성인일 때로 구분하여 변화되는 환경을 규명해야 하고 그에 따른 대안과 방안을 마련해야 하겠다.

(6) 환경적 요인 - 사회계층(Social Class)

사회계층이란 사회적으로 유사한 위치에 있는 사람들의 집단을 의미한다(장인철, 한준영, 2014). 일반적으로 사회계층 구조는 소득, 직업, 지역, 교육 수준 등 유사한 성격과 성질에 의해 결정된다. Ehrenreich, B., & Ehrenreich, J(1979)는 같은 사회계층에 속해 있는 구성원들은 서로 유대관계를 가지는 경향이 있으며, 관심, 태도 등 동질성을 갖는 성향이 있다고 발표하였다. 그리고 동일한 사회계층에 소속된 구성원들은 비슷한 정보에 노출되고, 유사한 소비 행동을 보인다고 주장하였다.

이해를 돕기 위해 예를 들어 설명하고자 한다. 학교에 다니는 여러분들과 친구는 사회적으로 비슷한 계층에 속한다. 학생이라는 신분과 나이, 비슷한 거주지역 등으로 유대감과 공감대를 형성하고 있다. 이러한 동급, 친구(지인) 관계라는 환경적 요인으로 인해 비슷한 소비를 할 가능성이 높다는 이야기이다. 즉, 친구에게 노출된 정보는 똑같이 나에게 노출될 가능성이 크다는 것이고, 똑같은 노출에 의해 같은 소비를 할 가능성이 많다는 것을 이야기하고 있다.

이처럼 비슷한 성질과 수준으로 소속된 사회계층은 동일한 행동을 할 수 있다는 것을 시사하고 있기에 효과적인 마케팅 전략을 수립하기 위해서는 사회계층을 이해하고 대안을 마련해야 하겠다.

2 e스포츠 소비자의 구매의사결정 과정

e스포츠 소비자들은 어떠한 제품이나 서비스에 대한 관심과 욕구를 가지게 되면 그 욕구를 충족시키기 위해 정보 탐색, 구매 등 여러 단계를 거치게 된다. 현재 e스포츠의 구매의사결정 과정을 규명한 이론은 없다. 하지만 선행학문인 마케팅 학문에서 Hawkins, Best & Coney (1992)는 소비자의 구매의사결정과정을 5단계로 구성된다고 주장하였다. 다음 〈그림 15〉는 Hawkins, Best & Coney(1992)이 규명한 구매의사결정 과정을 나열하였다.

그림 15 • **구매의사결정 과정**

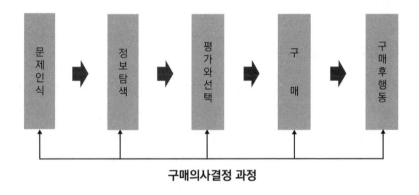

이에 본 저서에서는 Hawkins, Best & Coney(1992)이 규명한 구매의사결정 과정 5단계를 e스포츠에 접목시켜 소비자들에게 설명하고자 한다.

1) 문제 인식

구매의사결정 과정의 첫 단계는 문제 인식에서 출발한다. 문제 인식은 모든 분야의 구매의사결정 과정에서 적용이 된다. 문제 인식은 소비자가 내적 또는 외적 상황에서 정보를 처리함에 있어서 문제를 인식하거나 욕구를 인식하게 돼서 해결하기 위한 동기를 문제 인식으로 정의하고 있다(여정성, 송미령, 2001). 이를 e스포츠 분야에 접목을 시키면 다음과 같다.

e스포츠 구매의사결정 과정 중에서 문제 인식 유형은 크게 2가지로 나뉠 수 있다. 쾌락적 혜택을 추구하는 경험적 요구와 기능적 혜택을 추구하는 실용적 요구로 나뉠 수가 있다.

e스포츠처럼 다양한 감정과 쾌락, 즐거움을 이끌어 내는 경우는 단순하게 구매의사결정으로 끝나는 것이 아니라 감정적이고 상징적인 소비가 일어나게 된다.

이에 따라 e스포츠 마케터는 이러한 점을 인지하고 e스포츠 소비자들이 어떠한 의사결정을 거치는가를 이해하고 적절한 대안을 제공해야 효과적인 결과로 나타날 것으로 판단된다.

(1) 내재되어 있는 기본적 욕구

이정학(2012)은 기본적인 욕구란 생리적이든 심리적이든 행복하기 위해서 충족되어야 하는 기본적인 조건들이라고 정의하였다. 이러한 기본적 욕구는 거의 대부분 소비자들에게 내재되어 있지만 깊숙한 곳에 내재되어 있어 실제로 구매의사결정 과정에 크게 영향을 주지 않는다고 주장하였다.

A. H. Maslow의 욕구단계설은 다섯 가지 계층으로 욕구를 설명할 수 있다고 주장하였다(정정호, 2010). 다음 〈그림 16〉은 욕구 5단계를 요약하였다.

그림 16 • A. H. Maslow의 욕구 5단계

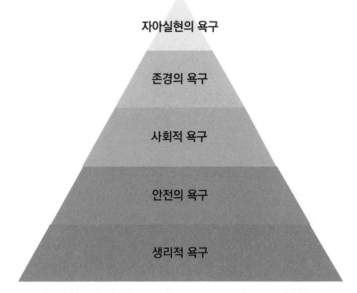

[자료출처: 생활공유연구소, 2020. 02. 06].

첫째, 생리적 욕구(Physiological needs): 배고픔이나 식욕, 성욕 등 본능적 인 욕구를 말한다.

둘째, 안전의 욕구(Safety needs): 자신의 생명, 건강, 육체적인 안전을 지키 고자 하는 욕구를 의미한다.

셋째, 사회적 욕구(Social needs): 사람들 간의 소속감/유대관계 그리고 사 랑과 애정 같은 타인과의 관계를 유지하고자 하는 욕구이다.

넷째, 존경의 욕구(Esteem needs): 자신의 의견을 표출하고, 과시하며 관심 을 받고자 하는 사람의 욕구이다.

다섯째, 자아실현의 욕구(Self-actualization needs): 목표 성취, 자기계발 등 의 욕구를 뜻하고 있다.

이러한 A. H. Maslow의 욕구 5단계를 빗대어 이야기하자면, e스포츠의 욕구실현은 최상의 단계인 자아실현의 욕구를 통해 실현된다고 할 수 있다.

예를 들면 한 e스포츠 소비자가 e스포츠 종목에 대한 1차적인 욕구를 느끼는 동시에 존경의 욕구를 갈망할 수 있고, 이러한 욕구를 충족시키기 위해 욕구 5단계인 자아실현의 욕구를 통해 충족시킬 수 있다는 것을 말한다. 많은 e스포츠 소비자들이 공감할 수 있는 부분일 것이다.

e스포츠 직접 참여자라면 누구나 티어(등급)와 승률 올리기를 갈망하고 있다. 이러한 욕구는 4단계인 존경의 욕구에서 비롯되며, 존경의 욕구를 통해 5단계인 자아실현의 욕구가 실현된다는 이야기이다.

e스포츠 프로 종목인 리그 오브 레전드로 예를 들면, 티어(등급)와 승률을 올리기 위해서는 자신만의 전략 및 스킬을 연습해야 팀 승리에 크게 기여할 수 있다. 승리를 하기 위해서는 캐릭터 및 자신의 능력 개발과 더불어 노력이 없으면 티어 향상, 승리에 대한 욕구를 충족시킬 수 없는 것이다.

이처럼 e스포츠 안에서도 소비자들은 다양한 욕구를 지각하게 되고 다양한 방법을 통해 욕구를 해결하고 있는 것이다. 마케팅 관점에서 소비자들의 욕구를 충족시키는 일은 매우 중요하고, 참여유지에 있어 핵심적인 역할을 하고 있다.

이에 e스포츠 마케터는 소비자의 욕구를 5단계로 이해하고, 욕구 단계에 맞는 전략을 구상하고 대안을 마련해야 할 것이다. 또한, 욕구는 단일 욕구와 중복 욕구로 나타날 수 있어 중복 욕구에 대한 방안도 역시 마련되어야 할 것이다.

2) 정보 탐색

보통 소비자들이 문제 인식에 이어 두 번째로 하는 행동은 정보탐색 활동이다. 정보탐색 활동은 욕구를 충족시키기 위해 수단과 방법을 통하여 정보를 수집하고자 하는 행위를 일컫는다(송동효, 2010). 문제 인식을 통해 가장 많이 하는 행동으로 정보탐색은 e스포츠뿐만 아니라 모든 분야에서 해당이 된다.

e스포츠 소비자들은 문제 인식을 통해 정보를 탐색하는 과정에 접어들게 되고 문제에 대한 대답을 얻길 원해 다양한 경로를 통해 팀, 프로선수 및 제

품에 대한 장단점, 가격 등에 관한 정보를 수집하게 된다. 이러한 정보탐색 과정에서도 크게 2가지로 나눠 정보를 수집하게 되는데 내적 탐색과 외적 탐색으로 나뉘게 된다.

예를 들어 누군가 우리에게 게이밍 마우스 제품에 대해 물어본다고 가정하자. 그러면 여러분들은 제일 먼저 그 제품에 대해 기억과 사전정보를 꺼내고자 할 것이다. 이러한 정신적 활동을 내적 탐색이라 말할 수 있고, 외적 탐색은 개인의 기억과 사전활동에 대한 정보가 아닌 외부에서 정보를 습득하는 것을 외적 탐색이라 한다. 즉, 다른 사람에게 물어보는 경우, 인터넷 검색을 통해 정보를 습득하는 경우를 의미한다.

오늘날 탐색의 경로가 다양해지고 많은 정보들은 소비자 내적에 가지고 있어 내적 탐색을 통해 외적 탐색으로 이어지는 경우가 가장 많다. 즉, 자신이 그 제품에 숙지하고 있다 하더라도 정확한 정보 탐색의 결과를 얻고 싶어 외적 탐색으로 이어지는 경우를 의미한다.

이에 e스포츠 마케터는 소비자들에게 정보를 제공함에 있어서 두 가지 방안을 적절히 활용할 수 있도록 e스포츠에 대한 정보를 홍보와 광고를 통해 널리 알려야 하겠고, 원하는 정보를 쉽게 찾을 수 있도록 인터넷과 SNS 등 다양한 경로를 구축하는 것이 좋을 것이다.

3) 평가와 선택

e스포츠 소비자들은 문제 인식 후 내적 탐색 또는 외적 탐색을 통해 원하는 정보를 습득할 것이고 그 이후 개인이 가지고 있는 신념, 환경, 금전적인 부분을 근거로 평가하고 선택하게 된다.

예를 들어 한 개인이 e스포츠 전용 마우스를 구매하고 싶어 한다. 그러면 이 제품에 대해 기억 및 사전 지식을 되짚거나 외부적인(인터넷, 지인) 탐색을 통해 마우스에 대한 정보를 습득하게 될 것이다. 그러면 이제 이 마우스에 대해 평가하고 선택을 하거나 하지 않는 일만 남은 것이다. 그리고 만약 이 마우스를 구매하지 않았을 때의 대안까지 고려하게 된다.

이러한 평가와 선택을 고려할 때 자신이 가지고 있는 신념과 환경, 그리고 금전적인 부분을 근거로 평가한다. 아무리 좋은 제품이어도 부담을 가지거나 환경에 부합하지 않으면 소비자들은 무리를 해서 소비하지 않는 경향을 가지고 있다.

따라서 e스포츠 마케터는 e스포츠 소비자들이 어떠한 평가 방법으로 제품과 서비스에 대해 평가하는지와 선택하는지를 잘 파악해야 한다. 그리고 소비자들이 선택하는 과정에서 각 개인이 처한 상황이 각기 달라 예측할 수 없기에 여러 가지의 대안을 마련해 놓는다면 보다 효과적인 결과로 나타날 것이다.

4) 구매

e스포츠 소비자는 제품 또는 서비스들을 평가하고 선택과정을 거치면 실제 구매과정으로 들어서게 된다. 이러한 과정 속에서 특별한 제약이 없다면 가장 호의적인 제품 또는 서비스를 선택할 것이다. 하지만 구매에 있어서 변수도 존재하듯이 외부적 환경에 의해 갑작스레 변할 수도 있음을 알아두어야 한다.

예를 들어 e스포츠 소비자가 T1 굿즈를 구매할려는 태도와 행동의도를 가지고 있었다. 하지만 예상치 않은 지인(친구 등)의 만류로 인하여 실제 구매로 이어지지 않을 수 있다. 상품을 구매하는 일에 있어서 주변 사람들과 가족의 반응을 살피기 때문에 이러한 일이 발생할 수도 있다.

e스포츠 마케터는 외부의 자극 없이 최대한 소비자들의 긍정적인 신념 형성 및 구매 활동까지 이어질 수 있도록 마케팅 전략을 체계적으로 수립해야 한다. 구매는 실제 소비자들이 제품 및 서비스를 구매하는 단계로 이후에도 긍정적인 태도를 유지하는 것도 중요하지만 구매 전까지 유도하는 단계가 더욱 중요하다. 이러한 중요성을 인지하고 보다 효율적으로 자극할 수 있는 방안을 마련해서 활동해야 할 것이다.

5) 구매 후 행동

유·무형의 서비스 또는 제품을 구매한 소비자들에게서 단언컨대 100% 만족하는 소비자는 없다. 이것은 e스포츠뿐만 아니라 모든 분야에 해당이 되는 것이다. 하나의 제품으로 모든 소비자들을 만족시키는 제품은 이 세상 어디에도 존재하지 않는다. 왜냐면 소비자는 각자 다른 신념과 태도, 스타일, 욕구 등 다양하기 때문이다.

이번에는 여러분들에게 물어보고자 한다.

여러분들은 e스포츠 소비자로서 경기 관람 및 직접 참여했을 때 혹은 e스포츠 제품(서비스)을 구매했을 때 조금이라도 후회하지 않은 적이 있나? 비용과 시간을 지불하고 관람한 모든 경기가 100% 만족하는가?를 물어보고 싶다. 하지만 이 질문에 모두 만족하였던 소비자는 없을 것이다.

그래서 e스포츠를 포함한 모든 소비자는 구매 후 어떠한 행동으로 이어지게 되는데, 제품에 만족하면 긍정적 행동으로 나타나고, 만약 구매를 했는데 만족을 하지 않으면 부정적 행동으로 나타날 것이다.

그리고 구매 후 어쩔 수 없이 100% 만족은 못 하지만 대안과 차선책이 없을 때 재 구매하게 되는데, 이때 앞서 100% 만족하지 않기 때문에 심리적 갈등을 느끼게 된다. 이를 인지적 부조화(Cognitive Dissonance)라 한다(Pride & Ferrell, 1991).

우리들이 실생활에서 겪는 상황을 예로 들어보고자 한다. 만약 한 개인이 e스포츠 장비 및 용품(키보드, 모니터, 마우스, 패드 등)을 고가로 구입한 후 사용을 해보니 기대했던 성능 또는 다른 이유로 만족을 하지 못할 수도 있다.

그러면 소비자는 후회 또는 실망, 자책감 등에 빠질 수 있다. 이러한 상황에서 소비자는 인지적 부조화를 경험하게 되면서 e스포츠 용품을 환불, 중고 판매를 고려할 수도, 구매를 합리화시킬 수도 있는 것이다.

e스포츠 소비자가 장비 및 용품 구매 후 만족을 느끼면 재구매의도가 상승하지만, 반대로 불만족 시 이용 중지나 다른 제품으로 전환할 것이다. 마케팅 관점에서 바라볼 때 새로운 소비자를 유치하는 것보다 이용 중지 및 전환

고객을 최대한 줄이는 것이 기업의 입장에서는 비용적으로 더욱 효과적이다 (안세일, 2014).

e스포츠 제품 또는 서비스에 불만족하는 e스포츠 소비자가 좋지 않는 소문을 인터넷, SNS 등에 퍼트린다면 기업과 제품 판매 측면에서 나쁜 결과로 나타날 것이다.

따라서 e스포츠 마케터는 소비자들이 e스포츠 제품을 구매 후 느끼는 인지적 부조화를 최소한으로 느끼게 하고 확신을 가질 수 있는 차별성과 방안을 수립해야 하겠다.

이러한 맥락에서 e스포츠 소비자는 제품 구매 후 두 가지 분류로 나뉘게 된다. 앞서 언급하였듯이 만족 또는 불만족이다. 어찌보면 간단하다.

만족이란, 기대치에 대한 충족시킨 수준에 따라 느끼는 신념으로 정의된다(Engel, Kollat & Blackwell, 1973). 구매한 e스포츠 제품에 만족한 소비자는 긍정적인 신념과 태도를 형성하게 되고 향후 재구매에 대한 의도가 상승될 뿐만 아니라 주변 지인들에게 아낌없이 추천을 할 것이다. 하지만 반대로 제품에 대해 기대치 이하의 수준을 지각하게 된다면 이용 중지, 구매의도중단, 불평 행동, 부정적인 소문으로 기업을 매우 불편하게 만들 것이다. 이에 따라 e스포츠 마케터는 소비자들이 만족을 할 수 있는 전략 방안을 마련해야 하겠다.

전통 스포츠는 현재 헤아릴 수 없을 만큼 다양한 제품과 판매장소, 스포츠만의 본질이 있다. 하지만 e스포츠는 가상세계의 특성과 electronic 성질이 더해져 e스포츠 제품의 구매에 한계가 없다. 이러한 사실을 e스포츠 마케터는 이해하고 전략 방안을 수립해야 한다.

예로 e스포츠 경기는 직접 관람과 인터넷 플랫폼을 통한 관람으로 나뉠 수 있고, 간접참여까지 이어질 수 있다. 그렇기에 이러한 참여분류를 세분화하여 나누고 참여하는 소비자들이 전체적으로 만족할 수 있는 방안과 대처방안 계획수립을 해야 한다는 것이다.

제 5 장

e스포츠 마케팅 믹스(4P)
(eSports Marketing Mix 4P)

e스포츠 마케팅 믹스(4P)
(eSports Marketing Mix 4P)

1 **e스포츠 마케팅 믹스(eSports Marketing Mix 4P)**

1) e스포츠 마케팅 믹스의 개념

먼저 e스포츠 마케팅 믹스(4P)를 쉽게 이해하기 위해서는 마케팅 분야의 마케팅 믹스 개념을 알아보고자 한다.

마케팅 믹스(Marketing Mix)는 1953년에 미국 마케팅 협회 회장인 Nei-Borden이 처음 만들어 사용하였으며, 기업이 목표 시장에서 목적을 달성하기 위해 사용하는 마케팅 수단의 총 집합이라 정의하였다(Day, 1994). 더불어, Kotler & Zaltman(1997)는 마케팅믹스는 소비자의 욕구를 효과적으로 충족시키기 위하여 기업은 조정/통제할 수 있는 수단이라고 주장하였다.

일반적으로 기업에서 마케팅을 추진하기 위해서 4단계를 거쳐 마케팅 전략을 수립하게 된다.

첫째, 상황 분석이다. 상황 분석을 통해 기업의 상황, 경쟁상품, 유통 시스템 등을 분석하고 계획하는 단계이다.

둘째, 목표 설정이다.

셋째, 표적시장 선택 및 분석이다.

넷째, 마케팅 계획 및 개발이다(Deighton & Sorrell, 1996).

이러한 4단계 과정 속에서 마케팅 믹스의 역할은 마케팅에 관련된 통제 가능한 수단들을 종합하고 결합시키는 역할을 한다(이정학, 2006). 마케팅 믹스는 전형적인 마케팅 도구로 기업에게 커뮤니케이션 효과와 이윤 창출의 효과를 나타내고 소바자들에게는 브랜드 이미지를 강화시키는 효과로 나타난다(이정학, 김성용, 유연희, 2017).

마케팅 믹스(Marketing Mix)는 기업의 목적을 달성하기 위해 마케팅 활동에서 사용되는 방법으로서 이에 동원되는 수단의 결합을 의미한다.

마케팅 믹스는 기본적인 개념으로 **제품(product), 가격(price), 장소(place), 촉진(promotion)**의 4P 활동으로 구성되어 있다.

마케팅 믹스(4P)는 기업 또는 주체가 시장에서 구매자들로부터 원하는 반응을 얻기 위해 동원할 수 있는 도구들의 조합을 의미하며, 마케팅 프로그램은 바로 이 요소들의 구성으로 이루어진다고 할 수 있을 만큼 마케팅 전략에 있어서 핵심적인 개념이다.

안용식(2019)은 스포츠 시장의 성장으로 인하여 기업들은 자신의 성장과 이익 창출 활동을 하기 위해서는 효과적인 커뮤니케이션 활동이 필수적이며 촉진하기 위해서는 마케팅 믹스 전략은 필수요인이라 주장하였다. 이처럼 마케팅 믹스에 대한 개념의 선행연구들은 쉽게 찾아볼 수 있으며, 다양한 사례를 보유하고 있어 마케팅 활동에서 얼마만큼 중요한지 알 수 있다.

이제 마케팅 믹스(4P)의 개념에 e스포츠의 특성을 가미하여 새롭게 탄생되는 e스포츠 마케팅 믹스(4P)의 개념을 여러분들에게 설명하고자 한다.

e스포츠 마케팅 믹스는 인터넷 특성과 현실, 가상세계에서 동시에 사용될 수 있는 개념을 사용해야 한다. 즉, **e스포츠 마케팅 믹스(eSports Marketing Mix)는 현실과 가상세계(인터넷, e스포츠 경기) 속에서 마케팅 활동의 총칭이며, e스포츠 마케팅에서 기본적이자 가장 핵심적인 활동으로 정의할 수 있다.**

e스포츠 분야에서도 마케팅 믹스 전략을 적절하게 사용하여 효과를 극대화해야 하겠고, 이론적 뒷받침이 되어야 하겠다. 이에 정승환(2008)은 e스포츠 관람 시장이 성장하기 위해서는 마케팅 믹스 요인이 빈번하게 사용되어야 한다고 강하게 주장하여 e스포츠 시장에서 마케팅 믹스의 중요성을 강조하였다. 이러한 선행연구를 바탕으로 본 6장에서는 e스포츠와 마케팅 믹스(4P)에 대한 개념을 이해하는 동시에 실제 산업 현장 적용과 사용이 가능하도록 설명하고자 한다.

2 e스포츠 제품(Product)의 개념

아마 이 글을 읽으면서 'e스포츠의 제품?'이라는 의문이 들 수도 있을 것이다. e스포츠의 경기는 가상세계 속에서 이뤄지지만, 현실에서도 e스포츠의 부대 행동들을 비롯한 관련된 장비, 제품(PC관련 제품, 굿즈 등)들도 존재하고 있어 사실상 e스포츠 제품들이 넘쳐나고 있다.

제품은 판매에 있어서 제일 중요한 부분이다. 왜냐면 물건이 있어야 소비자들에게 판매를 할 것 아닌가? 그렇기 때문에 마케믹 믹스에 있어서 가장 중요한 요소이다.

그리고 제품은 다양한 유형을 가지고 있다. 우리들이 흔히 아는 유형의 제품만을 제품이라 부르는 것이 아니라 무형의 서비스도 e스포츠 제품으로 취급하고 있다.

통상적으로 제품(Product)이란 원료를 가지고 만든 물건을 뜻하지만, 마케팅 관점에서는 유·무형의 서비스도 제품으로 바라보고 있다. e스포츠 제품도 역시 물리적 제품과 유·무형의 제품으로 나눌 수 있다.

물리적 제품은 PC, 키보드, 마우스, 패드, 헤드셋, 모니터, 유니폼, 굿즈 등과 같이 나눌 수 있고, 유·무형의 제품은 e스포츠 경기를 관람하기 위해 결제한 티켓, 그리고 프로 선수들이 경기하는 동안의 경기장이 소비자들을 위해 사용하는 무대 조명, 음향시설, 전광판, e스포츠 경기장 등의 서비스 등으로 이야기할 수 있다. 그럼 e스포츠 제품의 특성은 어떠한 것들이 있는지 알아보고자 한다.

1) e스포츠 무형 제품의 특성

현재 e스포츠는 유형의 제품보다는 무형의 제품이 주를 이루고 있다. 비슷한 성격을 지닌 전통 스포츠의 경우 유·무형의 제품이 균형화를 이뤄 발전을 하고 있다면 e스포츠의 경우는 대부분 무형의 서비스에 편중되어 있다고 해도 과언이 아닐 것이다.

이럴 수밖에 없는 것이 전 세계 e스포츠 팬들이 인터넷 플랫폼을 통해 동시 접속해서 경기 시청을 하면서 무형의 e스포츠 서비스를 소진하게 되고, 전통 스포츠에 없는 서비스인 경기 중 캐스터와 소비자들이 소통을 할 수 있는 채팅과 같은 서비스를 제공하고 있어 유형의 제품보다는 무형의 서비스가 더욱 강세를 보이는 것이다. 이에 따라 강세를 보이고 있는 e스포츠 무형의 제품에 대한 특성을 알아보고 어떠한 것들이 있는지 이해하고자 한다.

첫째, e스포츠 서비스는 무형이자 주관적이다. e스포츠뿐만 아니라 서비스는 무형의 제품이며 서비스를 경험하는 소비자만이 지각할 수 있는 지극히 주관적인 제품이다.

쉽게 설명하면 여러분들에게 e스포츠 경기장에 경기를 관람하러 방문하면서 조명에 대한 서비스를 유형이라 할 수 있는가? 음향지원 서비스를 손으로 만질 수 있는가?라고 질문을 던지면 만질 수 없다고 답할 것이다. 이처럼 우리는 경기를 관람하는 동안 서비스를 지속적으로 제공받지만 손으로 만질 수는 없다.

이것이 e스포츠 무형의 서비스 제품이다.

또한, 경기장의 음향지원 서비스에 대해 어떤 소비자는 만족할 수도 있지만 어떤 소비자는 음향이 너무 크다, 베이스가 너무 크다, 고역대 부분이 찢어진다 등 다양한 의견을 제시하면서 만족하거나 불만족할 수도 있는 것이다. 소비자가 각자 지각하는 신념 및 감정이 다르기 때문에 e스포츠 서비스는 주관적인 제품이다.

그리고 서비스 제품은 당일 소비자의 심리변화에 따라 달라질 수 있고, 원하는 팀 경기의 승패 등 다양한 변수가 작용하기 때문에 e스포츠 서비스에 대해 지각하는 감정은 지극히 주관적이기에 예측하기가 어렵다.

둘째, e스포츠 서비스는 소모성이다. e스포츠 서비스는 생성과 동시에 소멸된다. 쉽게 설명하면 여러분들이 프로선수 경기를 관람하러 e스포츠 경기장에 방문하는 동시에 서비스는 생성이 되지만, 경기를 관람하는 순간에 즉시 소멸된다는 이야기이다. 그래서 소멸된 스포츠 서비스는 되돌릴 수가 없다. 물론 YouTube, FaceBook 등 SNS와 같은 인터넷을 통해서 리플레이 및 하이라이트 영상을 통해 다시 시청할 수는 있지만, 현장에서 사용하는 서비스와 감정들은 그 자리에서 생성과 동시에 소멸하게 된다.

이렇게 보면 e스포츠 경기는 SNS 및 인터넷을 통해 관람하는 것이 더욱 이득처럼 보일 수는 있지만, 현장에서 직접 관람하는 동안에 지각되는 감정들과 제공되는 서비스는 인터넷을 통해 시청했을 때의 감정과 비교가 되지 않을 정도로 크다. 그리고 현장 관람이 소비자들에게 매우 유익하고 팀 애착, 충성도 및 긍정적인 태도를 형성할 수 있게 조성하고 있어 관람객들이 다시 재관람을 하고 있다.

따라서 e스포츠 마케터는 현장에서 제공되는 서비스와 인터넷을 통해 제공되는 서비스에 대한 차별성을 두고 각기 다른 방식으로 서비스를 제공하는 방안을 제시해야 한다. 그리고 인터넷 및 현장 관람 이외에 관람하는 방법에 대해 구체화된 방안이 수립되어 있다면, 이탈하는 소비자를 미연에 방지하는 효과를 나타내고, e스포츠 관람시장은 더욱 커질 것으로 판단된다.

셋째, e스포츠 서비스는 예측불허의 제품이다. 앞서 언급하였듯이 e스포츠 서비스는 주관적인 상품이기 때문에 통제가 불가능한 상품이다.

e스포츠 서비스는 경기의 승패를 통해 변수가 나타날 수 있고, 예상치 않

은 심판, 인터넷 상황, 캐스터 등 예상치 못한 변수가 등장할 수 있다. 이에 따라 의외성 변수로 인해 e스포츠 서비스가 증대되거나 오히려 반감으로 작용할 수도 있다.

이러한 점을 e스포츠 마케터는 인지하고 예측불허의 제품을 통제할 수 있는 방안을 계획하고 대비해야 한다. 또한, 예상치 않은 변수로 일어날 수 있는 상황에 대한 방안 역시 계획되어 있어야 최대한의 효과를 낼 수 있을 것이다.

넷째, e스포츠 서비스 제품은 다양하게 사용된다. e스포츠는 서비스 자체가 소비 제품인 동시에 산업 제품이기도 하다. 쉽게 설명하면 e스포츠가 대중들에게 스포츠로서 인식이 제고되고 산업 규모가 성장하는 요인 중에는 각 지역(부산, 광주, 대전)에 마련된 e스포츠 경기장의 화려한 무대, 조명, 컴퓨터 사양, 그래픽 등과 같은 무형 제품을 소비성으로 사용해서 저변 확대가 된 부분도 있지만, 산업 제품으로 인식하고 사용하였기 때문에 이처럼 성장할 수 있었다.

예를 들어 e스포츠 소비자가 경기를 관람하기 위해 대전 이스포츠 경기장에 방문해서 로비에 들어서는 순간부터 사용되는 서비스는 소비제품으로 작용하지만, e스포츠 경기 주최 측에서 e스포츠 소비자에게 다양한 태도 및 만족을 이끌어 내기 위해 제공되는 서비스의 개념은 산업적 목적으로 제공되고 있는 것이다.

이처럼 e스포츠 서비스는 어떠한 목적과 관점에서 사용하느냐에 따라 소비제품으로 작용할 수도 있고, 산업제품으로 작용할 수 있는 것이다. 이러한 점을 e스포츠 마케터는 인식하고 어떠한 관점에서 서비스를 제공할 것인지에 대한 방안이 마련되어야 할 것이다.

3 e스포츠 제품의 가격(Price)

소비자는 일반적으로 제품 및 서비스를 구매하기 위해 재화를 지불한다. 이러한 과정 속에서 제품의 가격은 구매자에게 중요한 요소로 다가가고, 부담을 느끼거나 불합리하다고 지각하게 되면 구매중지로 이어지게 될 것이다.

이번 장에서는 e스포츠 제품의 합리적인 가격 선정 및 개념, 특성 등 다양하게 설명하고자 한다.

1) 가격의 개념

가격이라는 단어는 일상생활에서 셀 수도 없이 들은 단어일 것이라 판단된다. 가격은 제품을 소유하거나 사용하는 대가로 지불하는 화폐나 교환 매체로 정의한다. 이러한 가격은 사용하는 용도에 따라 결정된다.

이해를 돕기 위해 e스포츠 경기 관람을 예를 들어 설명하고자 한다. e스포츠 경기를 주최·주관하기 위해서는 각 지역에 위치한 e스포츠 경기장에서 경기를 진행하거나, 새로운 장소에서 컴퓨터를 비롯한 장비를 대여하고 설치해서 e스포츠 경기를 진행하고 있다. 이러한 과정 속에서 임대료 지불 또는 컴퓨터 설치에 상응한 비용을 기업에 지불해야 된다.

그리고 소비자의 입장에서는 e스포츠 경기를 관람하기 위해 관람료를 지불해야 되고, 집에서부터 경기장까지 찾아가기 위한 경비를 지불해서 e스포츠 경기장을 방문하게 된다.

이러한 과정 속에서 주최 측은 경기 관람을 하기까지 사용된 금액과 약간의 이윤을 포함해 가격을 결정하게 된다. 소비자는 결정된 가격을 통해 행동 여부를 결정하게 된다. 주최 측이 제시한 가격이 적절하다고 판단될 때에는 구매행동으로 이어지게 되는데, 만약 부적절하다고 판단되면 이용 중지 및 전환 행동으로 이어지게 된다.

이처럼 e스포츠 제품 및 서비스에 대한 가격 결정에 있어 고려되는 요인으로는 제품의 원가, 임대료, 광고료, 지각된 가치, 경쟁제품 등이 고려되어 가격 결정이 된다.

2) e스포츠 제품의 가격 결정과 특성

가격 결정은 제품, 물건 또는 서비스에 대해 모든 사항들을 고려하며, 원가, 촉진 방법, 이윤, 그리고 경쟁제품의 가격 등을 고려해서 책정된다(이지선, 2017).

또한, e스포츠 제품이나 서비스에 대한 희소성이 있으면 더욱 높게 가격이 책정되고, 너무 많은 제품과 서비스에 대해서는 낮게 책정되기도 한다. 마지막으로 e스포츠 제품의 부가가치가 높으면 만약 경쟁이 치열하더라도 우선순위를 점할 수 있다. 이러한 맥락에서 e스포츠 제품에 대한 가격의 특성을 알아보면 다음과 같다.

첫째, e스포츠 제품의 가격 요인은 마케팅 믹스(4P) 요인 중 가장 강력하게 작용하는 요인이다. 소비자들에게 정보탐색과 대안에서 구매행동으로 이어지게 연결 시켜 주는 요인 중 가장 크게 작용하는 것이 가격 요인이다.

예를 들어 구매하고 싶은 키보드가 있다고 가정해보자. 원래 가격이 3만 원인데 파격 프로모션 행사로 1만 원으로 할인되어 판매를 한다고 가정해보자. 만약 이때 여러분이 소비자면 3만 원일때와 1만 원일 때 구매함에 차이가 나타나지 않겠는가?

3만 원이 약간 부담스럽다고 지각하게 되면 곧바로 구매행동으로 이어지지 않고 있다가 프로모션 행사로 1만 원으로 재 가격 책정이 된다면 제품의 긍정적인 이미지와 더불어 바로 구매행동으로 이어지게 될 것이다.

이처럼 가격은 소비자들에게 가장 중요하게 작용하는 요인으로 적절한 금액을 제시해야 소비자들의 구매가 늘어날 것이다. 하지만 가격이 비싸게 책정되더라도 소비자들은 제품에 따라 적절하다고 판단되면 구매하게 된다. 이에 촉진 활동과 판매하는 제품이 어떠한 성격과 목적을 지녔는가에 따라 가격 요인이 책정되고 적절하게 제시된다면 기업의 최종 목적을 달성할 수 있을 것이다.

둘째, e스포츠 제품(서비스)의 가격 변동 폭은 큰 편이다. e스포츠 유형의 제품인 경우 출고되는 동시에 가격 결정이 되어 있어 상승의 폭이 그리 크지는 않지만, 반대로 무형의 제품의 경우 가격 변동의 폭은 매우 큰 편에 속하고 있다.

e스포츠 프로선수, 인기, 서비스의 가치 등 다양한 변수에 따라 서비스의 가격은 달라지게 된다.

예를 들면 e스포츠 종목 중에 한 분야의 선수의 사인 용품을 받았다고 가정해보자. 현재 그 선수가 매우 유명한 편도 아니였고, 티어 및 승률이 높은 편도 아니었다면 가격 책정이 높은 편은 아니었을 것이다. 하지만 똑같은 선수가 1년 뒤에 세계 대회에서 우승하고 연봉도 몇 배가 뛰어오른다면 e스포츠 선수의 사인의 값이 1년 전보다 몇 배, 몇십 배가 뛰어올라 가격 책정이 이뤄질 것이다.

이러한 가격 책정의 변동은 e스포츠뿐만 아니라 다양한 분야에서도 똑같이 적용되고 있는 것이다. 그렇기 때문에 e스포츠 제품(서비스)의 가격 변동의 폭은 큰 편에 해당된다.

셋째, e스포츠 제품(서비스)의 가격은 일정한 가격체계 구축이 어렵다. 앞서 언급한 바와 같이 유형 제품의 경우 가격 결정이 되고 나서 변동은 그리 큰 편이 아니지만, 무형 제품의 경우 객관화된 기준이 없어 일정한 가격체계를 구축하는 것이 어렵다.

그림 17 · MSI 티켓 가격

안심예매 ▼　스포츠 주간 16위

2022 MSI 그룹스테이지

장소	부산 이스포츠 상설경기장 16층 Main Arena▶
기간	2022.05.10 ~2022.05.15
이용연령	만 12세이상
가격	**전체가격보기 ▶**
	일반석　**14,000원**
혜택	무이자할부▶
	🍞oping 가입하고 중복할인 쿠폰받기▶
	[AD] SKT 고객전용 특별할인! 12,000원 쿠폰받기▶
	[AD] 티켓할인쿠폰 마감임박! 11,000원 쿠폰받기▶
	[AD] 자동차보험료 조회즉시 1만원 할인쿠폰 증정▶
	[AD] 티켓 3천원 할인쿠폰 + 편의점 6천원 증정▶

♡ 티켓캐스트 548　　🇫 🐦

2022 MSI 결승

장소	부산 벡스코 제1전시장 ▶
기간	2022.05.29
이용연령	만 12세이상
가격	**전체가격보기** ▶
	R석 **59,000원**
	S석 **49,000원**
	A석 **39,000원**
혜택	무이자할부 ▶
	TOPING 가입하고 중복할인 쿠폰받기 ▶
	[AD] SKT 고객전용 특별할인! 12,000원 쿠폰받기 ▶
	[AD] 티켓할인쿠폰 마감임박! 11,000원 쿠폰받기 ▶
	[AD] 자동차보험료 조회즉시 1만원 할인쿠폰 증정 ▶
	[AD] 티켓 3천원 할인쿠폰 + 편의점 6천원 증정 ▶

♡ 티켓캐스트 102

[자료출처: 인터파크].

위 〈그림 17〉은 2022 MSI 경기 관람가격에 대한 정보이다. 2022년 부산광역시에 개최된 MSI(Mid Season Invitational)대회를 예를 들어 설명하면 예선전을 뜻하는 그룹 스테이지 경우 14,000원으로 책정되는 반면, 결승전의 경우 좌석 지역도 나눠지고 39,000원에서 최대 59,000원까지 가격 결정이 되어 있다.

어떠한 e스포츠 이벤트인지, 그리고 이벤트 및 리그를 개최하는 기간에 얼마만큼의 비용이 소모되었는지, 그리고 이벤트의 인기가 얼마만큼인지에 따라 비용은 결정되며, 다양한 변수를 가지고 있기에 e스포츠 제품에 일정한 규칙으로 가격을 책정하기 어려운 것이다.

넷째, e스포츠 제품(서비스)의 가격은 의도치 않은 상황에서 결정될 수 있다. 무형의 서비스 제품의 경우 프로 선수 및 감독, 팀 등의 불화 및 부상, 은퇴와 같이 의도치 않는 상황으로 인해 가격이 변동될 수 있다.

이처럼 e스포츠 제품의 가격 특성에 대해 설명을 하였는데 이러한 특성을 e스포츠 마케터는 이해하고 숙지해서 제품 유형에 따라 가격 결정을 해야 된다.

3) e스포츠 선수에 대한 가격(연봉)

e스포츠 선수에 대한 가격(연봉)은 팀에 대한 기여도와 팬덤층, 발전 가능성 등 다양한 요인을 고려하여 책정된다. e스포츠 선수에 대한 가격은 크게 2가지로 나눌 수 있다.

첫째, 경기력에 대한 가격이다.

e스포츠 선수의 연봉은 특화된 e스포츠 종목에 대한 경기력과 팀에 대한 기여도, 팬들의 지지도와 같은 인기로 결정된다. 예를 들어 설명하면 T1 소속의 선수인 페이커(본명: 이상혁)는 연봉이 비공개이지만 언론을 통해 나온 소식을 보면 50억+@로 알려져 있다(박찬형, 2021. 11. 22).

T1의 페이커 선수는 e스포츠에 관심을 가지는 소비자라면 한 번쯤은 들어봤을 거라 판단된다. 리그 오브 레전드 프로선수이자 외신에서 가장 위대한 선수로 평가받고 있다. 16살이라는 나이에 프로선수로 데뷔해 리그 오브 레전드 월드 챔피언십 3회 우승, LCK 10회 우승이라는 기록을 쌓아가고 있으며, 인기가 날로 쌓이고 있는 중이다. 인기가 상승되면서 페이커는 대한민국 e스포츠 선수 중에 가장 높은 연봉을 받는 것으로 알려져 있는 만큼 팬들의 관심을 한 몸에 받고 있다.

프로선수인 만큼 경기력과 팬들의 인기는 선수의 몸값을 결정하는 중요한 요인으로 작용하기 때문에 프로선수들이 연봉을 유지하기 위해서는 경기에 대한 승리와 팬들에 대한 인기는 필수로 작용하기 때문에 수 많은 노력을 해야 한다.

둘째, 광고 및 커뮤니케이션의 가치로의 연봉이다.

e스포츠 선수들은 경기력으로 인한 가격(연봉)이 우선이지만, 그 뒤로 광고 모델로서 가치 및 커뮤니케이션 효과를 누리기 위한 가치로 가격이 책정되기도 한다. 〈그림 18〉은 농심 그룹의 e스포츠 팀인 '레드포스'가 어깨에 라면 로고를 부착하여 유니폼을 입고 있다.

그림 18 · 레드포스 유니폼

[자료제공: 농심 레드포스].

이처럼 기업의 광고적 효과와 커뮤니케이션 효과를 증진시키기 위해 e스포츠 선수들을 광고에 투입하기도 하고 있다. 이러한 광고를 통해 기업의 이익 창출과 이미지 제고 등 소비자의 긍정적인 반응은 곧 선수들의 연봉으로 이어진다.

하지만 아쉽게도 e스포츠 분야는 아직 스포츠 분야와 타 분야에 비해 광고 사례가 많지 않은 것이 사실이다. 이러한 사실을 인지하고 e스포츠 마케터는 e스포츠 선수들이 광고적 효과와 이미지 제고, 브랜드 강화 등 다양한 이점으로 소비자들에게 어필하고 있음을 인지하고 다양한 활동을 추진해야 하겠다.

4 e스포츠 제품의 장소(Place)

e스포츠 마케팅 믹스에서 3번째로 거론되는 것이 바로 장소(Place)이다. 장소는 물리적인 장소와 무형의 장소로 나뉠 수 있다. 기업 또는 e스포츠 주최 측이 e스포츠를 어디에서 팔고, 어떠한 경로로 소비자들에게 다가설 것인가에 대한 고민을 해야 할 것이다.

그럼 여기서 더 추가해서 e스포츠를 판매할 장소만 있으면 마케팅 활동을 할 수 있다는 것인가?

정답은 그렇지 않다.

장소가 마련되어 있으면 e스포츠 제품을 어떠한 경로로 소비자들에게 다가서게 할 것인가?라는 의문을 남기게 된다.

마케팅 분야에서도 마케팅 믹스(4P)를 사용하기 위해서 장소(Place)만 따로 구분하지 않고 장소와 유통(Distribution)을 함께 사용하고 있다. 그럼 이제 e스포츠 마케팅 믹스에서 장소와 유통에 대한 개념을 이해하고 왜 같이 사용해야 되는지에 대한 설명을 하고자 한다.

1) 장소의 입지와 상권

입지와 상권은 장소를 결정하는 중요한 요인으로 작용한다. 입지와 상권의 범위는 판매하고자 하는 e스포츠 제품과 서비스의 성격, 주변 상점들의 밀집 정도에 영향을 받는다.

예를 들어 현재 부산 이스포츠 경기장은 부산광역시 중심지인 서면에 위치하고 있다. 또한, 광주광역시에 위치한 광주 이스포츠 경기장 역시 유동인구가 많고 쉽게 방문할 수 있는 조선대학교 캠퍼스 안에 자리하고 있다. 이러한 입지는 소비자들로 하여금 거부감과 거리감을 느끼게 할 수 있는 중요한 요인이기 때문에 e스포츠 판매 장소와 입지 그리고 상권은 매우 중요하다.

효과적인 e스포츠 전략 수립을 위해 장소와 상권의 범위를 선정해야 될 필요가 있다. 상권은 크게 3가지로 구분할 수 있는데 1차 상권, 2차 상권, 한계 상권으로 구분된다.

1차 상권은 e스포츠 경기장 및 e스포츠 이벤트 지역의 소비자들을 뜻한다. e스포츠 판매장소에서 가까운 지역소비자들을 일컬으며, 손쉽게 찾아올 가능성이 많고, 매출에 직접 연결되어 있다.

2차 상권은 1차 상권 소비자들보다 외각에 위치하고 있지만, 개인적 신념과 이미지, 태도 등의 요인으로 방문하는 소비자들을 일컫는다. 이용 소비자의 20% 내외를 차지하고 지역적으로는 넓게 분산되어 있다.

한계 상권은 1차, 2차 상권 소비자들을 제외한 나머지 소비자들을 일컫는다.

예를 들어 LCK경기가 롤파크에서 개최된다고 가정해보자. 롤파크는 서울에 위치해 있기 때문에 1차 상권은 서울특별시 시민이 될 것이다. 2차 상권 소비자로는 경기도 & 충청, 강원도 소비자들이 될 수 있다. 그 이외에 참여하는 부산, 광주, 대구 등 지역적으로 먼 거리에 있는 소비자들을 한계 상권 소비자로 일컫는다.

2) e스포츠 장소 접근의 용이성

Crompton & Lamb(1986)은 제품을 효과적으로 유통하기 위해서는 판매장소의 접근이 용이해야 된다고 주장하였다. 또한, 접근의 용이성은 지리적인 용이성도 포함이 되지만 소비자들의 심리적인 접근도 포함된다고 하였다.

하지만 e스포츠에서는 이러한 주장이 반은 맞고, 반은 맞지 않는 부분도 존재하고 있다.

첫째, e스포츠는 인터넷과 가상세계를 통해 세계 어디든 갈 수있고, 제품을 구입할 수 있기 때문에 접근의 용이성이 해당되지 않을 수 있다.

둘째, e스포츠 역시 현실 세계에서 이뤄지는 요인들이 존재하고, 각 지역에 이스포츠 경기장이 존재하고 있기 때문에 접근의 용이성이 해당이 되기도 한다. 이처럼 e스포츠의 성장 가능성은 무한대이다.

이와 같이 e스포츠는 지역적 제한과 국가적 제약 없이 언제 어디서든지 참여할 수 있고, 소비할 수 있는 스포츠는 e스포츠가 유일하다. 이러한 장점을 필두로 e스포츠 소비자들에게 제품홍보와 판매가 적극적으로 이뤄져야 하지만, 현실에서 그러지 못하고 있기에 안타까울 따름이다.

3) e스포츠 제품의 유통경로

전통 스포츠의 경우 TV 방송과 현장 관람에 의존하고 있기에 스포츠 제품의 유통경로는 매우 중요한 사항이다. Howard & Crompton(1995)는 미국 프로농구(NBA)의 41%는 입장 수입에 의존하고 있다고 주장하였다.

이처럼 전통 스포츠는 TV를 통한 방송 수입료에도 의존하고 있지만 대부분 현장에서 경기를 관람하러 온 관람객들에 대한 관람 수입원에 의존하고 있다.

이러한 점에서 e스포츠 역시 제품을 어떠한 경로로 판매할 것인지에 대한 고민을 심도 깊게 해야 된다. 전통 스포츠의 경우 현장 관람 수입과 SPOT TV와 같은 유료채널 서비스를 통해 수입을 창출해내는 반면, e스포츠는 현재 유료채널이 존재하고 있지 않다.

e스포츠 저변 확대와 인식을 개선하기 위해 현재 트위치(Twich)TV, 아프리카TV(Afreeca TV), 유튜브(YouTube)와 같은 인터넷 플랫폼을 통해 언제든지 시청과 관람이 가능하다. 하지만 이제는 e스포츠 고급화를 위한 판매 경로와 장소를 고민해봐야 할 때라고 판단된다.

이러한 대안으로는 첫째, e스포츠 경기장을 무료 개방하여 소비자들을 유도해야 한다. 위에서 언급하였듯이 아프리카TV, 유튜브 등 인터넷 플랫폼을 통한 e스포츠 시청은 언제든지 가능하다. 하지만 그것은 개인방송과 동영상에 대한 개인적 시청이고, e스포츠 경기 응원도 개인의 응원보다 월드컵 경기장처럼 단체로 응원할 수 있는 경로를 만들고자 하는 것이다. 그렇게 되면 e

스포츠 제품의 판매경로와 횟수가 늘어나게 되는 것이며, e스포츠 조직과 단체에 이득으로 돌아갈 것이다.

e스포츠 조직의 입장에서는 소비자들이 경기장 방문과 단체 응원으로 인한 친숙한 이미지를 형성하게 되고 향후 제품(서비스) 구매유도 할 수 있는 장점을 지니고 있어 조직 및 기업에게 이롭게 나타날 것이다. 또한, e스포츠 소비자의 입장에서도 항상 개인이 시청하고 그랬다면 단체로 응원함에 소속감, 팀 응집력, 신뢰도가 상승되면서 긍정적인 신념과 태도를 지닐 수 있게 될 것이다.

그리고 두 번째 전략은 e스포츠 고급화이다. 일반적인 서비스에 대비해 고급화의 장점은 멤버쉽 특혜를 예를 들 수 있다. 현재 e스포츠 분야에서 활발하게 활동 중인 마케팅 전략은 아니지만 미래 e스포츠 마케팅 활동방안에 제안하고자 한다.

이해를 돕기 위해 사례를 들어 설명하고자 한다. 브랜드 기업 중 많은 기업이 소비자들에게 특별한 혜택을 제공하기 위해 다양한 프로모션을 제공 중에 있다. 그중 활발하게 사용되는 것이 바로 멤버쉽 마케팅이다.

코로나19(COVID-19)로 비대면 생활이 익숙해지고, 음식점에 가는 것보다 배달을 통해서 음식서비스를 제공받는 것이 익숙해지고 있다. 이러한 가운데 배달기업 중에 하나인 '요기요'는 '요기패스'라는 멤버쉽 마케팅 활동을 하고 있어 소비자들의 눈길을 끌고 있다.

요기요의 '요기패스'는 정기구독 서비스로 멤버쉽에 가입하면 월 9,900원 이용료로 5천 원 할인 쿠폰×2, 2천 원할인 쿠폰×2, 포장 무제한 1천 원 할인의 혜택을 제공하고 있다. 요기패스의 멤버쉽 혜택이 소비자들에게 알려지자 론칭 두 달 만에 가입자 50만 명을 넘기며 흥행 가도를 달리고 있다(이현석, 2022. 04. 13).

또 하나의 기업 사례로는 '무신사' 기업을 이야기할 수 있다. 네티즌들 사이에서는 무신사 멤버쉽에 가입하게 되면 끊을 수 없는 개미지옥을 만든다는 이야기까지 나오고 있다. 그러한 이유는 회원 등급이 [비회원->뉴비->루키->멤버->브론즈->실버->골드->다이아몬드]로 나뉘게 되는데 레벨에 따라 할인

율도 다르고, 다른 기업과의 콜라보, 이벤트, 할인, 랜덤 쿠폰 제공등으로 소비자들을 지속적으로 구매를 유도하고 있다(나지현, 2020. 07. 03).

이처럼 e스포츠 분야 외 다른 기업들은 멤버쉽 마케팅을 통한 고급화 전략을 사용하고 있으며, 소비 시장에서 활발하게 사용 중에 있다. 이러한 사례를 바탕으로 e스포츠 제품(서비스)의 판매 경로에 고급화 전략을 통해 또 다른 경로를 물색해야 될 필요성이 있다. 이러한 사항을 e스포츠 마케터는 인지하고 e스포츠 고급화 방안을 종목마다 차별성을 두어 제시해야 할 것이다. 그리고 고급화 전략을 통해 e스포츠 소비자들에게 어떠한 이점을 부여할 것인지 심도 깊게 고민해야 할 것이다.

4) e스포츠 제품의 시간 전략

이정학(2012)은 스포츠 마케팅 저서에서 스포츠 마케터는 스포츠 소비자들이 언제, 얼마만큼의 시간을 스포츠에 소비할 수 있는지 알아야 된다고 주장하였다.

스포츠 사례로 미국 프로풋볼연맹(NFL)의 경우 월요일이 스포츠 방송 중계가 없는 것을 확인하고 경기를 월요일 저녁으로 옮겨 관람객 유인, 막대한 방송중계료, 광고수익을 내고 있어 스포츠 마케팅의 유명한 사례로 알려져 있다(정문희, 2017).

하지만 현재 아쉽게도 e스포츠 분야에서는 시간 전략을 제대로 구사하고 있지 않다. 국내 경기의 경우 시간적 전략을 사용하고 않고 주간 시간대를 이용하고 있어 MZ세대 참여를 유도하고 있다. 해외 경기의 사례를 보면 2021년 아이슬란드에서 개최된 리그 오브 레전드 월드 챔피언십(이하 롤드컵)은 한국시간으로 23시 15분에 시작되었다. 현재 e스포츠 개최국 또는 게임개발사의 의존하여 e스포츠 경기를 진행하는 방식을 택하다 보니 시간 전략을 효과적으로 구사하고 있지 못하고 있다.

이에 e스포츠 마케터는 이러한 중요성을 인지하고 향후 다양한 시간대를 고려하고 조사하고 계획을 수립하여 시간 전략을 구사하여 소비자들에게 제시한다면 e스포츠 제품의 판매량은 상승될 것으로 판단된다.

5 e스포츠 제품의 촉진(Promotion)

　e스포츠 마케팅믹스(4P) 요인 중 마지막을 장식하는 촉진(Promotion) 요인이다. 아무리 좋은 e스포츠 제품과 서비스를 제공할지라도 소비자들에게 제품(서비스)에 대한 정보를 알리지 못한다면 무용지물이 될 것이다.

　e스포츠 시장에서 선도하는 기업과 개발사(게임사)일지라도 소비자들에게 지속적으로 관심과 구매를 유도하지 않으면 경쟁 시장에서 우위성을 가지기란 쉽지 않을 것이다.

　경쟁 시장에서 제품(서비스)을 소비자들에게 홍보하는 것과 소비를 유도하는 활동은 매우 중요한 활동이며, 기업의 목적 달성을 위해 최대한 빠른 시간과 다양한 경로를 통해 소비를 촉진시키는 활동은 마케팅 전략에서 중요한 활동 중에 하나이다.

　이러한 가운데 e스포츠 제품의 촉진이란 e스포츠 시장 내에 목표로 하는 소비자들을 향하여 기업이 의사전달을 하는 수단으로 정의할 수 있다(이우용, 1996). 따라서 촉진은 e스포츠 제품, 가격, 장소에 대한 정보를 통합적으로 제공하기에 매우 중요하다 할 수 있다.

　e스포츠 마케팅의 촉진(Promotion)의 주 대상은 e스포츠 소비자이며, 주목적은 기업의 이미지 제고 및 메시지 전달, 그리고 이윤 창출이다. 따라서 기업 또는 기관들은 촉진 활동을 통해 소비자를 향해서 지속적인 메시지를 전달해야 한다. 기업 또는 조직이 e스포츠 소비자들에게 메시지를 전달하는 방법은 몇 가지로 나눌 수 있다.

첫째, 광고(advertisement)이다.

광고는 수많은 촉진 방법 중에 하나로 현재까지도 가장 활발하게 사용되며 전통적 수단이다. 그리고 유료 커뮤니케이션의 형태를 가지고 있다. 일반적으로 광고는 대중매체를 이용하며 특정 집단을 대상으로 하는 경우가 가장 많다.

광고의 장점으로는 불특정 다수에게 기업의 이미지와 메시지를 전달할 수 있다는 장점을 지니고 있고, 매출에 직·간접적으로 영향을 미치고 있다. 하지만 단점으로는 불특정 다수에게 메시지를 전달해야 하기 때문에 상당한 비용이 발생된다.

광고의 종류는 전파를 통한 광고, 인쇄 매체를 통한 광고, 그리고 기타 광고로 나뉠 수 있다. 전파를 통한 광고는 많은 분들이 알고 있겠지만, TV 광고, 인터넷 광고 등을 말할 수 있고, 인쇄 매체를 이용한 광고는 전단지, 우편 광고 등을 말할 수 있다.

기타 광고는 이러한 매체를 제외한 다양한 방식의 광고를 의미한다. 일반 광고는 무료로 할 수 있는 인터넷 광고를 포함하여 수억 원에 달하는 광고까지 다양하게 분포되어 있다.

현재 e스포츠에서는 전통 스포츠처럼 촉진 효과를 나타내기 위해 다양한 경로를 통해 광고를 대대적으로 하고 있지 않아 성공적인 사례는 미비한 편이다. 하지만 전통 스포츠의 경우는 촉진 활동을 하기 위해 광고 수단을 빈번하게 이용하고 있다.

대표적인 스포츠 광고 활동으로 슈퍼볼 광고를 가장 먼저 이야기할 수 있다. 앞서 미국 프로풋볼연맹(NFL)은 시간 전략을 활용하여 소비자들의 참여를 이끌어 냈고, 인기의 절정인 챔피언 결승전 '슈퍼볼(Super bowl)'은 전 세계 180여 개국에 동시 송출되어 스포츠 광고의 꽃이라 불린다.

그만큼 스포츠 광고 중에서 가장 비싼 비용을 자랑하고 있다. 광고비용은 30초에 650만 달러(약 78억 원)에 달하는 것으로 보고하여 위엄을 자랑하고 있다(권지용, 2022. 02. 14).

다음 〈그림 19〉는 국내 기업인 기아(KIA)에서 2022년 슈퍼볼 광고에 참여한 슈퍼독 광고 사진이다.

그림 19 · 기아 - 슈퍼독 광고

[자료출처: KIA].

이러한 이야기를 들으면 e스포츠 소비자는 의아해할 수도 있을 것이다.

무엇을 위해 비싼 광고료를 지불하고 광고를 하는 걸까?

30초의 광고로 얼마나 많은 촉진 활동을 기대할 수 있을까?

30초 광고한다고 광고료만큼의 매출이 오를까? 하는 의문이 들 수도 있을 것이다.

하지만 이러한 질문에 기업은 '아니다'라고 할 것이다.

전 세계에 기업을 알리고 인지도 상승, 이미지 제고와 같은 효과를 보기에는 슈퍼볼 광고처럼 좋은 기회도 없을 것이다. 물론, 슈퍼볼 광고를 하기 전에 전제 조건으로 프로풋볼연맹이 광고비용으로 제시한 비용을 지불할 정도의 경제적 여건이 뒷받침이 되어야 한다.

앞서 언급하였듯이 슈퍼볼 경기방송은 전 세계 180여 개국에 동시 중계되고, 미국에서만 1억 명 이상 시청하고 전 세계적으로 10억 명 이상이 시청한 것으로 보고되고 있다.

이야기를 바꿔서 하면 기업은 슈퍼볼이라는 메가 스포츠 이벤트를 통해 소비자 10억 명에게 제품에 대한 촉진 활동 및 기업의 목적을 전달하는 것이다.

기업이 소비자들에게 인지도 1%를 상승시키기 위해서는 연간 약 2,500만 달러(약 327억 원)가 소요된다. 인지도 상승을 위한 소요 비용을 이해하고 넘어간다 해도 올림픽과 같은 메가 이벤트를 제외하고 10억 명에게 제품에 대한 촉진 활동을 하는 것은 쉬운 일이 아니다. 그래서 매년 슈퍼볼 광고 입찰은 비싼 광고비용에도 불구하고 NFL 시즌이 시작되기도 전에 매진되고 있다.

이제 e스포츠 분야에서도 이러한 사례를 바탕으로 광고의 효과를 최대한 나타낼 수 있게 노력해야 된다. 광고는 전통적인 홍보 수단이다. 이것을 e스포츠 분야에 대입하면 금상첨화이다. e스포츠만큼 전 세계적으로 많은 시청자를 보유한 문화·스포츠 종목은 찾아보기 힘들다.

이러한 사실을 바탕으로 e스포츠 마케터들이 e스포츠를 통한 광고 전략을 활성화시켜 제2의 슈퍼볼 광고사태를 만들었으면 하는 작은 바람을 가져본다.

둘째, 대면 판매(face-to-face sales)이다.

대면 판매는 흔히 소비자들이 오프라인에서 제품을 직접 구매하는 방식을 말한다. 직접 소비자를 만나서 자사의 제품이나 서비스를 구입하도록 권유하는 판매방식이다. 더불어 현재는 코로나19(COVID -19)로 판매방식이 더욱 확대되고 있어 비대면 판매까지 대면 판매분야에 포함시켜 보고있다.

판매과정은 크게 준비, 설득, 구매로 나뉘게 된다. 준비단계에서 판매원은 다양한 방법을 통해 소비자들을 찾아 나서게 되고, e스포츠 소비자들이 원하는 정보를 수집하게 된다. 정보수집과정을 마치고 적절한 대안이 제시되면 소비자들은 만족과 불만족으로 나뉘게 되고, 만족 시 구매로 이어지게 된다. 반대로 불만족 시 이용 중단으로 이어지게 된다.

예를 들어 여러분들이 컴퓨터 구입을 위해 매장을 방문하였다고 가정해 보자. 그러면 판매원들은 여러분들이 어떠한 것을 원하는지 질문을 하게 되고 답변을 통해 정보를 수집하게 된다. 그리고 판매원이 제시하는 제품에 대한 정보와 서비스에 만족을 하게 되면 구매로 이어지게 되고, 반대로 잘못된 정보를 제시하거나 생각했던 적정 금액보다 높은 가격을 제시하게 되면 반대로 구매를 하지 않게 된다.

이러한 현상은 우리들 주변에 흔히 있는 상황이다. 대면 판매는 가장 고전적인 판매 촉진 수단이기 때문에 선호하는 소비자들이 많다. MZ세대와 인터넷에 능한 소비자들은 온라인을 선호하는 경향이 점차 늘어나고 있지만, 연령대가 있고, 온라인을 통해 주문된 제품을 택배로 수취하는 시간까지 금액으로 환산하여 오프라인이 약간 높다 하더라도 대면판매를 선호하는 소비자들은 여전히 존재하고 있기 때문에 전통적인 촉진 수단 중에 하나이다.

셋째, 판매촉진(sales promotion)이다.

판매촉진은 소비자들이 실제로 그 제품을 이용하게 만들기 위해 유인하는 판매 활동을 의미한다(하대용, 2008). 판매촉진은 우리들 주변에서 흔히 일어나고 있는 마케팅 활동 중 하나이다. 그럼 어떠한 방법들을 사용하고 있는지 한번 알아보자.

e스포츠에서 판매를 촉진시키기 위해 사용되고 있는 방법은 쿠폰, 소액할인, 경품 등이 있다.

쿠폰(Coupon)은 판매촉진을 위해 가장 많이 사용되는 수단으로 조건을 제시한 쪽지로 정의할 수 있다. 최근 e스포츠뿐만 아니라 다양한 분야에서 제품, 게임, 새로운 상품들이 출시가 되면서 소비자들을 확보하기 위해 사전예약부터 치열한 경쟁을 하고 있다. 이러한 가운데 소비자들에게 가장 유혹적으로 다가가는 것이 바로 쿠폰 및 보상이다.

e스포츠 사례를 예로 들어보고자 한다. 최근 e스포츠 분야에서 활발하게 사용된 쿠폰이 바로 MSI 시즌에 사용된 BBQ 치킨 쿠폰이다. 국내 치킨 프랜차이즈인 BBQ 그룹은 'T1 CHEERS WITH BBQ' 이벤트를 통해 1만 5천 여명에게 3,000원 할인 쿠폰 제공과 일부 추첨을 통해 치킨을 무상으로 제공하였다(김경애, 2022. 05. 26). 이러한 사례 외에도 수많은 쿠폰과 보상을 통해 소비자들에게 판매촉진 활동을 이어가고 있다.

그리고 소액할인(Price off or small discount)이다. 이 판매촉진 방법 역시 실생활에서 자주 사용되고 있는 방법 중 하나이다. 소액할인은 온라인, 오프라인 가리지 않고 자주 시행되고 있으며, 할인의 폭도 기업마다 다양하게 제시하고 있는 상황이다. 다음 〈그림 20〉은 소액할인에 관한 포스터이다.

그림 20 · 소액할인 포스터

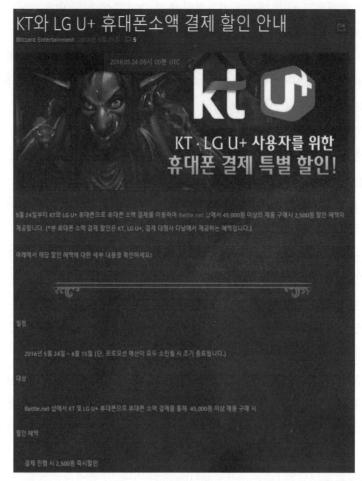

e스포츠 분야에서도 소액할인으로 판매촉진을 하고 있는데, 이러한 이유는 경제적 이득과 경쟁 우위 선점을 위한 활동으로 볼 수 있다. 할인으로 인해 경쟁 상품의 구매를 자제할 수 있고, 본 제품에 참여하는 시간을 더욱 증대시킬 수 있기 때문이다. 위 그림에서 보이는 바와 같이 SKT 사용자를 제외한 모바일 사용자들의 참여 유도를 하고 있다.

그리고 자주 사용되는 판매촉진이 경품이다. 경품은 이벤트 행사 또는 마케팅 활동 과정 속에서 선물로 주는 물품을 뜻하고 있다. e스포츠 분야에서도 판매촉진을 하기 위해 다양한 경품행사를 개최하여 활발하게 활동 중에 있다.

다음 〈그림 21〉은 아프리카TV에서 주최한 'GSL Super Tournament' 대회에서 이벤트로 진행한 포스터이다. 질문의 정답을 맞힌 사람에게 추첨을 통하여 소정의 경품을 지급하였다.

그림 21 · **경품 포스터**

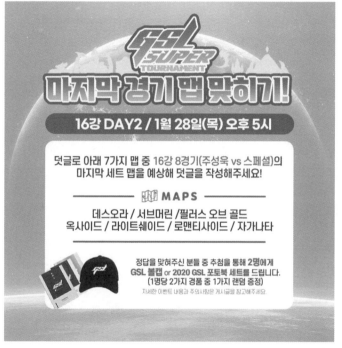

이번 장에는 e스포츠 마케팅 믹스(4P)에 대해 알아보는 시간을 가졌다. 다만 아쉬운 부분들이 있다면 전통 스포츠 및 다른 분야에 비해 e스포츠 마케팅 사례가 미비하다는 것이다.

그나마 2018년 이후 산업적 성장으로 인해 기업 스폰서십 등 다양한 마케팅 활동이 보도되고 있지만, 다른 분야에 비해 아직까지도 미흡한 부분들이 많다.

 e스포츠는 다른 스포츠에 비해 성장할 수 있는 가능성이 무한대에 가까운 스포츠이다. 전 세계적으로 팬들도 이미 많이 확보되어 있는 상태에서 우리나라만 e스포츠 마케팅 활동이 저조한 편에 속하고 있다.

 e스포츠 마케터는 현재 나타나고 있는 문제점을 인식하고 e스포츠 산업 성장과 올바른 방향 제시를 위해 효과적인 마케팅 전략을 수립해야 하고, 적절하게 마케팅 믹스 전략을 수립해야 하겠다.

제 6 장

e스포츠 브랜드
(eSports Brand)

e스포츠 브랜드
(eSports Brand)

1 브랜드의 개념 및 중요성

　우리들은 실생활에서 '브랜드(Brand)'라는 단어를 자주 사용하거나 듣고 있다.

　그러면 도대체 브랜드란 무엇인가?

　그 기업의 로고인가? 아니면 가격? 기업 이름인가?

　브랜드란 제품의 대표 이미지로서 판매자가 자신의 제품이나 서비스를 경쟁사와 차별화하기 위해 사용하는 이름과 상징물의 결합체이다(이정학, 이재문, 이지혜, 2018).

　미국마케팅협회(AMA)는 브랜드를 기업이 판매 또는 제공하는 제품 또는 서비스에 관하여 다른 경쟁 기업의 그것과 식별하기 위하여 사용되는 상징, 디자인, 명칭 또는 그것들의 총합체라고 정의하였다(이향길, 2019).

　브랜드는 e스포츠 분야뿐만 아니라 다양한 경쟁 시장에서 기업의 자산과 이윤 창출, 그리고 생명을 연장시킬 수 있는 강력한 요인 중에 하나이다. 그러면 왜 브랜드가 중요한지 설명하고자 한다.

니케이 비지니스(1993) 저서에 따르면 기업의 평균수명은 30년이 넘지 않는다고 주장하였다. 이를 증명하듯 경쟁 시장에서는 매년 새로운 브랜드 수천 개 이상이 시장에 쏟아져 나오고 있는 동시에 수많은 브랜드가 사라지고 있다.

그럼 이러한 것을 e스포츠 시장으로 접목을 시켜 설명해보자. e스포츠 종목 중에 하나를 예로 설명하고자 한다. 소비자들의 많은 인기를 주도하였던 클래시로얄의 경우 2018년에서 2020년까지 e스포츠 전문종목으로 선정되면서 참여하는 e스포츠 소비자들이 많았다. 하지만 현재는 다른 게임과 e스포츠 종목에 우선순위가 밀려 전문종목이 아닌 일반종목으로 선정되었다.

반면, 리그 오브 레전드 사례를 살펴보자. 리그 오브 레전드(이하 롤 or LOL)는 현재 e스포츠 전문종목이자 세계 최고의 MOBA(Multiplayer Online Battle Arena) 게임이다. 실시간 전투와 협동을 통한 팀플레이, RTS와 RPG를 하나의 게임에서 동시에 즐길 수 있는 새로운 장르이다. 롤은 2011년에 출시되면서 e스포츠 종목을 이끈 선두주자 역할을 10년간 지속적으로 해왔고, 아직까지도 지속적으로 e스포츠 소비자들이 참여하고 있다.

하나의 사례는 인기가 줄어드는 반면, 하나의 사례는 지속되거나 성장하는 사례를 보이고 있다. 그럼 소비자들의 마음을 얻고 성장하는 비결은 무엇일까?

바로 차별화된 방식과 개성 있는 브랜드를 선점하였기 때문에 가능할 수 있었다.

스타크래프트 이후 소비자들에게 관심을 받을 만한 게임이 없던 시절 리그 오브 레전드는 대안책이 될 수 있었고, 예상은 적중하여 흥행에 성공하였다. 다른 e스포츠와 다르게 귀엽고 멋진 캐릭터들이 존재하고 전략 전술이다 보니 소비자들의 승부욕을 자극시켰다. 그리고 부가적으로 OST와 같은 음악을 적절하게 사용하여, e스포츠를 즐기지 않는 사람 중에서도 롤 OST 팬덤층이 구성되어 있다.

이처럼 기업(조직)은 소비자들에게 어떠한 포지셔닝과 목적을 가지고 e스포츠 브랜드를 구축하느냐에 따라 성공과 실패가 좌우될 수 있고, e스포츠 수명 연장 여부가 결정된다고 해도 과언이 아닐 것이다. 그렇기에 오랜 기간 동안 소비자들에게 관심을 받고 참여를 유도하기 위해서는 차별화된 브랜드 선점이 중요한 것이다.

2 e스포츠 브랜드 아이덴티티

IBM 창립자 톰 왓슨(Tom Watson)은 "훌륭한 디자인은 곧 비즈니스이다"라고 강조하였다. 각 기업들은 소비자에게 아이덴티티를 전달하기 위해 광고, 언론 보도, SNS, PR, 홍보, 프로모션 등 수많은 방법을 사용하여 아이덴티티를 알리고 있다.

그럼 여기서 말하는 아이덴티티는 무엇인가?

아이덴티티(identity)란 통상적으로 사물의 핵심적 또는 총체적 특징의 동일성 또는 사물의 실제를 구성하는 모든 것에 있어서 동일성이라고 정의하고 있다(우다운, 2021).

여기서 스포츠에서는 아이덴티티에 브랜드 의미를 더해서 브랜드 아이덴티티(Brand Identity)는 브랜드의 정체성이라 할 수 있다.

이해하기 쉽게 스포츠 브랜드 아이덴티티 사례를 살펴보자.

다음 〈그림 22〉는 시중에 판매되고 있는 스포츠 및 아웃도어 브랜드의 아이덴티티이다.

그림 22 · 기업의 아이덴티티

[자료출처: 네이버 블로그].

위의 그림은 일상생활에서 어디서나 쉽게 볼 수 있는 스포츠·아웃도어 기업들의 로고이자, 아이덴티티이다. 이처럼 브랜드 아이덴티티는 다양한 도구를 통해서 소비자들에게 노출되고 인지도 향상과 선호를 형성하게 하는 역할을 하고 있다.

이정학(2012)은 현대인들은 하루에 평균적으로 약 3천 개의 마케팅 메시지에 노출된다고 하였다. 그럴 수도 있는 것이 우리들은 아침에 일어나면서 꽤 많은 시간을 핸드폰, PC와 함께 생활하고 있고, 도보 및 차량 이동 중에도 수많은 광고를 바라보며 생활하고 있다.

2012년도에 평균적으로 약 3천 번 정도라고 가정을 하였으니 10년이라는 세월 동안 마케팅 기법과 광고 경로, 매체 인터넷 발달 등으로 2022년에는 3천 번의 두 배인 약 6천 번 이상 광고에 노출될 것으로 판단된다.

이러한 맥락에서 인지과학자들은 소비자들이 어떠한 대상 또는 물건을 인식하는 행동순서를 크게 3가지로 나눌 수 있다고 하였다.

첫째, 모양(Shape), 둘째, 컬러(Color), 셋째, 언어(Content)이다. 모양은 인간의 뇌에서 새로운 사물을 인식하는 첫 번째 기준이 모양이다. 청각, 촉각과 같은 2차 감각보다 시각이 먼저 발달하여 모양을 인식하고 이미지를 형성하여 오랫동안 기억에 남을 수 있게 하고 있다. 특히 기존에 보지 못하는 모양으로 나타날 경우 소비자들 기억 속에 장기 기억으로 이어질 수 있지만, 반대로 모양이 호감적이지 않을 때는 단기 기억으로조차 도달하지 않을 수도 있다.

컬러는 사물에 대한 고정적 이미지와 연상 이미지를 불러오는 동시에 다양한 심리적, 행동적 반응을 일으킨다. 컬러는 모양보다 시각적으로 먼저 인식되기 때문에 매우 신중하게 결정되어야 한다.

세 번째인 언어는 다른 표현으로 '슬로건(Slogan)'으로 칭하기도 한다. 인간의 뇌가 컬러와 모양을 인식하고 강조하고자 하는 언어를 세 번째로 인식하기 때문에 가장 늦게 인식이 된다. 하지만 소비자들에게 강력한 메시지를 오랫동안 남기기 위한 수단으로 언어가 차지하는 비율이 점차 올라가고 있다.

예로 '나이키'가 대표적인 사례가 될 수 있다. 나이키는 하얀색과 검은색,

빨간색 등 단순한 컬러 사용으로 대중들의 기억 속에 오랫동안 자리매김하고 있지만, "just do it"이라는 언어를 통해서도 장기 기억으로 이어지고 있다. 다음 〈그림 23〉은 나이키의 대표 언어다.

그림 23 • **나이키 아이덴티티**

[자료출처: 나이키].

이제 21세기를 주도하는 e스포츠에서도 스포츠 사례와 같이 브랜드 아이덴티티를 개발해서 e스포츠 소비자들에게 지속적으로 어필을 해야 될 필요성이 있다. 다음 〈그림 24〉는 현재 e스포츠 전문 팀 로고이다.

그림 24 · e스포츠 팀 로고

Afreeca Freecs　　DRX　　DWG KIA　　Fredit BRION　　Gen.G

Hanwha Life Esports　　kt Rolster　　Liiv SANDBOX　　NONGSHIM RED FORCE　　T1

[자료출처: 티스토리].

　이처럼 현재 e스포츠에서도 소비자들의 마음을 사로잡기 위해서 다양한 모양과 컬러를 사용하고 있다. 각 프로팀은 e스포츠 종목과 이미지에 부합되면서 차별화되고 개성을 살린 로고를 전면적으로 내걸고 있다.

　앞서 언급한 것처럼 e스포츠 프로팀들은 소비자들에게 모양과 컬러는 훌륭할 정도로 어필을 하고 있지만, 언어에 대한 어필은 미흡한 편이다.

　최근 한화생명 e스포츠 팀은 "Burst it"이라는 새로운 슬로건을 공개해 소비자들에게 강렬한 인상을 심어주고 있다. 언어(슬로건)는 소비자들이 일상 생활 속 사용하는 단어를 통해서 e스포츠 팀을 기억할 수 있게 하고 장기 기억으로 갈 수 있게 하는 요소이기 때문에 더욱 팀의 개성이 녹아있는 언어(슬로건)를 개발해야 한다. 다음 〈그림 25〉는 한화생명 e스포츠 팀 슬로건이다.

그림 25 · 한화생명 e스포츠 팀 슬로건

[자료출처: 한화생명]

이제 e스포츠 마케팅 활동에서도 소비자들을 위해 눈과 귀를 사로잡는 마케팅 전략을 구상하고 개발하여야 할 것이다. 이러한 맥락에서 본 저자는 e스포츠 마케터들을 위해 브랜드 아이덴티티 개발을 위한 6가지 원칙을 제시하고자 한다.

첫째. 기억하기 쉬어야 한다.

e스포츠 소비자들에게 장기 기억으로 남기 위해서는 복잡하고 다양한 커뮤니케이션보다는 기억하고 단순하게 접근을 하는 것이 기억하기 쉽다.

둘째, 일관된 이미지를 전달해야 한다.

분기별로 다양한 그림이 연출될 수는 있지만, 브랜드(기업)가 추구하는 이미지는 일관되게 소비자들에게 전달되어야 한다. 만약 촉진 활동, 판매 매출이 증대가 되지 않았다고 급격하게 브랜드 이미지를 바꾼다면 마케팅 활동은 실패할 확률이 매우 높을 것이다.

그렇기 때문에 초반 기업의 이미지와 브랜드의 이미지를 설정할 때 신중하게 논의하고 전달하고자 하는 목적을 설정해야 한다. 앞서 언급하였듯이 이미지는 단기간 내에 소비자들로 하여금 반응이 오지 않는다. 그렇지만 오랜 시간 이미지와 아이덴티티를 내면 깊은 속에 쌓아두고 있다가 결정적일 때 꺼내어서 확인하게 된다. 그 순간이 어떤 소비자는 빠르고, 어떤 소비자는 기약이 없을 수도 있겠지만 기업의 입장에서는 언제 꺼낼지 모르니 일관된 이미지를 소비자들에게 지속적으로 전달해야 한다. 그만큼 일관된 이미지는 매우 중요하다.

셋째, 개성을 전달할 수 있어야 한다.

e스포츠 경쟁 시장에서 제품(서비스)이 가지고 있는 개성을 e스포츠 소비자들에게 전달해야지만 지속적으로 관심과 주목을 받을 수 있다. 제품이 주기적으로 생산되고 무분별한 제품 경쟁 속에서 우위를 점하고 차별성을 주기 위해서는 개성을 잘 살려 소비자들에게 전달해야 한다.

반대로 생각을 해보면 여러분들은 개성이 없는 제품(서비스)을 사용할 의도가 있는가? 가격 대비 성능이 좋거나, 가격 대비 퀄리티, 특별한 혜택, 친절, 응대성 이러한 요소 없이 불친절하고 가격 대비 만족도 못 하는데 사용할 것인가 묻는 것이다. 이러한 질문에 대부분 '아니다'라고 대답할 것이다. 본 저자역시 마찬가지이다. 이처럼 제품의 개성은 경쟁 제품(서비스)의 개성을 찾기 위해서는 제품의 목적과 방법, 그리고 기업의 목적을 잘 부합하여 차별화된 개성을 만들어야 하겠다.

넷째, 다양한 조건을 고려하여 어디에든지 어울리게 해야 한다.

예를 들어 e스포츠 경기가 꼭 상설 e스포츠 경기장에서 개최되어야 한다는 법은 없다. 현재까지도 e스포츠 이벤트는 다양한 장소에서 개최되고 가끔 야외에서도 개최되는 상황이 연출되고 있다. 그리고 온도 또한 각 나라마다 다르다. 브랜드의 아이덴티티도 마찬가지다. 한 가지만을 고려하여 소비자들에게 어필하는 것이 아니라 소비자의 입장에서 받아들이는 조건을 미리 예상하고 계산해서 어필해야 한다.

결론은 제시하는 입장의 기준이 아니라 받아드리는 소비자의 입장은 개인의 상황, 도시의 상황, 각 나라의 상황이 다르듯이 다양한 조건이 존재하기에 이러한 점을 고려해서 어필해야 될 것이다.

다섯째, 지속성을 가지고 있어야 한다.

브랜드(기업)의 아이덴티티는 단발성으로 끝나는 것이 아니라 장기적인 목적으로 소비자들에게 어필해야 된다는 것을 명심해야 한다. 그리고 아이덴티티로 인하여 즉각적인 매출 증가, 이미지 제고, 급호감 등의 반응은 바로 오지 않는다.

소비자는 제공된 정보를 통해 처리 과정을 거치고 다양한 반응이 나오기까지 많은 시간이 소요되고, 모든 소비자들의 반응이 긍정정이지 않을 수 있다. 이러한 점을 숙지하고 지속성을 가지고 어필해야 되기 때문에 신중하게 판단하고 어필해야 한다.

그리고 기업의 입장에서는 소비자들에게 지속적으로 어필할 수 있는 재정과 인력을 확보해야 하겠다. 그렇기 때문에 모든 조건(재정, 시간, 인력 등)을 고려하고 e스포츠 시장에 진출해야 할 것이다.

마지막으로 앞서 언급한 원칙을 바탕으로 e스포츠 소비자들의 머리와 마음속에 단기 기억이 아닌 장기 기억으로 남을 수 있는 모양, 컬러와 언어(슬로건)들을 구상하여 지속적으로 어필해서 기업만의 아이덴티티, 브랜드만의 고유 아이덴티티를 만들어야 하겠다. 처음 만들거나 그것을 소비자들에게 알리는 것이 힘들지 내면에 기업의 아이덴티티가 자리매김하게 되면 매출에 직접적으로 영향을 미치기 때문에 기업의 최종 목적에 큰 기여를 할 것이다.

e스포츠 마케팅 조사 방법

제 7 장

e스포츠 마케팅 조사 방법

1 e스포츠 마케팅 조사의 개념

1) e스포츠 마케팅 조사의 의의와 목적

Kotler(1984)는 마케팅의 최종 목적은 소비자들을 만족시키고 유지하는 것이라고 정의하였다. 다양한 욕구를 가진 소비자들을 만족시키고 유지하기 위해서는 소비자들의 원하는 욕구와 개선사항, 유지사항 등 자료를 수집해서 분석하고 제품, 서비스에 반영해야 기업의 생명을 유지시킬 것이다. 이러한 과정을 마케팅 조사 과정이라 한다.

마케팅 조사의 의의는 마케팅 관련 문제에 대해서 소비자의 욕구를 조사하고, 체계적인 방법으로 자료를 수집·분석하는 일로 정의하고 있다(김우성, 2012).

마케팅 조사의 의의에서 elctronic의 특성을 지닌 e스포츠 마케팅 조사의 개념은 **현실과 가상세계 속에서 이뤄지는 e스포츠 마케팅에 관해서 e스포츠 소비자들의 욕구를 문제 인식, 정보탐색, 수집, 자료 분석을 기반으로 도출하는 과정으**

로 **정의**할 수 있다.

e스포츠 마케팅 조사의 목적은 다음과 같다.

첫째, e스포츠 제품(서비스)의 포지셔닝 및 문제를 확인할 수 있다. e스포츠 마케팅 조사 목적은 제품 또는 서비스가 소비자들 마음속에 위치한 포지셔닝을 확인, 한편으로는 경쟁사의 제품, 서비스의 위협을 예방함에 있다.

기업은 시장에서 제품이 차지하는 위치와 문제를 미연에 방지하기 위해 주기적으로 확인해야 된다. 만약 기업이나 조직에서 시장의 제품을 판매에만 급급하고 포지셔닝을 확인하지 않으면 장기적으로 관심을 받지 않을 가능성이 매우 높다.

21세기 경쟁 시장에서 이제 블루오션(Blue Ocean)은 거의 없다고 해도 과언이 아닌다. 즉, 어딜가나 경쟁이 있다는 이야기다. 이러한 상황 속에서 경쟁사 및 경쟁제품은 항상 경계대상이다. 자사의 제품이 경쟁시장에서 우위를 선점하기 위해서는 주기적으로 정확하고 객관적인 방법을 통해 조사를 해야 하겠다. 이러한 과정을 통해 소비자들의 욕구를 이해하고 충족시켜 준다면, 장기적으로 관심과 사랑을 받는 제품으로 거듭날 수 있을 것이다.

둘째, e스포츠 소비자들의 욕구를 충족시킬 수 있는 객관적인 자료를 수집할 수 있다. 어떤 분야든지 소비자들의 마음을 100% 만족시킬 수 없다. 이러한 사실을 알고 있지만 e스포츠 마케터는 소비자들이 최대한 만족할 수 있도록 노력해야 한다.

오랜 경험과 과거 데이터를 가지고 개선 방안을 제시하게 된다면 e스포츠 제품(서비스)의 방향성을 잃을 가능성이 매우 높기 때문에 이러한 방법은 절대 사용하면 안 된다.

MZ세대는 일관된 소비방식을 사용하는 것이 아니라 각자 개성이 강하고 다양한 방법을 통해 e스포츠를 소비하고 있기 때문에 소비자들의 욕구를 충족시킬 수 있는 객관적인 조사를 통해 자료를 얻어야 할 것이다. 이러한 방법으로 얻어진 결과를 통해 개선사항이 도출되고, 오랫동안 소비자들에게 관심을 받을 것이다.

셋째, e스포츠 마케팅에 대한 평가를 할 수 있다. 앞서 언급하였듯이 세상에 완벽한 것은 없다. 물론 e스포츠 마케팅 역시 완벽할 수 없다. 하지만 완벽하다고 자만하는 순간 시장에서 도태될 수밖에 없다. 그렇기 때문에 오랫동안 시장에서 우위를 점하고 목적을 달성하기 위해서는 객관적이자 과학적인 방법을 통해 e스포츠 마케팅 조사를 실시해야 하는 것이다. 그래야 개선사항이 도출되고 차후에 보안하여 e스포츠 마케팅 활동을 할 수 있다.

2) e스포츠 마케팅 조사의 중요성

e스포츠는 새로운 스포츠로 인정되는 2000년 초반 시대에서부터 현재에 이르기까지 꾸준하게 소비자들이 늘어났다. e스포츠 소비자들은 현실에서 느껴보지 못한 감정들과 행동, 전 세계 소비자들과 커뮤니케이션을 하기 위해 참여하는 경향이 증대되고 있다. 이처럼 e스포츠 참여자들이 점차 늘어나고 있는 시점에서 e스포츠 시장에서의 경쟁은 점차 가열되고 있는 상황이다.

일부 마케터는 e스포츠가 게임일 때부터 오랜 활동으로 축적된 경험을 믿고 주관적인 판단을 통해서 e스포츠 마케팅 전략을 수립하는 경향을 가지고 있다. 하지만 간과해서 안 될 것이 있는데 바로 e스포츠 소비자들의 욕구가 다양해지고 있고, 환경 또한 달라지고 있다는 것이다.

마케터가 객관적인 데이터와 조사로 도출된 결과를 통해 주관적인 판단과 경험만을 믿고 마케팅 전략을 수립한다는 것은 매우 위험한 일이다. 따라서 성공적인 마케팅 전략 수립과 합리적인 의사결정을 하기 위해서는 e스포츠 마케팅 조사를 통한 시장 조사가 필요한 것이다.

치열해진 e스포츠 시장에서 우위를 선점하고 다른 제품 또는 서비스와의 차별화를 위해 다양한 마케팅 활동과 전략을 수립하고 있는 과정은 결과를 좌우할 수 있기 때문에 매우 중요한 작업이다. 따라서 체계적인 정보 수집과 분석을 통해 전략 수립이 이뤄져야 할 것이다.

3) e스포츠 마케팅 조사의 효과

e스포츠 마케팅 조사를 통해서 나타나는 효과는 e스포츠 기관 및 기업을 운영하고 경영하는 데 보다 합리적인 의사결정을 할 수 있는 수단으로 사용된다. 이뿐만 아니라 수많은 기업들은 목표 시장에 접근하는 방식과 방법이 각자 다르기 때문에 경쟁이 심화되고, 시장에 접근하는 마케팅 기법과 조사 방법으로 인하여 지식의 발전이 도모될 수 있다.

그리고 e스포츠 마케팅 조사를 통한 결과는 기업 및 조직, 단체 등에게 합리적인 의사결정을 할 수 있도록 도움을 주고, 잘못된 결정을 회피할 수 있는 기회를 주기도 한다.

따라서 e스포츠 시장에서 마케팅 성공확률을 높이기 위해서는 정확하고 체계적인 조사가 이루어져야 한다. 이에 따라 e스포츠 마케팅 조사의 효과를 살펴보면 다음과 같다.

첫째, e스포츠 목표 시장에서 판매를 용이하게 한다.

e스포츠 시장에서 목표 시장을 선정하는 것은 매우 중요한 일이다. 앞서 언급하였듯이 e스포츠 하나의 제품(서비스)이 전체 소비 시장을 만족시킬 수는 없기에 효과적으로 수익을 창출하기 위해서는 목표 시장을 설정하고 욕구에 충족할 수 있게 타게팅(Tarketing)을 설정해야 할 것이다.

이해를 돕기 위해 예를 들어 설명하고자 한다. 여러분들이 e스포츠 시장 속에서 표적이 된 시장(성인남녀, 지역주민, 학생 등)에 제품(서비스)을 판매하고자 한다고 예를 들어보자. 그러면 여러분들은 가장 먼저 무엇을 할 것인가? 제품을 무작정 특정된 시장에 내다 팔 것인가? 가격 책정은? 가게는 어디에? 가게 인테리어는?

본 저자는 이러한 상황에 가장 먼저 해야 하는 것은 '시장 조사'라고 답하고 있다.

e스포츠 시장에 진출하기 위해서는 자신이 가지고 있는 제품에 대해 파악하고, e스포츠 시장의 객관적인 조사를 통해 수요를 파악하는 일이 급선무이기 때문이다. 이러한 관점에서 보았을 때 e스포츠 마케팅 조사는 목표 시장에

먼저 진출하기 전에 수요와 공급을 계산하고 경쟁제품을 확인하게 한다. 그리고 목표 시장에서 경쟁제품을 피해 타게팅을 통해 판매를 용이하게 만드는 효과를 가지고 있다.

둘째, e스포츠 마케팅 활동의 효과를 극대화할 수 있다.

e스포츠 마케팅 조사를 하는 이유 중 하나는 제품 또는 서비스의 큰 장점을 극대화할 수 있다는 것이다. 조사를 통해 제품(서비스)가 가지고 있는 장점을 극대화할 수 있는 방안을 계획할 수 있고, 이러한 계획을 바탕으로 소비자들에게 장점을 어필하게 된다면 e스포츠 마케팅 활동으로 인한 효과를 극대화할 수 있다.

그리고 e스포츠 마케팅 활동을 극대화할 수 있다는 장점을 가지고 있다. 만약 조사를 하지 않고 마케팅 활동을 했다고 가정해보자. 그러면 효과가 제대로 나타날 수 있을 것인가? 불필요한 곳에 사용된 비용은? 목표 시장을 구축할 수 있는가?

이 대답에 하나도 대답을 하지 못할 것이다. 그렇기 때문에 e스포츠 마케팅 활동의 효과를 극대화하기 위해서는 e스포츠 마케팅 조사가 꼭 필요한 것이다.

셋째, 판매 비용을 절감할 수 있다.

기업 또는 조직의 입장에서 비용을 절감하는 일은 매우 중요하다. 전체 소비자들을 대상으로 제품을 홍보하고 알리고, 이미지를 제고하기까지 많은 비용과 시간이 투자가 되는 과정 속에서 불필요한 비용이 발생될 수밖에 없는 것이다.

하지만 e스포츠 마케팅 사전 조사를 통해 불필요한 요인을 제거함으로 비용을 절감할 수 있고, 능률이 향상되는 효과를 가져올 수 있다. 그리고 비용 절감으로 인해 제품의 원가가 하락되니 소비자들에게도 매우 이득으로 돌아간다.

1) e스포츠 산업재 & 소비자 조사

최근 e스포츠에 대한 이슈와 인식 변화, 참여의도, 구매의사 정도 등 다양한 요인들이 변화하고 있다. 이러한 현상은 점차 e스포츠에 참여하는 소비자들이 많아지고 있다는 것이고, 산업 규모와 트렌드 역시 변화하고 있다는 것을 알려주고 있다.

이처럼 e스포츠 시장이 급변하는 상황 속에서 소비자들의 욕구와 요구를 조사하기 위해서는 크게 2가지로 나뉠 수 있다. 첫째, e스포츠 산업재 조사, 둘째, e스포츠 소비자 조사이다.

e스포츠 산업재 조사는 단어 그대로 e스포츠 산업에 관련된 조사와 e스포츠 용품에 관련된 원재료, 특성, 순위 등에 관련된 조사를 뜻하고 있다. 하지만 아쉽게도 현재 e스포츠 분야에서 산업재에 대한 조사는 매우 미비한 실정이다. 매년 한국컨텐츠개발원에서 발표하는 '이스포츠실태조사'에서 참여자, 프로게이머 연봉, 학력조사, 시간 등 기초적인 조사만 규명되어 발간될 뿐 e스포츠 제품의 원재료, 원가, 비용, 특성, 시장 순위 등 산업재에 관련된 조사가 전무한 실정이어서 e스포츠 산업을 확장시키기 위해서는 매우 필요한 조사작업이다.

그리고 두 번째인 e스포츠 소비자 조사는 산업재 조사와 달리 소비자의 심리적, 행동적인 요인들의 조사가 혼합되어 있기 때문에 산업재조사보다 약간 복잡할 수 있다. e스포츠 소비자 조사에서도 2가지 하류 분류로 나눌 수 있는데, e스포츠에 참여하고 있는 소비자와 잠재적 소비자로 분류를 나눠 조사를 할 수 있다. 하지만 e스포츠 소비자 조사 역시 산업재와 마찬가지로 크게 진행되지 않고 참여하는 소비자들로만 연구가 진행되고 있어, 잠재적 소비자에 대한 조사가 매우 필요한 상황이다.

기업 및 조직은 현재 참여하는 소비자와 잠재적 소비자에 대해 객관적이고 정확한 조사를 통해 e스포츠 산업의 방향성과 욕구를 충족시켜 줄 수 있는 마케팅 전략을 수립해야 한다.

현재 e스포츠 산업재 조사와 소비자 조사는 모두 1차, 2차 자료와 정성조사, 정량조사 기법을 활용할 수 있다. 그리고 조사 기관의 목적과 조사 방법과 목표 시장 계획을 어떤 방향으로 수립했느냐에 따라 e스포츠 조사 방법은 달라지고 결과도 달라지기에 충분한 회의와 논의를 통해 올바른 방향성을 설정하고 진행해야 한다.

2) 정량조사 & 정성조사

정량조사와 정성조사는 e스포츠 마케팅 분야에서만 사용되는 것이 아니라 일반적인 조사에서도 가장 많이 사용되는 조사 방법이다. 각 조사에 대한 설명은 다음과 같다.

(1) 정량조사

정량조사는 흔히들 '양적조사'라고 부르며, 동질적 특성을 가지고 있는 표본집단을 대상으로 질문과 설문을 통해 규격화된 응답을 얻어내는 조사 방법을 뜻한다(김옥남, 2009).

정량조사에는 설문조사, 응답, 1:1, 온라인 조사, 전화(문자) 설문이 대표적이다. 우리들이 실생활에서 접하는 홈페이지 또는 대면 설문지(문자, 전화) 조사 방법이 여기에 속한다.

정량조사의 장점은 대규모 조사가 가능하며, 조사결과를 통해 일반화할 수 있다는 큰 장점을 지니고 있다. 따라서 소비자들의 일반적인 수준의 결과를 얻을 수 있고, 결과를 통해 개선사항, 보안점, 전략수립 등 방향성 설정에 큰 도움이 된다.

(2) 정성조사

정성조사는 정량조사와 반대로 비계량적인 조사이다. 대표성이 있는 소규모의 사례를 중심으로 하거나 대규모 데이터를 획득하지 못할 때 주로 사용되고 있다. 또한, 정성조사는 정량조사 사전 예비조사로 사용되고 있다. 비공식적인 토론과 비구조화, 인터뷰 방식을 이용하여 단어 연상, 문장, 자아의 경계심을 풀고 내면 속의 깊은 감정들을 이끌어 내는 데 자주 사용되고 있다.

정성조사의 장점으로는 정량조사에서 규명하기 힘든 개인의 동기, 태도와 같은 미묘한 심리상태를 규명할 수 있다는 장점을 지니고 있다.

3 e스포츠 마케팅 조사 방법의 절차

1) 문제 인식

e스포츠 마케팅 조사를 하기 위한 첫 단계인 문제 인식 단계는 전체적인 조사 방향 설정과 문제 해결을 위한 단계이므로 e스포츠 마케팅 조사 절차 중 가장 중요한 단계이다.

e스포츠 방향성, 제품(서비스)의 잘못된 문제 인식은 소비자들이 원하는 욕구를 풀어줄 수 없을 뿐만 아니라 잘못된 방향성을 제시하고 비용 또한 불필요하게 사용되기 때문에 정확한 문제 인식이 매우 중요하다.

이 단계에서 e스포츠 마케터는 '어떠한 문제가 있고, 무엇을 알기를 원하는가'에 대한 문제를 인식하고 올바른 방향성을 설정해야 된다.

그리고 e스포츠 관련 기업 또는 조직은 현재 직면하고 있는 문제나 앞으로 다가올 잠재적 문제의 조사를 통해 다양한 방면으로 규명할 수 있어야 한다.

따라서 e스포츠 마케터는 문제의 원인, 나타나고 있는 현상, 문제를 구체화하고 규명하기 위한 마케팅 활동을 펼쳐야 할 것이다. 다음 〈그림 26〉은 e스포츠 마케팅 조사 절차를 이해하기 쉽게 그림으로 작성한 것이다.

그림 26 · e스포츠 마케팅 조사 절차

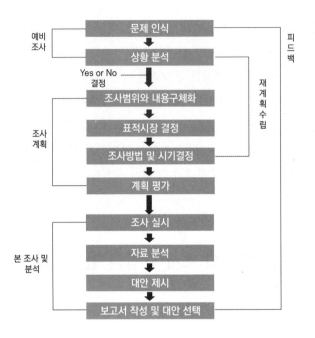

2) 상황 분석

e스포츠 마케팅 전략을 수립하는 과정에서 문제를 인식하였다면, 그 문제를 일으킨 원인을 찾아 규명하거나, 상황을 분석하여야 할 것이다. 상황 분석은 크게 두 가지로 나뉠 수 있는데, 첫째는 외부적 환경요인에 대한 상황 분석이고, 둘째는 자아 또는 내부요인에 대한 상황 분석이다.

외부적 환경적 요인은 의지와 상관없이 외부적인 환경으로 나타나는 요인을 의미하는데, e스포츠 시장변동, 사업추진방향, 경쟁사, 가격 변동, 이미지 문제, 불량품 문제 등이 있다. 그리고 내부요인은 흔히 나타나는 상황은 아니지만, 의도치 않게 기업 목적 변경, 표적시장 변경, 신념변경, 관계자 변동으로 인해 나타나는 상황을 뜻하고 있다.

그리고 상황 분석 단계에서 중요한 것이 다음 단계인 조사실시 여부를 판가름하는 단계이므로 이 단계에서 앞으로 더 진행할 것인지, 아닌지를 충분한 회의와 논의를 통해 결정해야 할 것이다. 이 단계가 지나고 잘못된 방향설정은 불필요한 경비와 시간만을 허비할 뿐이다.

3) 조사 범위와 문제 구체화

문제 인식 단계와 상황 분석 단계를 통해 조직 또는 기업이 직면하고 있는 문제와 잠재적으로 나타날 문제를 도출한 뒤, 문제를 해결하기 위해 필요한 정보는 무엇이고, 어떻게 효율적으로 수집할 수 있는지에 대한 방안을 수립해야 된다.

이해를 돕기 위해 예를 들어 설명해보자. 어느 이스포츠 경기장이 몇 년 동안 흑자 경영이 아닌 적자 경영을 하고 있다고 예를 들어보자. 그러면 몇 년 동안 흑자 경영을 하지 못하는 이유와 소비자들이 본 이스포츠 경기장을 찾지 않는 이유에 대해서 정확하게 조사해야 된다.

이러한 문제를 해결하기 위해서는 객관적이고 정확한 조사를 통한 결과가 필요할 것이다. 하지만 이스포츠 경기장의 모든 문제를 해결해서 한 번에 흑자 경영으로 전환되면 좋겠지만, 현실적으로 한 번에 모든 문제를 해결하기란 쉽지 않다. 그렇기 때문에 경기장 측은 문제를 구체화시키고, 이 문제를 누구에게 던져 해답을 얻을 것인지에 대한 조사 범위가 필요하다.

극단적으로 이스포츠 경기장을 찾지 않는 이유를 해외 동포 및 영유아에게 물어볼 수 없지 않은가. 그러면 e스포츠 소비의 주축인 MZ세대에 물어볼 것인가? 아니면 소비결정권을 가지고 있는 부모 세대들에게 물어볼 것인가? 소비자들의 조사 범위를 산정해야 한다.

이 과정은 조사계획 단계에서 첫 번째로 어디까지 조사 범위를 산정하고 어떠한 문제를 구체화하여 규명할 것인가에 대한 단계이므로 구체적으로 파악할 필요성이 있다.

4) 목표 시장 결정

이제 조사 범위와 문제 내용을 구체화하였다면 어떠한 특성을 가진 집단을 목표로 선정하여 조사할 것인가를 결정하는 단계이다. 문제를 해결하기 위해 대표성이 있는 대상으로 목표 시장을 선정한 후 몇 명을 대상으로 진행할 것인가와 어떠한 방법으로 선정할 것인가에 대한 결정을 하는 단계이다.

이 단계에서 비용 절감과 시간을 단축시키기 위해서는 문제의 핵심 키워드를 가지고 있는 소비자들 대상으로 목표 시장을 결정해야 한다. 위에서 언급한 것처럼 문제에 전혀 관계가 없는 대상들에게 물어볼 수는 없지 않은가.

5) 조사 방법 및 시기 결정

조사 방법 및 시기 결정은 일정한 기간 동안 어떤 방법으로 정보를 수집하는 것이 문제 해결에 있어서 가장 적절한지 결정하는 단계이다. 소비자 집단이 다양하고 한 가지 조사 방법으로 모든 문제를 규명하고 해결할 수 없기에 다양한 조사 방법이 동원되어 진행되어야 할 것이다.

e스포츠 마케팅 조사 방법으로는 설문(대면, 온라인)조사, 실험조사, 관찰조사, 면접조사, 1:1 조사 등 다양한 방법을 통해 조사하고 있다.

그리고 조사의 시기는 조직 및 기업의 상황에 맞는 시기와 응답자를 고려하여 시기를 적절하게 선택해야 한다. 예를 들어 한 겨울에 e스포츠 소비자들에게 e스포츠 프로선수의 반팔 유니폼에 대한 질문을 한다면 응답 시기와 질문이 다소 상이하기 때문에 긍정적인 응답이 나올 가능성이 낮아지기 때문이다.

마지막으로 e스포츠 마케팅 조사 자료는 크게 1차 자료와 2차 자료로 나뉜다. 1차 자료는 조사를 통해 수집, 작성된 경우를 뜻한다. 2차 자료는 다른 목적을 위하여 사용된 자료를 의미한다. 예로 정부기관의 간행물, 학술지 논문, 학위논문 등이 있다. 2차 자료를 사용하는 이유는 1차 자료만으로는 다양성과 신뢰성 떨어지기 때문에 2차 자료까지 제시하게 된다.

6) 조사 계획 평가

이 단계에서는 조사되어야 할 자료와 정보의 수집에 대한 조사 계획이 목적에 맞게 합리적인 방법으로 수립되었는지 평가하는 단계이다. 조사 계획 평가에는 목표 시장, 표본, 다양한 방법을 통한 조사, 시간 배분 등을 포함하여 평가한다.

7) 조사 실시

조사 계획 평가 이후 실전으로 사용되는 조사 실시 단계이다. 중요한 것은 이 단계는 e스포츠 마케팅 조사 절차 중 오류가 나타나기 쉬운 단계이기 때문에 각별히 주의해야 된다.

이러한 이유는 조사를 실시하는 과정에서 현장 조사원들의 소통 오류와 사전 교육 부족으로 설문조사가 다른 방향으로 흐를 수도 있고, 응답자가 비협조적으로 응할 수도 있고, 조사 도중 의도치 않은 문제가 나타날 수 있기 때문이다.

이러한 사례는 실제로 가장 많이 일어나고 있다. 이와 같은 오류에 대비하여 e스포츠 마케터는 조사원들에게 충분한 교육을 실시하고, 예상치 않은 상황에 대비하여 예비 실전 연습을 실시할 필요가 있다. 조사를 실시하고 올바른 응답과 설문, 인터뷰 등을 통해 오염되지 않은 실제 자료를 얻는 것이 가장 중요한 단계이다.

8) 자료 분석 및 처리

조사를 통해 얻어진 자료는 분석과 처리 과정을 거치게 되는데 이때 고려해야 할 점이 발생하니 주의를 기울여야 한다.

첫째, 조사된 자료 중에서 최종 자료를 선별할 때 관계자는 객관적이고 통일된 기준을 적용하여 선별해야 한다.

둘째, 분석할 때 본 조사의 목적에 적합한 분석 방법을 선정해야 한다.

이러한 이유는 자료를 선별하는 과정에서 예상 설문 인원(표본대상)보다 적거나, 비협조적으로 인해 어려움을 겪었을 때 통일된 기준이 아닌 편의성을 추구할 수도 있기 때문이다. 하지만 정확한 자료 제시와 문제 해결을 위해서는 객관적이고 통일된 기준을 적용하여 자료를 선별해야 한다.

9) 대안 제시

조사를 통해 도출된 결과는 실행 가능한 대안으로 제시될 수 있다. e스포츠 마케터는 실행 가능한 몇 가지 대안 중 효율이 가장 높은 최종안을 의사결정 과정을 통해 선택해야 한다.

10) 보고서 작성 및 대안 실행

의사결정 과정을 통해 제시된 대안을 비교 및 평가하고 최종적인 의사결정 보고서를 작성한다. 그리고 기업 및 조직은 선택된 대안을 실행하는 과정이다.

4 | e스포츠 마케팅 조사 방법의 영역

우리는 앞에서 조사의 목적, 절차, 방법 등 e스포츠 마케팅 조사 방법에 대해 알아보았다. 그럼 이제 어디까지가 e스포츠 마케팅 조사의 영역인지 알아보고 이해하고자 한다.

1) 제품 조사

다시 한번 더 강조를 하지만 e스포츠가 눈에 보이지 않는다고, 손에 잡히지 않는다고 제품이 없는 것이 아니다. 참여하고자 하는 마음, 태도, 신념, PC와 같은 용품, e스포츠에 참여할 때 제공되는 서비스, 이스포츠 경기장에서 흘러나오는 음향 사운드, LED 전광판, 좌석 시트 등 다양한 e스포츠 유·무형의 제품이 존재하고 있다.

이처럼 수많은 제품이 e스포츠 속에 존재하고 있는데 제품조사는 e스포츠에 관련된 서비스와 제품이 소비자의 욕구에 가장 잘 적응할 수 있도록 설계하거나 변경하는 데 관련된 조사를 뜻한다.

즉, 소비자들이 편하고 만족할 수 있는 제품을 생산 및 판매하기 위한 조사를 의미한다.

그럼 제품조사에도 크게 3가지 분류로 나눌 수 있는데 **첫째, 제품에 대한 인식조사, 둘째, 제품과거경험조사, 셋째, 직접사용조사이다.**

첫째, 제품에 대한 인식조사는 말 그대로 e스포츠 제품에 대해 소비자가 가지고 있는 인식을 조사하는 것을 의미한다. 제품 조사 방법으로 정량조사와 정성조사를 사용할 수 있고, 어떠한 표적시장을 선택했는지에 따라 조사 방법이 달라지고 있다.

둘째, 제품과거경험조사는 소비자가 e스포츠 제품을 사용했던 경험을 조사하는 것으로 경험했을 때 태도, 신념, 행동의도 등 다양하게 조사하여 개선방안과 포지셔닝을 확인할 수 있다.

셋째, 직접사용조사는 현재 e스포츠 제품(서비스)를 사용하는 소비자들을 대상으로 하는 조사로, 욕구 충족 확인 및 개선사항을 확인하는 단계이다.

2) 광고 조사

전통 스포츠 분야에서는 광고에 대한 조사가 활발하게 이뤄지고 있지만 아쉽게도 e스포츠 분야에서는 광고 활동이 활발하게 진행되고 있지 않기 때문에 조사 역시 활발하게 이뤄지지 않고 있다.

하지만 e스포츠와 비슷한 성격을 지닌 게임 분야는 이야기가 다르다. 한 달 사이에 수많은 장르의 게임이 출시가 되면서 경쟁시장 속에서 우위를 선점하기 위해 광고를 적극적으로 활용하고 있다. 그리고 시장 내에서 선점을 위한 홍보성 광고뿐만 아니라 광고의 효과를 알아보기 위해 후속조사까지 세밀하게 이뤄지고 있다.

이제 e스포츠 분야에서도 스포츠와 게임의 광고 선·후 조사를 통해 도출된 결과를 바탕으로 마케팅 전략을 구사할 수 있음을 인지하고 활발하게 광고 조사가 이뤄져야 할 것이다.

이러한 맥락에서 광고 조사는 크게 2가지로 나뉠 수 있다. 경제적 효과조사와 기술적 효과조사이다.

기술적 효과조사는 단어 그대로 광고 기술로 인한 효과를 조사하는 것으로 주의 정도를 표시하는 주의효과, 기억 정도를 표시하는 기억 효과, 구매 욕구를 불러일으키는 욕구효과 조사가 있다.

그다음 경제적 효과조사는 사실상 광고 조사에서 가장 많은 조사비율을 차지하고 있다. 기업과 조직은 광고로 인한 효과에 대한 피드백을 얻길 원하고 개선사항 및 유지사항을 파악하기 위해 경제적 효과조사를 실시하고 있다. 광고를 통한 경제적 효과를 조사하기 위한 방법은 다음과 같다.

(1) 매출을 통해 확인하는 방법

광고의 효과는 즉각적인 반응을 일으키는 광고(세일, 프로모션)도 있겠지만, 대부분의 일반적인 광고는 바로 효과가 나타나지 않는다. 체감할 수 있게 나타나는 기간이 짧게는 4~6개월 길게는 몇 년의 시간이 흐른 뒤에 나타나기 때문에 긴 조사 기간이 소요된다. 그리고 광고의 효과를 알아보기 위해 매출을 통해 확인하는 방법은 시험매장(경기장) & 일반 매장을 비교군으로 하여 조사하는 방법을 사용하고 있다.

(2) 매체 노출 조사

매체 노출 조사는 광고매체를 통해 노출빈도와 정도를 측정하고 이를 경제적 가치로 전환하여 광고효과를 산출하는 방식이다.

현재 e스포츠에 대한 매체 노출은 일반적인 광고매체보다 다소 협소한 매체를 통해 이뤄지고 있는데, 네이버 e스포츠, 인벤, 루리웹 등 일부 사이트를 통해 광고를 실시하고 있다.

하지만 매체 노출 조사를 하기 위해서는 다양한 매체를 통해 전파력, 빈도수 등 조사해야 하기 때문에 다채로운 채널을 통해 광고가 되어야 정확한 조사가 이뤄질 수 있다.

예를 들어 e스포츠 광고가 10개 이상의 채널 통해 소비자들에게 송출된다면 기업과 조직 측은 각 채널 비교를 통해 매체를 통한 노출 조사를 하게 될 것이고, 채널이 가지고 있는 공신력, 매체력 등을 평가하여 매체 노출 조사에 대한 결과를 내릴 것이다.

이러한 점을 바탕으로 e스포츠 마케터는 e스포츠 광고가 다양한 채널과 경로를 통해 소비자들에게 전달될 수 있도록 노력해야 하겠다.

3) 소비자 조사

e스포츠 소비자에 대해 조사하는 이유는 제품 또는 서비스를 사용하는 소비자의 특성을 파악하는 데 있다. 그리고 e스포츠 마케터 입장에서는 인구통계학적 특성과 같은 성별, 연령, 지역분포, 소득수준, 학력 등과 같은 표준요인에 관해서 소비시장을 묘사하고 측정함으로써 효과적인 e스포츠 마케팅 전략 수립을 위한 기초자료를 제공하기 때문에 소비자 조사가 이뤄진다.

제품(서비스)을 사용하는 소비자의 특성을 파악한다는 것은 경쟁 시장에서 강력한 무기를 가지는 셈과 같다. 그렇기 때문에 기관 및 기업들은 e스포츠에 참여하는 소비자들을 파악하기 위해 매년 e스포츠 실태조사를 통해 파악하고 있는 것이다.

이러한 맥락에서 e스포츠 소비자 조사 유형은 크게 3가지로 나눌 수 있다.

첫째, 제품 구매 이유 조사이다.

일반적으로 가장 많이 하는 소비자 조사로 왜 e스포츠 제품을 구매했는지에 대한 이유를 묻는 조사이다. 가장 많이 이뤄지고 있다는 것은 말 바꾸어 생각해보면 가장 중요한 조사로 바꿀 수 있다. e스포츠 소비자가 어떠한 동기로, 어떠한 신념으로 구매했는가 등을 파악하는 것은 기업 입장에서 매우 중요한 일이다.

e스포츠 마케터는 이러한 중요성을 인지하고 조사 방법 중에서 소비자를 파악하는 일이 가장 먼저 이뤄져야 효과적인 마케팅 전략 수립을 할 수 있을 것이다.

둘째, 소비율(참여율) 조사이다.

소비율(참여율) 조사는 이해하기 쉽게 e스포츠 소비자들이 어떠한 제품을 소비하고 있고, 참여하고 있는지에 대한 조사이다. 소비율 조사는 e스포츠 소비하는 비율을 기준으로 해서 소비자를 분류하기도 한다.

현재 한국컨텐츠진흥원에서는 이러한 소비율(참여율)을 조사하기 위해 매년 이스포츠실태조사를 하고 있다. 현재 e스포츠의 장점이자 단점은 현재 한종목에 너무 편중되어 산업이 흐르고 있다는 것이다. 그리고 프로와 생활 e스포츠의 경계선이 너무 명확하다는 것이다.

장점으로는 한 종목이 소비자들에게 관심과 주목을 받는 견인 역할을 하게 되어 널리 e스포츠를 알릴 수 있는 계기가 되었고, 참여를 유도했다는 것이다. 단점으로는 앞서 언급하였듯이 너무 편중되어 있다는 것이다.

e스포츠도 전통 스포츠와 마찬가지로 다양해지고 균등화가 되기 위해서 노력해야 할 것이며, 다른 종목도 지속적으로 소비자들에게 알리고 참여 유도를 해야 할 것으로 판단된다.

셋째, 구매(소비) 습관 조사이다.

항상 소비자는 소비의 습관이 내·외적 환경에 의해 달라질 수 있다. 그래서 소비자의 소비 습관을 조사하는 것은 중요한 일이다.

예를 들어 e스포츠 종목인 피파온라인4에 참여하여 직접적으로 소비를 하고 있었는데, 다음번에는 친구 또는 지인에 의해 다른 종목이 배틀그라운드 또는 리그 오브 레전드를 참여할 수도 있다.

물론 e스포츠 참여자는 대부분 다른 종목도 즐길 수 있는 참여자들이 많이 존재하고 있다. 이처럼 외적 변화로 인하여 소비 패턴이 달라질 수도 있는 것이고, 응원하는 프로팀의 패배로 소비 습관, 충성도가 달라질 수도 있다. 따라서 e스포츠 소비자의 소비 습관을 조사하는 것은 마케팅 활동에 중요한 변수이기 때문에 조사가 매우 필요하다.

4) 가격 조사

e스포츠 시장에서 제품에 대한 가격은 소비자들의 구매행동으로 이어지게 하는 가장 강력한 요인이다. 반대로 시장에서 경쟁제품보다 높게 측정되었을 때 소비자들을 이해시키지 못하면 원활한 판매가 이뤄지지 못할 가능성이 매우 높다. 그래서 제품(서비스)이 시장에 출시되기 전·후에 가격 조사는 필수 조사이다.

e스포츠 제품 및 서비스에 대해 가격을 결정하는 것은 개발 단계에서 결정되어야 한다. 결정 단계일 때 2가지 목적으로 결정될 수 있는데, 점유지향적 측면과 이익지향적 측면으로 나뉠 수 있다.

(1) 점유지향적

점유지향적 가격 결정 방법은 현재보다 미래에 대한 투자로 e스포츠 시장에서 점유율을 점차적으로 늘려가기 위한 결정 방법이다. 점유율을 늘려가기 위해서는 일반적으로 낮은 가격으로 경쟁 시장에 진출하고, 판매량 증가로 이어질 때까지 한동안 유지되는 것이 특징이다.

이해를 돕기 위해 예를 들어보자. 우리들이 자주 듣는 음악 사이트인 '멜론'으로 이야기해 보고자 한다. 멜론은 대한민국을 대표하는 음원 서비스 사이트이고, 2004년 시장에 진출하였다. 2004년 당시 소리바다, 벅스뮤직 등 다양한 사이트가 존재하였고, 음원 시장에서 점유율을 늘려가기 위해 멜론은 한 달 3,000원에 무제한 음원듣기를 실행하였다(매거진한경, 2006. 09. 04). 이러한 노력 끝에 멜론은 전체 유료가입자 수 440만 명을 보유하고 있는 것으로 보고하여 시장업계 1위를 유지하고 있다(배성수, 2022. 06. 13). 멜론 기업 사례가 대표적인 점유지향적 사례가 될 수 있다. 처음에는 낮은 가격으로 소비자들에게 공급하고 점차 시장에서 입지와 점유도가 높아짐에 따라 가격이 상승되는 격이다.

이처럼 시장이 형성된 뒤에 진출하는 제품 및 서비스는 이윤추구의 목적보다 점유지향적 목적을 가지고 마케팅 활동하는 사례가 빈번하게 발생하고 있다.

(2) 이익지향적

이익지향적 측면은 점유지향적 측면과 다소 추구하는 방향이 다르다. 점유지향적 측면은 순간의 이익보다는 오랜 시간이 걸리더라도 시장의 점유를 추구하는 것이라면 이익지향적은 제품(서비스)의 판매로 인하여 이익을 추구하는 결정 방법이다.

중요한 것은 e스포츠 시장이 변화되는 것까지 사전에 파악하여 제품의 가격이 결정되어야 한다는 것이다. 제품의 공급 원가와 더불어 소요비용 등을 계산하여 총 수익과 총 비용을 예측하고 진행하는 것이 중요하다.

이처럼 경쟁 시장에서는 각기 다른 목적으로 가격이 결정되고, 촉진 활동을 펼쳐가고 있다. 이러한 사례를 바탕으로 e스포츠 가격 조사에서도 제품과 서비스가 추구하는 방향과 기업의 목적이 점유지향적인지, 이익지향적인지 정확하게 인식하고 조사해야 한다.

5) 수요예측 조사

e스포츠 수요예측 조사는 소비자의 수요분석을 기초로 하여 각종 예측 조사를 종합하여 e스포츠 수요를 미리 예측하는 조사이다. 제품 또는 서비스를 팔기 위해서는 필요로 하는 수요에 대한 예측 조사는 매우 필요한 작업이다. 수요가 없는데 공급만 이어진다면 판매도 안 되겠지만, 시장 자체가 형성되

지 않는다.

예를 들어 전국에 위치한 상설 이스포츠 경기장은 수요조사 없이 건축된 것이 아니다. 각 지역에 거주하는 지역주민, e스포츠 참여도, 인지도, 참여 의도 등 다양한 수요예측 조사를 통해 건축된 것이다. 이러한 수요예측 조사가 시행되지 않는다면 소비자들이 쉽게 찾지 못하고, 방문하기 힘든 지역이나 e스포츠 종목 또는 정체성과 전혀 상관없는 방향성으로 건축될 가능성이 클 것이다.

이처럼 수요예측 조사는 성공적인 e스포츠 마케팅 전략을 수립하기 위해 매우 중요한 조사이다. 정확한 e스포츠 수요예측을 하기 위해서는 다양한 조사 기법이 있는데 크게 2가지로 나눌 수 있다.

첫째, 시장조사법이다.

시장조사법은 e스포츠 소비자의 의견을 수렴하여 수요를 예측하는 방법으로 설문지, 온라인(전화, 문자) 설문지, 전문가집단, 심층 인터뷰 등 다양한 방법으로 소비자들의 의견을 수렴할 수 있다.

하지만 이 기법은 다양한 소비자들을 대상으로 진행해야 하기 때문에 비용과 시간이 많이 소요되고, 불성실한 답변이 돌아올 가능성이 많다는 단점을 지니고 있다.

둘째, 역사적 자료 유추법이다.

e스포츠 제품이 시장에 진출하기 위해서는 경쟁 제품에 대한 탐색을 하기도 하지만 자료를 유추하기도 한다. 현재 e스포츠 제품과 서비스는 지난 20여 년 동안 지속적으로 소비자들에게 제공되고 있었다. 그렇기 때문에 소비자들의 수요을 예측하고 성공적으로 이끌기 위해서는 지난 역사적 자료를 유추하여 마케팅 전략을 수립해야 한다.

제 8 장

e스포츠 스폰서십
(eSports Sponsorship)

e스포츠 스폰서십
(eSports Sponsorship)

1 e스포츠 스폰서십의 이해

1) e스포츠 스폰서십의 정의

최근 들어 'e스포츠 스폰서십'이라는 기사와 단어들이 언론과 커뮤니티에 많이 보도되고 있다. 예전 2018 자카르타·팔렘방 아시안게임 시범종목 채택 이전에는 e스포츠 스폰서십 활동이 활발하게 진행되지 않았는데 최근 들어서는 세계기업뿐만 아니라 국내 다양한 기업들까지 e스포츠 프로팀에 후원 활동하는 사례를 자주 보고 있다.

스폰서십(Sponsorship)이란 행사나 활동함에 있어 재정적·인적·물질적 자원을 제공하여 제휴를 통하여 이익을 추구하는 마케팅 활동으로 정의하고 있다(이정학, 문개성, 김욱기, 2015). 그리고 이를 행하는 사람을 스폰서 또는 후원자라 부른다(이재우, 2015).

또한, Meenaghan(1991)은 스폰서십은 현금이나 특정 물품을 투자하여 그 대가로 얻을 수 있는 상업적 기회를 발전시켜 나가는 것이라고 정의하였다.

이처럼 스폰서십은 상업적인 목적을 위해 물품 또는 재화 등을 제공하여 기업의 이미지와 이윤 추구에 목적을 둔 마케팅 활동으로 정의할 수 있다. 우리는 이제 e스포츠 분야에서 이뤄지는 스폰서십에 대해 이론과 사례를 통해 알아보고자 한다.

본 저서에서는 이해하기 쉽게 총칭으로 e스포츠 마케팅이라 부르지만 사실 이 단어는 2가지로 분류를 할 수 있다.

첫째, e스포츠의 마케팅(Marketing of eSports).

둘째, e스포츠를 통한 마케팅(Marketing through eSports)이다.

다음 〈그림 27〉은 e스포츠 마케팅에 대한 분류를 쉽게 정리한 그림이다.

그림 27 · e스포츠 마케팅 분류

보는 바와 같이 e스포츠 마케팅에서도 크게 2가지로 분류를 할 수 있다.

여기서 중요한 것은 e스포츠 마케팅의 주체가 누구이고 어떠한 목적을 가지고 활동을 펼치는지에 따라 기능이 분류될 수 있다.

e스포츠의 마케팅(Marketing of eSports)은 e스포츠 자체를 상품화하여 소비자의 목적에 따라 직접 교환하는 과정이다. 소비자 대부분이 여기에 해당이 된다. 예를 들어 여러분들이 친구들과 또는 지인들과 e스포츠에 참여하기

위해 집 또는 PC방에서 참여를 한다면 직접 참여로 e스포츠의 마케팅에 해당이 되는 것이다.

또한, LCK 및 MSI, 또는 생활 e스포츠 대회를 관람하기 위해 유튜브, 트위치, 아프리카TV 등 다양한 매체를 통해 시청, 직접 관람하는 것도 e스포츠의 마케팅에 해당이 되는 것이다.

반대로 e스포츠를 통한 마케팅은 조직 또는 기업의 입장에서 e스포츠를 통해 커뮤니케이션 효과를 누리기 위한 하나의 수단으로 사용되고 있다. 현재 e스포츠 산업시장은 직접 참여보다는 스폰서십으로 인한 확장이 더욱 눈에 띄고 있다. e스포츠와 스폰서십에 대한 사례는 최근 활발하게 이루어져 보고가 되고 있는데, 본 저서에서는 후반부에 따로 모아 상세히 살펴보고자 한다.

2) e스포츠 스폰서십의 필요성

e스포츠 주최자 입장에서는 성공적인 e스포츠 이벤트 개최와 조직의 확대 측면에서, 후원 기업의 입장에서는 e스포츠를 통한 이미지 제고 효과, 커뮤니케이션 효과를 누리기 위해서 e스포츠 스폰서십이 매우 필요한 상황이다.

즉, e스포츠 대회 개최 또는 팀 운영자의 입장에서는 스폰서십을 통해 조직 유지, 프로선수 영입, 대회·조직 규모 확대, 재정 확보를 위해 스폰서십이 매우 필요하다. 정부기관의 후원금으로는 리그 운영 및 이벤트 개최가 사실상 한계가 있다 보니 풍족한 자원을 누리기 위해서는 기업의 후원은 꼭 필요한 것이다.

반대로 기업은 특정한 물품지원과 재정적 지원을 통해 e스포츠 소비자들에게 우선적으로 기업을 홍보할 수 있고, 잠재적 고객들에게 다양한 긍정적 영향을 미칠 수 있기 때문에 스폰서십 활동이 매우 필요한 것이다.

따라서 e스포츠 스폰서십은 e스포츠 마케팅 수단에서 가장 각광받는 수단이며, 주최 측과 기업은 서로의 목적 달성을 위해 협약을 하는 것이다.

3) e스포츠 스폰서십의 발전 과정

e스포츠의 스폰서십 발전 과정은 전통 스포츠 스폰서십의 발전 과정과 다소 상이하다.

예로 전통 스포츠의 최초 스폰서십은 1852년 뉴잉글랜드 철도회사가 하버드 대학교와 예일 대학교의 스포츠팀 선수들에게 교통편을 무료로 제공하면서 발단되었다. 하지만 e스포츠 스폰서십은 1999년 제 1회 KPGL(Korea Pro Gamers League) 대회부터 시작이 된다. 다음 〈그림 28〉은 제1회 KPGL 포스터이다.

그림 28 · **KPGL 포스터**

[자료출처: 게임메카 DB].

1999년 제1회 대회부터 대규모 상금과 스폰서십 활동이 있음을 알 수 있다. 포스터에서 보는 바와 같이 '일간스포츠'와 'TV조선' 스폰서십 활동을 하였고, 대회 총 상금액이 4천만 원이였다. 물론 스포츠 스폰서십이 발생되었을 시기와 프로게임 대회가 개최될 때의 시대의 차이를 이해해야 되는 것은 사실이다.

프로게임리그 우승 상금을 비교하자면 그 당시(1999년도) 자동차 그랜저 최고 등급의 차량이 3,200만 원이었다는 것을 감안하면 대회 상금이 매우 크다는 것을 알 수 있다. 이처럼 KPGL 대회는 2회, 3회 역시 상당한 상금을 걸고 대회를 개최하였다. 다음 〈그림 29〉는 KPGL 대회 2회, 3회 포스터이다.

그림 29 · 제 2, 3회 KPGL 포스터

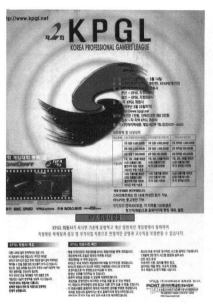
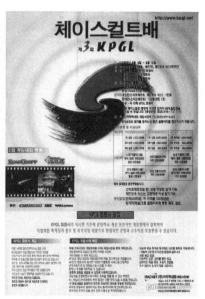

[자료출처: 게임메카 DB].

제1회 KPGL 대회가 개최된 지 3개월 만에 공식 대회 타이틀과 스폰서가 달라지게 되었다. 1회 때 스폰서 활동을 하던 '일간스포츠'의 경우 3회 때부터 활동을 중단하게 되는 반면, 1회 때부터 협찬을 맡은 SKC의 경우 3회부터 공식 스폰서 활동을 하게 된다.

그리고 영캐쥬얼 의류 브랜드인 '체이스컬트(Chasecult)'와 스폰서십을 체결하게 됨으로 공식 타이틀을 변경하게 된다. 이때 KPGL와 체이스컬트의 협약 내용은 '재정지원 및 의류교환'이었다(임영택, 2009. 01. 22).

4) e스포츠 스폰서십의 성장요인

그러면 왜 많은 기업들은 많은 스포츠 종목과 문화단체보다 먼저 e스포츠에 스폰서십에 참여할 수밖에 없었는지와, 그러한 이유는 무엇인지 알아보고자 한다.

(1) 광고 기피 현상

이정학(2012)은 오늘날 소비자들은 본인의 의사와 상관없이 하루에 약 3천 번 이상의 마케팅에 노출된다고 주장하였다. 그리고 본 저자는 2012년에서 10년의 시간이 경과되었고, 고도적인 마케팅 전략과 미디어와 핸드폰, 인터넷의 발달로 인하여 약 6천 번 이상의 광고에 노출된다고 주장하고 있다.

이러한 가운데 우리들은 광고를 보고 싶지 않아도 강제로 볼 수밖에 없는 강제노출 환경에 빠지게 된다. 예를 들어 YouTube 또는 TV를 볼 때 광고가 중간에 나오는데, 자신의 의사와 상관없이 광고에 노출되는 현상을 광고강제노출이라 한다. 그리고 시선을 돌리는 곳에는 광고가 있고, 미디어 시청 등 다양한 곳에서 광고에 강제적으로 노출된 현실에서 살아가고 있는 것이다. 이에 많은 소비자들은 자신의 의사와 상관없이 노출되는 환경에 민감해하기 시작했고, 급기야 광고를 기피하는 현상이 나타나기 시작하였다.

기업은 광고의 효과가 점차 줄어들자 새로운 방법을 통해 자사제품을 알리기 위한 방안을 모색하였다. 소비자들에게 거부감 없이 다가가고 자신만의 제품을 알리고 브랜드 이미지, 커뮤니케이션 효과를 증진시키기 위해 e스포츠 스폰서십 활동을 하는 것이다.

(2) 광고료 인상

앞서 언급한 바와 같이 소비자들은 수많은 광고로 인하여 기피 현상이 생겨나고 있음에도 TV 매체와 같은 메가 매체는 매년 광고료를 인상해 재정적 여유가 있지 않는 기업은 황금시간대에 광고하기가 매우 어려운 시대가 되었다.

세계에서 가장 비싼 광고료로 불리우는 NFL의 슈퍼볼 광고는 1초당 2억 6,000만 원으로 책정되어 30초 광고 시 약 77억 원의 비용이 발생된다(김수경, 2022. 01. 05).

국내는 슈퍼볼에 비하면 저렴한 금액대를 형성하고 있음에도 불구하고, 시간대와 방송사에 차이가 있지만 평균적으로 수천만 원을 넘고 있는 상황이다. 하지만 광고의 효과가 과거처럼 좋은 것은 아니기에 기업들은 광고의 대체할 수 있는 수단을 찾고 있는 것이다.

이러한 시점에서 e스포츠 스폰서십은 광고를 대체할 수 있는 마케팅 수단으로 작용하였고, 파급력 역시 광고 못지 않기 때문에 수많은 기업들은 스폰서십에 참여하고 있는 것이다.

(3) e스포츠 전문 방송 증대

인터넷 보급과 다양한 온라인 플랫폼 개발로 인하여 e스포츠 전문 방송은 증대되었고, 기업들의 스폰서십 참여를 유도하였다. 그리고 인터넷 방송(YouTube, 트위치TV, 아프리카TV)은 공중 방송보다 제작비가 현저하게 줄어들지만, 구독자와 시청자는 전통 매체 못지 않은 영향력을 지니고 있어 기업이 후원을 할 수밖에 없는 환경을 제공하였다.

이제 시대는 변화되어 집에서 TV를 시청하지 않는 가정은 있지만, 핸드폰과 인터넷을 사용하지 않는 집은 대한민국에 찾아보기 힘들 정도이다. 이러한 환경 속에서 기업은 광고비도 적고 TV시청자에 비해 비슷하거나 오히려 많은 e스포츠 전문 방송에 대한 스폰서십 활동에 참여함으로 커뮤니케이션 효과를 누리고 있다.

(4) MZ세대와의 연결고리

소제목으로도 알 수 있듯이, e스포츠의 소비자 중 대다수가 MZ세대에 속한다고 해도 과언이 아닐 것이다.

MZ세대는 차세대를 이끌어 갈 주력 세대이고, 새로운 문화를 창조하고 있는 세대이기도 하다. 오랫동안 경영을 한 기업의 입장에서 기존의 소비자와 더불어 새로운 세대인 MZ세대와 접점이 필요하였기에 e스포츠 스폰서십 활동을 하고 있는 것이다.

이러한 맥락에서 차세대 소비자인 MZ세대와의 친밀감 형성 및 커뮤니케이션은 매우 중요하다. 선제적 스폰서십 활동으로 인하여 친숙한 이미지를 어필하고 잠재적 고객들을 유치함으로 시장의 우위를 선점할 수 있기 때문이다.

기업의 목적 달성을 위해서는 MZ세대가 가장 많이 응집되어 있는 플랫폼, 문화체계가 필요하였고, 그중 가장 활발한 체계가 바로 e스포츠이기에 기업들이 스폰서십 활동에 참여하고 있는 것이다.

(5) e스포츠의 성장성

e스포츠는 2000년 게임에서 e스포츠로 명칭이 변경되었음에도 게임의 영역에 머물러 있다는 선입견, 인식들이 지배적으로 많았는데 2018 인도네시아 자카르타·팔렘방 아시안게임 시범종목을 시작으로 2022 항저우 아시안게임 정식종목 채택, 그리고 대한체육회 준가맹단체 승인까지 이어져 새로운 스포츠로서 당위성을 확보하였다.

이러한 인식 변화, 스포츠 영역의 확대와 성장 가능성은 수많은 기업들에게 호의적으로 다가가 프로팀 및 조직(기관)에 스폰서십 활동이 활발해진 것이다.

한편, 전통 스포츠의 스폰서십 경우 대부분 동종업계와 비슷한 맥락을 가진 기업들이 참여하는 경우가 대다수이기 때문에 한계성을 지닌다는 의견들이 있었다. 하지만 e스포츠의 경우 스폰서십의 한계를 뛰어넘어 다양한 기업들이 e스포츠 프로팀과 리그에서 스폰서십 활동을 하고 있다.

e스포츠 사례를 이야기하면 국내 가상화폐 거래소인 빗썸(Bitthumb)은 국내 e스포츠 프로팀인 젠지(Gen.G)와 스폰서십을 체결하였다(공병선, 2022. 01. 24). 그리고 전 세계 250만 명이 이용하고 있는 암호화폐 거래소인 바이비트(Bybit) 역시 e스포츠 팀인 NAVI(Natus Vincere)와 스폰서십 계약을 체결하여 두 산업 간의 시너지를 높이고 있다. 다음 〈그림 30〉은 NAVI와 바이비트의 공식 포스터이다.

그림 30 • NAVI & 바이비트 공식 포스터

[자료출처: 바이비트].

이처럼 e스포츠 분야에서는 한계를 뛰어넘어 e스포츠와 관련이 없는 다양한 기업들과 스폰서십을 체결하고 있어 융합의 한계성을 뛰어넘고 있다.

앞서 소개한 기업은 국내 유명 그룹뿐만 아니라 최근 각광받고 있는 기업들이며, e스포츠 역시 가상화폐를 통해 시장성을 넓혀가고 있는 중이다. 이제 e스포츠는 어떤 분야와 중복되지 않는 행보로 새로운 스폰서십 체결과 활동을 이어나가고 있다. 앞으로 어떠한 스폰서십 활동이 펼쳐질지 매우 기대가 된다.

2 e스포츠 스폰서십의 분류와 구조

1) e스포츠 스폰서십의 분류

현재 e스포츠 시장에서 이뤄지고 있는 스폰서십의 분류는 다양하다. 분류에 따라 제공하는 형태도 다르게 나타난다. 권리 형태, 재화 제공 형태, 명칭 제공 형태, 대상 후원 형태로 나뉠 수 있다. 다음 〈표 7〉은 e스포츠 스폰서십을 나열하였다.

표 7 · e스포츠 스폰서십의 분류

구 분		내 용
권리 형태	독점 스폰서	e스포츠 이벤트 및 리그에 관련된 모든 권리를 한 기업이 독점하는 형태
	주 스폰서	타이틀 권리 이외에 많은 권리를 행사하는 스폰서
	제품부분 스폰서	이벤트 및 리그에 필요한 제품 부분에서 기업이 참가하여 권리를 행사하는 형태
재화 제공에 따른 스폰서	공식 스폰서	재화나 서비스를 제공하고 로고, 엠블럼 등을 마케팅에 이용할 수 있는 권리
	공식 물품 스폰서	필요한 물품을 제공하고 마케팅 권리를 행사하는 형태
명칭 사용 스폰서	타이틀 스폰서	공식 명칭에 기업명 또는 브랜드명을 넣는 권한 획득
	협찬 스폰서	이벤트 및 리그에 명칭을 사용하지는 않지만 스폰서 권리 획득
대상에 따른 스폰서	선수 스폰서	유명 선수 또는 신인선수 후원
	팀 스폰서	팀 후원 또는 재정 지원
	리그 스폰서	이벤트 및 리그 후원
	단체 스폰서	권한을 가지고 있는 협회, 연맹 등 단체를 후원

[자료출처: 이정학, 2012].

하지만 아쉽게도 현재 e스포츠 분야에서는 공식 스폰서, 타이틀 스폰서, 팀 스폰서 활동이 가장 활발하게 이뤄지고 있어 다양한 사례들이 아직 존재하고 있지 않다. 독자의 이해를 쉽게 하기 위해 전통 스포츠에서 발생되는 사례를 응용하여 설명하고자 한다.

(1) 권리 부여에 따른 스폰서십

① 독점 스폰서

독점 스폰서란 e스포츠 리그 또는 이벤트에 관련된 모든 권리·권한을 한 기업이 독점하는 형태를 의미한다. 독점적 스폰서십 활동으로 인해 기업은 보다 높은 가치를 창출하여 제공함으로서, 소비자들에게 긍정적인 이미지 형성을 할 수 있다.

하지만 독점 스폰서는 모든 권한(타이틀, 광고, 촉진 활동, 판매 등)을 독점하는 대신 많은 비용이 투자된다. 쉽게 설명하면 독점 스폰서는 e스포츠 리그 및 이벤트가 개최되는 모든 비용을 지불하고 권한을 가지는 것이다.

모든 권한을 한 기업이 통틀어 가지게 때문에 다양한 이점을 불러일으킬 수 있지만, 만약 스폰서십 활동이 미약하거나 실패로 끝날 경우 기업이 입게 되는 경제적, 심리적 피해는 매우 크다.

② 주 스폰서

주 스폰서는 e스포츠 이벤트에서 타이틀 사용 권한을 가지지는 않지만, 그 외에 많은 권리(물품 사용, 광고, 촉진활동, 판매 등)를 행사할 수 있는 스폰서십이다. 독점 스폰서와 비교하여 적은 금액으로 비슷한 효과를 얻을 수 있다는 장점을 지니고 있다.

③ 제품 부분 스폰서

e스포츠 리그 또는 이벤트 대회에서 제품별로 기업들이 참여하여 권리를 획득하는 형태이다. 예를 들면 아마추어 e스포츠 대회에서 키보드 제품을 후원하고 마케팅 권리를 획득한다고 생각하면 된다. 제품 부분 스폰서는 해당 제

품을 이벤트 또는 리그에서 유일하게 사용함으로써, 주 스폰서가 얻을 수 있는 효과를 적은 투자를 통하여 얻을 수 있다. e스포츠 제품은 다양하기 때문에 소규모 기업들이 자주 참여하는 방식 중에 하나이다.

(2) 재화 제공에 따른 스폰서

① 공식 스폰서

일정한 재화를 지불하고 로고와 같은 심벌을 광고 또는 판매 활동에 이용할 수 있는 권리를 부여받은 기업을 뜻한다.

예를 들어 최근 맥도날드는 2021 리그 오브 레전드 챔피언스 코리아(LCK)의 공식 스폰서십을 체결하였다(서동민, 2021. 01. 13). 공식 스폰서십을 통해 맥도날드는 LCK 대회 기간 동안 구매하는 소비자들에게 다양한 프로모션과 이벤트(아이템 증정)를 선보여 촉진 활동을 이어 나갔다.

이처럼 공식 스폰서는 e스포츠 소비자들이 받아들이기에 e스포츠에 우호적인 기업으로 받아들여 커뮤니케이션 활동 및 촉진 활동에 매우 효과적인 결과를 도출할 수 있다.

하지만 공식 스폰서에 맞게 이벤트 및 리그를 개최하기 위한 재정적 지원을 하는 부담을 가져야 하기에 기업의 내부 재정을 확보하고 활동을 펼쳐야 할 것이다. 다음 〈그림 31〉은 LCK와 맥도날드의 공식 포스터이다.

그림 31 • **LCK & 맥도날드 공식 포스터**

[자료출처: 게임톡].

② 공식 물품 스폰서

e스포츠 리그 및 이벤트에 필요한 물품이나 서비스를 지원하고 공식 심벌, 로고를 자사 제품 광고 삽입 및 판매 활동에 이용할 수 있는 권리는 부여받은 스폰서를 뜻한다. 공식 물품업체는 제품 부분에 있어 스폰서의 한 부분이라고 할 수 있다(Brooks, 1994).

예를 들어 지난 2011년 삼성전자는 WCG(World Cyber Games)에 글로벌 스폰서로 참여하였다. 삼성전자는 글로벌 스폰서로 경기 진행에 필요한 휴대폰, 모니터, 노트북 등의 제품을 전폭적으로 지원하였으며, 관람객들을 위한 체험존도 별도로 운영하였다.

이처럼 공식 물품 스폰서는 기술, 제품, 서비스를 제공하여 기업의 촉진 활동을 기회를 얻는 권리행위라 할 수 있다. 그리고 권리로 인한 마케팅 활동을 펼쳐 소비자들에게 촉진 활동을 하고 있다.

(3) 명칭 사용 스폰서

① 타이틀 스폰서

타이틀 스폰서십 활동은 e스포츠 스폰서십 중에서 기업이 가장 많이 참여하는 마케팅 활동이다. 타이틀 스폰서는 각종 e스포츠 이벤트 및 대회에 관한 비용을 지불하는 조건으로 명칭에 기업의 이름이나 브랜드명을 넣는 권리를 획득한 기업을 뜻한다(박근우, 김용만, 김세윤, 2011).

대회와 이벤트에 관련된 모든 비용을 지불하는 대신 차별화된 마케팅 전략을 펼칠 수 있고, 기업의 인지도 향상과 이미지 제고, 제품 판매 촉진활동을 적극적으로 할 수있다는 장점을 지니고 있다.

대신, 많은 권리·권한을 부여하는 만큼 비용이 많이 소모되기 때문에 경영적 환경을 고려하고 참여해야 할 것이다.

오늘날 e스포츠의 다양한 종목별 경기 및 이벤트는 소비자의 참여와 긍정적인 신념·태도를 유도하고 있다. 이러한 상황에서 기업은 e스포츠를 통해서 소비자들을 대상으로 커뮤니케이션 활동을 할 수 있음을 인지하고 최근 스폰서십에 활발하게 참여하고 있는 상황이다. 타이틀 스폰서는 일반 스폰서와 다르게 부여받은 권한과 기회가 많기 때문에 소비자들의 기대심리가 존재하고 있다.

2019년 우리은행과 라이엇 게임즈는 타이틀 스폰서를 체결하였다고 밝혔다(박상진, 2019. 01. 10). 2019 LCK 스프링의 타이틀 스폰서는 우리은행으로 확정됐으며, 대회 공식 명칭은 '2019 스무살 우리 LoL 챔피언스 코리아 스프링'으로 정하였다. 우리은행은 2019 스프링부터 2020 서머까지 2년간 총 4개 스플릿의 타이틀 스폰서로 활동하였다. 다음 〈그림 32〉는 공식 포스터이다.

우리은행은 2022년에도 e스포츠 스폰서십에 가장 열정적으로 참여하는 기업으로 다양한 마케팅 활동을 통해 e스포츠 소비자 및 MZ세대들에게 어필하고 있다.

그림 32 · LCK X 우리은행 공식 포스터

[자료출처: 우리은행].

② 협찬 스폰서

협찬 스폰서는 타이틀 스폰서와 다르게 리그 비용을 전부 부담하는 것이 아니라 같은 협찬사와 같이 분할하여 부담하는 것을 협찬 스폰서라 칭한다.

타이틀 스폰서의 재정적 지원이 부담스러운 기업들이 모여 리그 및 이벤트 협찬 스폰서로 참여하고 권리·권한을 획득하고 있다.

(4) 대상에 따른 스폰서

① 선수 스폰서

e스포츠 프로선수 및 유망 신인선수에게 기업이 재정 또는 물품을 지원하는 스폰서십을 뜻한다.

현재 아쉽게도 e스포츠 분야에서는 선수만을 지원하는 사례는 보고되고 있지 않고 대부분 팀 전체 또는 리그 이벤트에서 지원하는 사례만 보고되고 있기 때문에 선수 스폰서의 사례는 부족한 실정이다. 이에 e스포츠가 아닌 스포츠 사례로 여러분들을 이해시키고자 한다.

세계적 스포츠 분야의 기업인 나이키(Nike)는 농구의 황제 마이클 조던과 골프선수 타이거 우즈를 후원하면서 상당한 효과를 거둔 것으로 유명하다.

그중 타이거 우즈와 나이키는 23년간 스폰서십을 체결하고 있으며, 타이거 우즈가 PGA 메이저 대회 마스터스 토너먼트에서 우승하면서 나이키 광고 노출효과는 약 2,254만 달러(약 255억 원)에 달할 것으로 추정하였다(최미림, 2019. 04. 16). 다음 〈그림 33〉은 골프선수인 타이거 우즈가 우승에 환호하는 장면이다.

그림 33 · 타이거 우즈

[자료출처: 연합뉴스].

이처럼 선수 스폰서는 팀 전체가 아닌 선수 개인만을 후원하는 스폰서 활동이기 때문에 단체 e스포츠 종목에는 다소 상이할 수 있다. 하지만 선수 개인의 역량이 발휘되어야 팀의 승리에 도움이 되는 것이므로 선수 스폰서 활동은 활발하게 진행되어야 할 것이다. 그리고 e스포츠 단체 종목이 아닌 개인 종목도 존재하고 있으니 다양한 기업들의 스폰서 활동을 기대하겠다.

② 팀 스폰서

최근 e스포츠 스폰서십 분야에서 두각을 나타내고 있는 활동이 바로 팀 스폰서이다. 현재 e스포츠 종목 중 리그 오브 레전드 프로팀은 기업 후원을 받고 있는 실정이다.

팀 스폰서(Team Sponsor)는 기업이 e스포츠 프로팀에 필요한 운영 자금이나 물품(제품, 서비스)을 공급하고 마케팅 활동 권한을 부여받은 기업을 뜻한다.

또한, 기업은 e스포츠 프로팀에 스폰서십 활동을 하면서 소비자들에게 자사의 제품 및 기업의 로고를 노출시키기 위해 선수들 유니폼에 로고, 슬로건을 삽입하여 광고 활동을 할 수 있는 권한을 부여받게 된다.

사례로 국내 유명 그룹인 기아(Kia)를 예로 들 수 있다. 다음 〈그림 34〉는 전통 스포츠인 야구 기아타이거즈의 유니폼 사진이다. 그림처럼 기아그룹은 한마음, 한뜻으로 야구 기아타이거즈 팀 유니폼에도 담원기아 로고를 삽입하여 커뮤니케이션 효과를 증진시키고 있다.

이러한 의도를 소비자들에게 어필하여 동질감을 유도하는 사례이다. 이러한 스폰서십 활동으로 기아에 호의적인 소비자들은 담원 기아와 기아의 제품에 점차 호의적인 태도를 형성할 것이고, 잠재적 고객을 유도하는 방안으로 다가설 것이다.

그림 34 · **기아의 유니폼**

[자료출처: 기아].

③ 리그(이벤트) 스폰서십

리그(이벤트) 스폰서십이란 e스포츠 리그 및 대회 또는 이벤트가 개최되는 동안 스폰서십 활동을 하면서 마케팅 권리를 얻는 것을 뜻한다. 기업의 스폰서십 활동에 있어서 팀 스폰서 이후 가장 활발하게 참여하는 스폰서십 분야이다.

리그 스폰서십에 대한 사례들을 지속적으로 보고되고 있는데, 사례로 전국 직장인 e스포츠 대회를 예로 들어보자. 부산광역시는 부산 이스포츠 경기장과 협업을 통해 전국 직장인 e스포츠 대회를 2018년부터 개최하고 있다. 다음 〈그림 35〉는 직장인 e스포츠 대회의 공식 포스터이다.

그림 35 • **직장인 e스포츠 대회**

[자료출처: 부산정보산업진흥원].

부산광역시는 제2회 전국 직장인 e스포츠 대회에 따른 스폰서십 활동에 참여하였고, 이로 인하여 소비결정권을 가지고 있는 성인 소비자들에게 부산 광역시의 호의적이고 소통하는 이미지를 각인시켰다.

그 외에 리그 스폰서십의 대표적인 사례는 LCK 리그 스폰서십으로 로지텍, BBQ, HP, 우리은행, 중외제약 등이 있다. 그리고 리그 오브 레전드 월드 챔피언십(롤드컵)의 사례로는 기아, 마스터카드, 제닉스 등 다양한 기업들이 리그에 스폰서로 참여하면서 권리·권한을 획득하고 있다.

마지막으로 리그(대회) 스폰서십의 효과는 리그가 종료되면 스폰서십에 대한 효과 역시 종료되기 때문에 짧은 기간 내에 소비자들에게 강렬한 인상을 주기 위해 노력하고 있다.

④ 단체(조직, 기관) 스폰서십

단체 스폰서는 앞서 언급한 팀 스폰서와 다른 의미로 사용되고 있다. 팀 스폰서는 말 그대로 프로팀(Professiotional Team), 아마추어팀(Amateur Team)에 관한 스폰서 활동이고 이것은 조직 및 단체에 관련된 스폰서이다.

e스포츠와 관련된 단체는 대한체육회, 대한장애인체육회를 비롯한 한국e스포츠협회, 국제e스포츠연맹, 대한장애인e스포츠연맹 등의 조직들이 존재하고 있다. 그리고 게임개발사인 라이엇 게임즈, 블리자드, 넥슨 등이 존재하고 있다.

이해하기 쉽게 사례를 예로 들면 최근 SK텔레콤은 국내 e스포츠 산업 저변확대와 국가대표팀 경기력 향상 등을 위해 한국e스포츠협회와 공식 후원 파트너십을 체결하였다(서정윤, 2022. 03. 31). 이처럼 기업은 선수와 리그, 프로팀에게만 스폰서십(후원) 활동을 하는 것이 아니라 운영을 담당하는 조직에게도 스폰서십 활동을 하여 다양한 커뮤니케이션 효과를 누리기 위해 노력하고 있다.

기업이 어떠한 목적을 가지고 누구(개인, 팀, 조직)에게 후원을 하느냐에 따라 촉진 활동의 범위와 목표 시장 자체가 달라진다. 앞서 언급한 것과 같이 기업의 팀, 리그에 대한 스폰서 활동은 소비자들에게 직접적으로 촉진 및 커뮤니케이션 활동을 펼치는 것이라면, 조직(단체)에 대한 후원 활동은 직접적이 아니라 간접적으로 소비자들에게 활동을 하는 것이다.

단체 및 조직의 후원 활동은 직접적으로 소비자들에게 영향을 미치지 않는다. 소비자 대신 프로선수 및 리그 관계자, 에이전트와 같은 실무를 담당하는 사람들에게 1차적 효과가 전달된다. 그러면 기업은 조직에게 리그가 개최될 수 있도록 후원함으로써 보다 쾌적하고 좋은 환경에서 선수들이 경기에 집중할 수 있도록 서포터즈(Supporters) 하는 것이다. 그러면 프로 선수는 리그에서 최대한의 경기력을 발휘할 수 있고, 승패에 관계없이 만족으로 이어지게 될 것이다. 선수들과 팬은 일심동체라 할 수 있다. 프로 선수가 기업에 호의적이면 선수를 응원하는 팬 역시 기업에 호의적일 수밖에 없다. 쾌적한 환경과 물질적 지원을 하는 기업은 선수를 통하여 소비자들에게 어필하고자 하며, 커뮤니케이션 효과를 증진시키고 있다.

3 e스포츠 스폰서십 사례

(1) 광동제약 - 아프리카 프릭스

지난 2021년 광동제약은 리그 오브 레전드(LoL) 월드 리그 진출 경력이 있는 e스포츠 선수단 '아프리카 프릭스'와 네이밍 스폰서 협약을 체결하였다(김찬혁, 2021. 12. 21). 이번 e스포츠 스폰서십 체결을 통해 기존 '아프리카 프릭스'로 운영되던 선수단은 '광동 프릭스'로 명칭을 변경하였으며, 국내 e스포츠 프로팀 중 제약사명이 포함된 사례로는 국내 최초이다. 다음 〈그림 36〉은 광동제약과 프릭스 게임단의 스폰서 체결 사진이다.

그림 36 • **광동제약 스폰서 체결**

[자료출처: 청년의사].

광동제약은 이번 스폰서십 체결로 e스포츠 선수들의 초상권 사용 권한과 광고 활동 및 촉진 활동을 할 수 있는 권한을 부여받았으며, 선수들 측은 경기력 유지와 건강관리를 위해 광동제약 대표 제품을 무상으로 제공받을 수 있게 되었다.

(2) T1 - BMW 스폰서십 체결

2020년 e스포츠 전문 기업 T1과 BMW그룹이 스폰서 파트너십 계약을 체결하였다(김해원, 2020. 04. 16). BMW그룹이 국내 스포츠 구단과 스폰서십을 체결한 것은 이번이 처음이기에 매우 이례적이라 할 수 있다.

다음 〈그림 37〉은 T1과 BMW의 공식 포스터이다.

그림 37 · T1 - BMW 콜라보레이션 포스터

이러한 스폰서십 활동에 있어 BMW그룹은 T1 선수들에게 BMW X7 최신형 자동차를 지원하는 조건으로 T1 선수들 유니폼에 BMW 로고를 부착하게 하였다. 또한, 앞으로 이번 스폰서십에서 BMW는 프로선수들의 동체 시

력, 반사 신경 등의 행동 데이터와 5G, AI 기술을 지원해 공동 연구를 추진할 계획이라고 밝혔다.

(3) 스트라이크존 – WBC 공식 스폰서십 체결

스크린 야구 업체 스트라이크존이 2017 WBC(World Baseball Classic) 서울 라운드에 대한 공식 스폰서십을 체결하였다(김정유, 2017. 02. 08). 스트라이크존은 WBC 측과의 스폰서십 체결을 통해 올바른 야구 문화를 이끌어가고 전 세계의 야구팬을 대상으로 업계 리더 이미지를 전달할 것이라고 밝혔다. 또한, 고척스카이돔 내 광고는 물론, 로고를 사용하여 머천다이징 및 라이센싱 활동도 선보였다.

다음 〈그림 38〉은 스트라이크존과 2017 WBC 공식 스폰서십 포스터이다.

그림 38 · 공식 스폰서십 포스터

[자료출처: 뉴딘콘텐츠].

(4) 골프존 – 신한금융투자 타이틀 스폰서십 체결

VR스포츠의 선두주자이자 대한민국 스크린골프 점유율 1위인 골프존과 신한금융투자가 타이틀 스폰서십을 체결하였다(김동찬, 2022. 02. 23). 이번 스폰서십을 통해 두 기업은 상호유대를 강화하고 브랜드 가치증진 및 인지도 향상을 위한 마케팅 활동을 시행한다고 밝혔다. 또한, 신한금융투자는 올해 열리는 골프존의 스크린 프로골프 투어인 G투어 6개 정규 대회와 26일 개최되는 글로벌 네트워크 이벤트 대회의 후원을 맡아 소비자들에게 커뮤니케이션 활동과 인지도 제고 효과를 누렸다.

4 e스포츠 스폰서십의 권리

e스포츠 대회 종류는 국제적인 리그 오브 레전드 월드 챔피언십(롤드컵), MSI 등 경기와 생활 e스포츠 대회 등 다양하게 개최되고 있는데, 개최되는 리그의 규모 및 공신력에 따라 스폰서십 참여 비용이 천차만별로 차이가 나고 있다.

국제적 경기에 공식 스폰서로 참여할 경우 막대한 비용을 치르고, 국내 및 아마추어 리그의 스폰서십으로 참여할 경우 비용은 줄어들지만, 효과 역시 줄어들고 있다. 기업이 리그, 대회, 이벤트에 참여함에 있어 비용(물품 등)을 제공하는 대신 그에 맞는 권리와 혜택을 보장받아야 한다. 스폰서의 권리와 혜택을 살펴보면 다음과 같다.

1) 공식 명칭과 로고, 심벌 사용권

기업은 리그 및 대회가 개최되는 비용(제품)을 지불하고 공식 스폰서라는 명칭을 제품 및 서비스 판매 활동에 사용할 수 있는 권리를 제공받는다. 이해를 돕기 위해 사례를 들어보고자 한다.

최근 LG전자는 한국프로축구연맹과 한국e스포츠협회가 주관하는 'eK리그 2020'의 타이틀 스폰서십을 체결하였다. 따라서 대회 공식 명칭을 'LG 울트라기어 eK리그 2020'로 확정하였다(박찬형, 2020. 12. 17). 다음 〈그림 39〉는 LG 울트라기어 eK리그 2020 공식 포스터이다.

그림 39 · LG 울트라기어 eK리그 2020

이처럼 공식 스폰서는 많은 비용을 지불하지만 그만큼 소비자들에게 매우 긍정적인 효과를 불러일으킬 수 있으며, 리그의 명성에 따라 기업이나 제품에 긍정적인 효과가 전이되어 소비자들에게 커뮤니케이션 효과를 불러일으킨다.

2) 제품 및 서비스 영역의 독점 권리

기업이 추구하는 제품 또는 서비스 영역의 독점적 권리를 제공한다. 이것은 스폰서십에 가장 핵심적이라 할 수 있다.

즉, 공식 스폰서로 활동함에 있어서 경쟁 기업은 개입을 할 수 없고, 기업이 촉진하고자 하는 제품 또는 서비스의 영역에서 독점을 할 수 있다. 이러한 독점 권리는 기업들에게 매우 유혹적으로 다가간다.

이해를 돕기 위해 예를 들어 설명하고자 한다. 기업은 주최 또는 조직에게일정한 금액을 지원해주고 리그가 개최되는 동안 자사의 제품과 같은 분류로 나뉘는 경쟁 기업의 제품 후원을 받지 않고 계약을 체결한 자사의 제품에게만 홍보할 수 있는 독점권을 부여한다. 리그(이벤트)가 개최되는 동안 후원 기업은 스폰서 권리·권한 안에서 블루오션(Blue Ocean)을 맞이하는 격과 같은 셈이다.

사례로는 2018 LCK(League of legend Champions Korea)에서 성능 게이밍 기어 및 PC 부품기업인 커세어와 공식 스폰서를 체결함에 따라 키보드, 마우스, 헤드셋, 마우스패드 등 커세어 장비를 독점 사용하게 된 사례가 있다(게임인사이트, 2018. 12. 27). 이 밖에 스폰서십 체결에 따라 독점의 권리를 부여받은 사례가 보고되고 있다.

3) 광고의 기회를 준다

단체 및 조직은 공식 스폰서 및 권리·권한을 부여받은 기업들에게 리그가 유지되는 동안 e스포츠 경기장 및 주변 보드 광고판에 제품 또는 이미지를 제고시킬 수 있는 광고의 기회를 부여한다. 다음 〈그림 40〉은 LCK 리그 중 우리은행 광고가 나오고 있는 사진이다.

그림 40 · 우리은행 광고

[자료출처: 롤파크].

e스포츠 경기장의 광고는 중계를 통해 관람객들에게 그대로 전해지고 기업의 인지도 향상과 촉진 활동에 큰 영향을 미치게 된다. 그리고 위 사진에서 보이는 것처럼 전광판에는 두 가지 분류(LCK 로고, 우리은행 로고)만 나뉘는 걸 알 수 있다.

e스포츠 소비자들은 본인의 의사와 상관없이 '우리은행'의 슬로건, 로고를 보게 된다. 하지만 e스포츠 소비자들은 e스포츠에 관심이 있고, 호의적이기 때문에 LCK를 시청하는 것이라 자연스럽게 우리은행 역시 이미지가 호의적으로 변하고 잠재적 고객들을 유치하는 것이다.

4) 인터넷 및 TV 중계 활용 권리를 부여한다

e스포츠 시장조사기업인 뉴주(Newzoo)는 2020년 총 시장의 4분의 3에 해당하는 8억 2,240만 달러가 스폰서십과 미디어 권리에 나올 것이라 발표하였

다(이한빛, 2020. 02. 28).

이러한 내용만 봐도 e스포츠 분야에서 스폰서십과 미디어가 차지하는 비용이 매우 크다는 것을 알 수 있다. 스폰서 기업에게 미디어 및 TV중계 활용 권리를 부여한다는 것은 매우 큰 장점으로 다가서고 있다.

공식 스폰서는 인터넷 중계 및 TV중계 속에 스폰서 기업을 알리기 위한 권한을 제공한다. 이는 중간 광고 및 정기적인 광고가 아니기 때문에 소비자들의 광고 기피 현상을 피할 수 있어 인지도 향상에 도움이 된다. 인터넷 광고를 포함한 TV 광고에서 기업을 홍보할 수 있는 권한은 기업들에게 매우 흥미로운 요소로 다가가고 있다.

어느 한 매체에 국한되어 광고를 하는 것이 아니라 다양한 방면으로 활용할 수 있어 기업이 권리을 어떻게 활용하느냐에 따라 효과는 배가 될 것이다.

다음 〈그림 41〉은 뉴주에서 발표한 2020년 e스포츠 산업 시장 보고서이다.

그림 41 · 2020년 e스포츠 산업시장 보고서

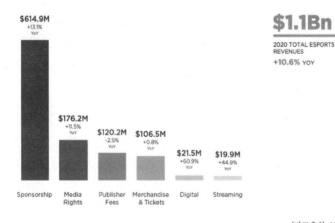

[자료출처: Newzoo]

5) 리그(대회) 관련 인쇄물에 기업을 소개한다

리그 또는 이벤트 관련 인쇄물에 공식(협찬) 스폰서를 소개해준다. 현재

e스포츠 리그는 경기가 끝나고도 입장권에 대한 재판매가 이뤄지고 있다. 이러한 재판매 현상은 소비자들이 비록 거리상의 이유와 다른 사유로 경기 관람 예매를 하지 못하였지만, 중고티켓을 구매해서 간직하기 위해서 발생되고 있다.

이러한 진귀한 풍경으로 인해 리그(대회) 관련된 인쇄물에 공식 스폰서의 소개는 소비자들로 하여금 반복 노출효과를 불러일으키고, 자연스럽게 호의적인 태도와 잠재적 고객으로 이어질 것이다.

다음 〈그림 42〉는 2021 LCK 티켓이다. 보는 바와 같이 라이엇, 우리은행과 같은 공식 스폰서가 소개되고 있다.

그림 42 · 2021 LCK 티켓

[자료출처: e스포츠 상품 공작소].

6) 독점적 물품을 제공한다

경기장 내에서 판매촉진 활동을 하기 위해 전시장 또는 매점을 운영하면서 물품을 독점적으로 공급할 수 있다.

사례로 국내 치킨 브랜드인 비비큐(BBQ)는 LCK와 공식 스폰서십을 체결하였다. 그리고 현재 롤파크 내 BBQ 매점을 마련하여 독점권을 부여받기도 하였다(조재형, 2022. 01. 13).

다시 한번 더 강조하지만 이러한 독점권은 경쟁시장에서 자주 있는 사례가 아니기 때문에 소비자들에게 자사의 이미지와 인지도, 제품을 알리기에 매우 좋은 기회로 작용하고 있다.

7) 배경막에 기업 로고를 삽입할 수 있다

e스포츠를 포함한 많은 프로 스포츠에서 경기 직후에 승리 또는 패배 팀은 승리 이유, 패배 원인, 경기 소감 등 발언할 수 있는 기회를 가지게 된다. 이때 감독(선수) 뒷면에 보이는 것을 배경막이라 부른다.

이 배경막에 공식(협찬) 스폰서 로고를 삽입할 수 있게 된다. 의도적인 광고가 아닌 자연스러운 환경에서 기업의 로고가 노출됨에 따라 광고 기피 현상을 피할 수 있고, 친숙한 이미지를 형성할 수 있기 때문에 자주 사용되고 있다.

다음 〈그림 43〉은 T1 소속 선수인 페이커 인터뷰 사진이다. 보는 바와 같이 뒷 배경막에 LCK 공식 스폰서인 우리은행 글씨가 잘 보이고 있다.

그림 43 • 페이커 인터뷰

[자료출처: 데일리e스포츠].

5 기업이 e스포츠 스폰서십에 참여하는 이유

1) 이미지 전이

이미지 전이는 기업의 이미지와 e스포츠 종목의 이미지가 부합될 때 효과적으로 나타난다. 이해하기 쉽게 배틀그라운드를 예로 들어 설명하고자 한다. 배틀그라운드는 다소 폭력성·잔인한 장면도 존재하지만, 반대로 남자다움, 강렬함, 화려함과 같은 이미지가 존재하고 있다.

이런 와일드(Wild)한 이미지를 추구하는 기업이 e스포츠 스폰서십에 참여하였을 때 소비자들에게 기업의 이미지와 e스포츠 종목의 이미지가 전이되는 것이다.

다른 분야의 사례로 예를 들어보자. 이미지 전이는 소비자 행동이론에서 보면 고전적 조건화로 표현할 수 있다. 그중 가장 유명한 사례가 말보로 담배이다. 말보로 담배는 미국 서부의 카우보이를 광고 모델로 발탁하여 지속적으로 남성의 야성 본능을 자극시켰다. 말, 말안장, 밧줄, 모자, 구두 등으로 남성미를 자극하였고, '말보로'라면 남성다움을 연상시키게 하였다.

이처럼 이미지 전이는 제품 또는 스폰서십 목적에 따라 기업의 이미지가 전이될 수 있음을 시사하고 있다. 그렇기 때문에 기업이 e스포츠 어떤 종목에 스폰서십을 참여했는지에 따라 소비자들이 지각하는 이미지가 달라지기 때문에 매우 신중하게 결정되어야 한다.

2) 브랜드 인지도 향상

기업들이 e스포츠 스폰서뿐만 아니라 다양한 분야에 스폰서십 활동을 추구하는 목적 중 인지도 향상 목적도 한몫을 하고 있다.

전통적 홍보 수단인 광고를 통해서도 브랜드의 인지도를 향상시키기에 효과적이지만, 소비자들이 외부 자극에 거부감 없이 브랜드를 받아들이기에는 스폰서십만큼 좋은 도구가 없기에 기업들이 적극적으로 참여하고 있는 것이다.

쉽게 설명하기 위해서 예를 들어보고자 한다. 여러분들이 e스포츠 경기를 직관 또는 인터넷을 통해 관람하고자 한다. 자신이 좋아하는 프로선수 유니폼에 스폰서십 활동을 하는 기업의 로고가 붙어 있다고 가정해보자. 여러분들이 그 프로선수를 응원하고 좋아하는데, 유니폼에 붙어 있는 기업은 어떠한 감정을 느낄 것인가? 한 경기가 끝나는 동안 그 기업의 로고는 몇 번을 보았는가?

아마 대부분 특정 선수에게 더욱 호의적이고 관심이 있기 때문에 그 감정이 유니폼에 삽입되어 있는 기업(브랜드)에게도 긍정적인 영향을 미칠 것이다. 이러한 감정과 신념체계를 인지하고 기업은 브랜드의 인지도와 각인을 위해 적극적인 스폰서십에 참여하고 있는 것이다.

3) 프로모션 기회 제공

기업의 스폰서십 활동은 소비자들에게 제품 및 서비스를 각인시킬 수 있는 기회를 제공할 뿐만 아니라 촉진(Promotion) 활동으로까지 이어진다.

e스포츠 리그 및 이벤트를 통해 소비자들에게 지속적으로 노출되는 기업의 로고와 제품명 등은 소비자들에게 충분한 호기심을 불러일으키고, 독점 권한에 의해 판매량은 자연스레 상승하게 된다.

리그가 개최되는 동안 또는 중계가 이어지는 동안 경쟁 없는 독점광고는 기업들에게 매우 매력적으로 다가서고 있다. 이러한 장점을 앞세워 기업은 치열하게 e스포츠 스폰서십 활동에 참여하고 있는 것이다.

4) 상품화

기업들은 주력 제품을 제외한 이외의 상품을 주기별 또는 계절에 따라 시장에 선보이기도 한다. 이러한 이유는 새로운 제품을 알리기 위한 홍보의 목적도 있지만, 지속적으로 기업의 이미지와 인지도를 알리기 위해 시간적 홍보를 하는 경향도 있다.

시장에 새롭게 선보이는 제품(서비스)을 소비자들에게 전단지, 인터넷 광고, 전통 매체를 통한 광고 등 다양한 경로를 통해서 소비자들에게 홍보하고 있다. 하지만 제품이 새로 출시되었음에도 불구하고 타게팅한 목표 시장을 제외한 나머지 시장에서는 크게 관심을 받지 못할 수도 있다.

그렇기에 기업은 새로운 신제품의 프로모션, 홍보, 광고효과를 누리기 위해서 스폰서십에 참여하는 것이다. 프로 선수가 스폰서 기업의 제품을 입거나 또는 자연스레 노출시키게 된다면 소비자들은 관심을 보이고 광고보다 더욱 효과가 높기에 기업들이 제품의 홍보 및 상품화를 위해 스폰서십에 참여하는 것이다.

5) 지역사회 관여

국내 대부분의 기업들은 지역사회와 연관이 되어 있으며, 좋은 관계를 유지하기 위해 대회 및 각종 이벤트에 스폰서로서 참여하고 있다. 이러한 이유는 기업이 성장하기 위해서는 지역주민의 도움이 있어야 입지를 굳힐 수 있고, 지역적 도움이 매우 필요하기 때문이다. 그리고 지역의 입장에서도 기업이 유치되어 일자리 창출과 같은 경제 효과를 나타내기 때문에 서로 상생관계인 것이다.

이러한 맥락에서 e스포츠 이벤트에서도 지역사회와 원만한 관계를 유지하기 위해 지역명을 활용한 경기가 활발하게 개최 중인데, 그 예로 2020년 개최된 'IEF 2020 국제 e스포츠 페스티벌 인 강남'을 사례로 볼 수 있다.

최근 국제 아마추어 대학생 e스포츠 대회인 'IEF 2020 국제 대학 e스포츠 리그'를 서울특별시 강남구에서 개최하였다. 이때 협찬으로 OP.GG와 삼양식품 등이 참가하여 지역사회와 좋은 관계를 형성하기 위한 스폰서십 활동을 하였다. 삼양식품은 강남구와 동반 관계를 유지하기 위해 지속적으로 후원 활동을 하고 있는데 나눔 행사, 기부활동으로 지역사회에 보탬이 되고 있다. 이처럼 기업의 성장은 지역사회와 연관되어 성장할 때 더욱 빛을 발하고 원만한 관계를 유지할 수 있기 때문에 기업들이 지역에서 개최되는 e스포츠 이벤트에 참여하는 것이다.

6) 관계 형성

기업이 e스포츠 스폰서십에 참여하는 이유 중 마지막은 관계 형성을 하기 위해 참여하고 있다. 기업에게 있어서 소비자들과 관계를 형성하는 것은 매우 중요한 일이자 숙제이다. 소비자들과 어떠한 관계를 형성하느냐에 따라 기업의 운명이 좌우된다고 해도 과언이 아니다. 이러한 관점에서 e스포츠는 매우 친밀한 관계를 형성할 수 있을 뿐만 아니라 잠재적 고객을 확보할 수 있는 수단으로 작용하고 있어 기업들에게 매우 매력적으로 다가가고 있다.

그리고 관계 형성의 개념은 다양한 관점과 바라보는 각도에 따라 사용 방법이 달라질 수 있다. 현재 제품 또는 서비스를 사용하는 소비자와 기업(브랜드) 간의 관계 형성, 미래의 고객인 잠재적 소비자를 위한 관계 형성, 그리고 단체 및 조직과의 관계 형성으로 나뉠 수 있다.

이처럼 기업은 e스포츠 스폰서십을 통하여 다양한 관점으로 관계 형성을 하기 위해 참여하고 있다.

e스포츠 마케터는 이러한 점을 인지하고 기업이 e스포츠 스폰서십에 참여할 때 목적이 무엇인지 면밀하게 파악하는 동시에 기업의 이미지와 e스포츠 종목 간의 이미지 적합도를 계산해서 마케팅 전략을 펼쳐야 할 것이다.

6 기업의 e스포츠 스폰서십 참여 여부 판단 요소

아직 e스포츠는 올림픽 시범종목으로 채택이 되지 않았지만, 2018 인도네시아 자카르타·팔렘방 아시안게임 시범종목을 시작으로 2022 항저우 아시안게임 정식종목으로 채택되어 있다.

일반 대회 및 리그와 다르게 공식적으로 인정된 아시안게임과 같은 메가 이벤트는 공식 스폰서 참여 희망 기업들이 아무리 많은 비용을 제시한다고 하더라도 금액을 기준으로 하여 모든 기업과 스폰서십을 체결하지 않는다. 기업과 메가 이벤트 간의 이미지 적합도, 추구하는 방향, 경영상태 등을 고려하여 방향성이 일치하는 기업들로만 스폰서십을 체결하고 있다.

반대로 기업의 입장에서도 메가 이벤트, 지역대회, 리그 등에 스폰서 업체로 참가할 것인지, 참여 안 할 것인지에 대한 결정을 하는 판단기준이 존재하고 있다.

1) 리그의 권위와 주최 측의 경영상태

기업에서 e스포츠 스폰서십에 참여할 때 e스포츠 리그의 권위와 주최 측의 경영상태, 능력을 가장 중요시하게 판단한다. 그럴 수밖에 없는 것이 기업은 e스포츠 리그 및 팀, 이벤트를 후원하는 동시에 소비자들과의 커뮤니케이션 또는 촉진활동을 하는 것을 목적으로 하기 때문이다.

e스포츠 리그의 권위와 주최 측의 경영상태는 기업들이 리그를 판단하는 기준점이 된다. 현재 전 세계적으로 e스포츠 소비자들에게 가장 인기 있고, 공신력 있는 리그가 바로 '리그 오브 월드 챔피언십(이하 롤드컵)'이다.

지난 2021년 롤드컵 경기의 동시 시청자 수는 7,400만 명으로 집계되었고, 전년 대비 무려 60.33%가 증가한 수치로 나타나 전 세계적으로 롤드컵에 대한 인기를 실감할 수 있다(박준수, 2021. 12. 15). 이처럼 리그가 공신력을 지니고 있고, 관람객 및 시청자들을 보유한 상태에서는 수많은 기업들이 스폰서십에 참여하기 위해 어필하게 된다. 2021년 롤드컵의 공식 스폰서는 벤츠, 마스터카드, 레드불, 쉘, 나이키 등 세계적인 기업들이 참여하였다. 다음 〈그림 44〉는 각 국가 리그별 스폰서 현황이다.

그림 44 · 각 국가별 리그 스폰서 현황

약칭	LCK(League of legends Champions Korea, 한국 리그)
메인 스폰서	우리은행
스폰서	REPUBLIC OF GAMERS SIDIZ logitech SK telecom

약칭	LEC(League of legends European Championship, 유럽 리그)
메인 스폰서	KIA ALIENWARE
스폰서	Shell DXRACER logitech G Foot Locker Red Bull beko WARNER MUSIC Tchibo Pringles

약칭	LPL(League of legends Pro League, 중국 리그)
메인 스폰서	Mercedes-Benz
스폰서	KFC L'ORÉAL PARIS Doritos DXRACER NUOIO ALIENWARE Nike

[자료출처: 더쿠].

하지만 아쉽게도 모든 e스포츠 대회 및 리그에 기업들이 활발하게 참여하는 것은 아니다. 아직까지는 e스포츠에 특성화되어 있는 리그 및 대회에 스폰서십이 활발하게 활동 중이고, 아마추어 대회와 비인기 e스포츠 리그 같은 경우 거의 스폰서가 없는 대회가 많다.

그렇기 때문에 e스포츠 저변 확대와 리그의 규모를 키우기 위해서는 재정적 뒷받침이 매우 필요하다. e스포츠 마케터는 이러한 사실을 인지하고 편중되어 있는 관심의 균형화를 이뤄 다양한 종목들이 소비자들에게 관심을 받을 수 있도록 마케팅 방안을 강구해야 하겠다.

소비자들에게 관심을 받는 e스포츠 종목은 기업들의 커뮤니케이션 수단으로 작용할 것이고, 스폰서십을 통해 리그 규모가 확대될 것이다.

2) 홍보의 기회 및 관람객 규모

기업은 제품홍보 기회 여부, 관람객(시청자) 규모, 언론의 관심을 끌 수 있는 이벤트 유무 등을 통해 e스포츠 스폰서십 참여 여부를 판단하고 있다. 앞서 스폰서의 권리로 언급하였듯이 기업은 e스포츠 스폰서십에 참여함에 따라 제품(서비스)을 리그 기간 동안 독점적으로 홍보할 수 있는 기회를 가질 수 있다.

이러한 홍보 기회를 통해 몇 명의 소비자들에게 촉진(판매)활동, 기업 이미지, 커뮤니케이션 등 마케팅 활동의 규모는 기업이 매우 중요하게 생각하는 요인이다. 즉, 기업이 긍정적인 효과를 기대하고 e스포츠 스폰서십에 참여하였음에도 불구하고 관람객이 소수에 불과하거나 홍보의 기회가 기획한 것과 달리 소규모 제공이라면 기업은 스폰서십에 참여하지 않을 것이다.

그렇기 때문에 제품, 기업, 촉진활동에 대한 홍보의 기회제공은 기업들의 e스포츠 스폰서십 참여 여부를 판가름 짓는 결정적 요인이며, 소비자의 규모가 많을수록 더욱 활발하게 참여할 것이다.

e스포츠 마케터는 기업들의 입장과 시장을 이해하고 스폰서십에 참여하는 기업들이 긍정적인 효과를 볼 수 있도록 홍보의 기회를 최대한 제공하는 방안을 강구해야 한다.

7 | 기업의 e스포츠 스폰서십 참여 효과

기업이 e스포츠 마케팅을 이용하는 최종 목적은 이윤 창출 및 증대에 있다. 즉, 경제적인 목적으로 인해 대부분 참여한다 해도 과언이 아닐 것이다.

이러한 맥락에서 e스포츠 스폰서십은 마케팅의 한 도구로서 상업적 목적에 바탕을 두고 있다. 따라서 기업은 e스포츠 스폰서십을 적극적으로 활용해야 하며, 기업의 최종 목적에 도달할 수 있도록 노력해야 한다.

e스포츠 스폰서십은 광고나 촉진 활동과 같은 프로모션들과 비교하여 여러 가지 긍정적인 효과를 나타남에 따라 많은 기업들이 참여하고 있다. 이에 따라 기업이 e스포츠 스폰서십에 참여함에 따른 효과는 다음과 같다.

1) 기업 목표 달성

e스포츠 스폰서십이 가지고 있는 장점 중 하나는 판매촉진 및 증진이다. 기업이 가지고 있는 달성목표는 각자 다르지만 요약하면 다음과 같다.

첫째, 새로운 제품 출시로 인해 시장에 도입하기 위하여 스폰서십에 참여한다.

둘째, 기존의 제품을 개선하여 시장에 다시 도입시키기 위해서 스폰서십을 활용한다.

셋째, 현재 광고되고 있는 제품의 효과를 극대화하기 위해 스폰서십을 활용한다.

넷째, 유통망을 확대시키고 제품의 판매 활동을 도와주기 위해 스폰서십을 활용한다.

기업은 일반적으로 이러한 목표를 가지고 e스포츠 스폰서십에 참여하고 목적을 달성하고자 한다. 기업의 e스포츠 스폰서십을 통한 판매증진, 이윤 창출, 브랜드 인지도 향상, 시장 점유율 증가 등 목적은 날로 다양해지고 있다.

2) 미디어 노출

소비자 입장에서는 현재 무분별한 광고 노출로 인하여 광고 기피 현상이 나타나고 있고, 기업의 입장에서는 광고료 인상, 다양한 채널로 인하여 효과가 미비한 상태에서 자연스럽게 다가가는 것이 매우 중요하다.

하지만 과포화상태에 놓여진 광고 경쟁 시장에서 경쟁사, 경쟁 제품보다 우위를 선점하기 위해서는 소비자들에게 기업과 제품을 알릴 수 있는 미디어 노출이 필수적이라 할 수 있다.

이러한 가운데 기업은 e스포츠 리그 및 이벤트 스폰서십에 참여함에 따라 다양한 미디어에 자연스럽게 노출될 수 있는 기회를 가지게 된다.

김명석(2022. 01. 21)은 2021 K리그 스폰서십 미디어 노출 효과가 '3,447억 원'이라고 하였다. 그중 미디어를 통한 스폰서십 노출이 가장 높았다고 발표하여 스폰서십 효과에 대해 자세하게 언급하였다.

e스포츠 리그 및 대회의 공식 스폰서십 체결에 따른 스폰서십 활동은 광고에 비해 경쟁이 비교적 적고 광고 기피 현상까지 피할 수 있는 마케팅 도구이자 최적의 매체라 기업들이 활발하게 참여하고 있는 것이다.

3) 이미지 생성 및 강화

기업의 이미지란 소비자들이 각자 마음속에 그리고 있는 심상을 의미한다. 즉, 기업의 이미지, 브랜드 이미지, 제품의 이미지 등 다양한 이미지는 소비자들의 마음속에 투영(投影)된 영상으로서 제품의 유형적 정보와 무형적인 감정적 요소가 결합되어 만들어내는 하나의 태도이다.

기업(브랜드)의 이미지는 그 자체가 마케팅 수단으로 작용하며 판매의 성패를 좌우할 수 있는 중요한 요소이다. 그렇기 때문에 수많은 기업들은 소비자들에게 호의적인 이미지를 구축하고자 다양한 방법을 활용하고 있으며 그중 가장 활발하게 참여하는 것이 스폰서십이다.

기업(브랜드)은 e스포츠 스폰서십에 참여함으로써 제품의 정보나 무형의 서비스를 소비자에게 전달하고 이미지를 새로 만들 수 있다. Brooks(1994)는 미국 소비자 중 33%는 이벤트 및 대회의 '공식 상품'은 가장 좋은 상품인 것으로 인식하고 있으며, 그 상품을 비공식상품보다 먼저 구입하고 싶어 한다고 발표하여 공식 상품에 대한 이미지과 공신력을 설명하였다.

이처럼 공식적으로 인증을 받은 제품과 서비스는 소비자들에게 호감으로 다가서고 있으며 호의적인 이미지로 이어진다는 것을 알 수 있었다.

따라서 e스포츠 스폰서십을 통하여 기업은 이미지를 생성·강화시킬 수 있는 기회를 획득해야 한다. 이를 위하여 기업은 목표 시장과 리그 및 이벤트와의 연관성, 이미지 적합성 등을 고려하여 신중하게 스폰서십에 참여해야 할 것이다.

4) 인지도 향상

먼저, 기업의 입장에서 소비자들에게 인지도 향상은 매우 중요한 요소이다. 소비자들이 기업을 인지하고 있느냐, 없느냐에 따라 현재, 미래 소비결정의 여부가 바뀔 수도 있는 것이다. 그렇기 때문에 기업들은 소비자들에게 자사를 알리기 위해 노력하고 있는 것이다.

이대한, 김태형, 서일한(2020)은 기업이 타이틀 스폰서 활동을 함에 따라 브랜드 인지도, 이미지, 충성도에 매우 긍정적인 역할을 한다고 주장하였고, 노동연, 오준석(2015) 역시 공식 스폰서의 활동은 기업 이미지, 인지도, 충성도에 긍정적인 역할을 하고 있다고 발표하여 스폰서십 활동이 인지도 향상과 밀접하다는 것을 알 수 있었다.

그리고 기업의 인지도 향상은 현재 사용하고 있는 소비자들의 타게팅보다 미래의 잠재적 소비자들을 선택(구매)과정에 들어서게 하는 첫 단계이다.

e스포츠에 참여하는 기업들이 이미 전 세계적으로 유명한 기업들이라면 인지도 향상에는 크게 도움이 되지 않겠지만, 기업(브랜드) 인지도 유지와 호의적인 이미지를 유지하기로는 효과적이다. 반대로 유명하지 않은 기업이라면 스폰서십에 참여함에 따라 기업의 인지도 향상으로 이어질 것이다.

5) 판매 기회 제공

제품(서비스) 사용 기회 제공은 소비자들에게 제품에 대한 흥미를 유발시키고 구매로 이어질 수 있게 하는 아주 중요한 단계이다. 소비자들은 평소에 관심을 가지고 있지만 접할 수 있는 기회가 제공되지 않아 사용해보지 못한 것들이 아주 많다. 특히, 이용하는 데 시간과 비용이 들고 절차가 있는 제품들은 더 이용해볼 여건이 제공되지 않을 수 있다.

스폰서십은 이러한 고객들에게 제품(서비스)을 즉각적으로 제공할 수 있고 참여할 수 있는 기회를 제공하기 때문에 판매의 기회를 제공하는 것이다.

이해를 돕기 위해 사례를 들어 설명하고자 한다. 첫 번째 사례로 올림픽 공식 파트너인 삼성전자를 이야기할 수 있다. 2018년 평창 동계 올림픽 개최 당시 삼성전자는 공식 스폰서로 활동하였다. 그리고 올림픽 기간 동안 소비자들에게 삼성전자의 기기를 체험할 수 있는 공간을 만들어 마케팅 활동을 하였다. 또한, VR체험존을 비롯한 다양한 주제로 체험 공간을 만들어 체험 기회 제공과 더불어 구입 기회를 제공하였다. 이러한 삼성의 노력으로 인해, 소비자들의 반응 역시 뜨거웠다.

두 번째로 2022년 6월 중국 광둥에서 개최된 '기아 컵 리그 오브 레전드 모바일 게임 내셔널 리그'를 이야기할 수 있다. 기아는 e스포츠 이벤트를 통해 제품 홍보 및 촉진 활동을 할 수 있었으며, 초대 우승팀인 YZG에게 우승상품으로 K5 차량을 선물로 증정하였다. 그리고 판매 촉진 활동으로 모델별 최대 1만 위안 할인, 6,000위안 교체 보조금, 1년 상업 보험 가입, 5년간 2,000위안 상당 유지 보수 서비스 등을 제공한다고 하여 판매 효과를 극대화하였다(윤진웅, 2022. 07. 02). 이처럼 리그가 개최되는 동안 프로모션을 제공함으로 소비자들에게 체험과 참여할 수 있는 기회를 제공하였고, 소비자들은 특별한 혜택을 지각하고 구매에 나서는 것이다.

이처럼 기업이 e스포츠 스폰서십에 참여하는 이유는 소비자들에게 직접적으로 체험의 기회를 제공함으로써 판매의 기회를 제공하기 때문이다.

6) 잠재적 소비자 확보

e스포츠 스폰서십은 현재 참여하고 있는 소비자들과의 유대를 강화하는 동시에 아직 참여하고 있지 않은 잠재적 소비자를 확보할 수 있는 수단이다. 현재 대표적으로 e스포츠 스폰서십을 가장 활발하게 하고 있는 벤츠와 기아를 이야기할 수 있겠다.

자동차 기업은 사실상 e스포츠와 크게 관련이 깊지 않은 것이 사실이다. 하지만 벤츠와 대한민국 기아 기업이 왜 e스포츠 스폰서십에 참여하는 것일까?

이유는 바로 잠재적 소비자를 확보하기 위해서다.

현재 e스포츠 소비층은 MZ세대로 10대~30대 젊은 층을 주축으로 이루어져 있다. 하지만 자동차 기업들은 잠재적 소비자들이 향후 성장할 것을 인지하고 오랫동안 호의적인 이미지를 구축하기 위해 스폰서십에 참여하는 것이다.

e스포츠를 통해 자연스럽게 노출된 광고, 로고, 홍보는 조금씩 인지를 하게 될 것이고 이어서 긍정적인 이미지와 신념으로 이어질 것이다. 시간이 흘러 자동차 구매 결정을 하게 될 때 기억 속에 잠재되어 있는 이미지와 신념은 문제 인식, 정보탐색, 구매결정, 대안 등에 영향을 줄 수 있는 요인이기에 기업들은 e스포츠 스폰서십을 통해 잠재적 소비자를 확보할 수 있다.

8 │ e스포츠 스폰서십만이 가지고 있는 이점

1) MZ세대와의 커뮤니케이션

현재 기업들에게 가장 큰 고민거리가 바로 MZ세대와의 소통 방법이다. MZ세대의 소비 패턴은 기존 X, Y세대와 매우 다르며, 라이프 스타일을 기본으로 한 소비방식 추측 역시 다르게 소비가 되고 있다.

또한, MZ세대는 전통적인 문화 소비 유도 방법이 통하지 않고 전무한 새로운 문화를 창조해 나가고 있기 때문에, MZ세대의 마음을 사로잡는 것은 기업이 경쟁 시장에서 우위를 선점할 수 있는 아주 중요한 키워드로 작용하고 있다.

이해를 돕기 위해 예를 들어 설명하고자 한다. 전통 스포츠의 경우 주 소비자층의 연령대가 다양하고 MZ세대보다 기성세대(X, Y)들의 참여도가 더욱 높고, 대부분 소비(구매)결정권을 가지고 있다. 수많은 기업들은 X, Y세대들과 관계를 형성하고 있고, 지속적인 소비자라고 판단하고 있다. 그리고 MZ세대를 유도하기 위해서 다양한 마케팅 활동을 펼치고 있다.

하지만 스포츠 중 유일하게 e스포츠만이 MZ세대를 주축으로 소비층을 이루고 있기 때문에 기업들은 MZ세대와 커뮤니케이션 효과, 잠재적 고객유치, 기업 이미지 제고 등 긍정적인 효과를 누리기 위해 e스포츠 스폰서십에 참여하는 것이다. 이러한 장점은 기업들에게 굉장한 매력으로 다가서고 있다.

2) 신뢰감 형성

e스포츠 리그 및 이벤트를 후원하면서 조직 및 주최 측은 스폰서 기업에 대한 홍보와 기사를 통해 소비자들에게 널리 알리고 있다. 기업의 타이틀 및 공식 스폰서로서 활동은 e스포츠 소비자들에게 제품 및 기업에 대한 호의적 태도와 신뢰감으로 이어지게 된다.

소비자들은 자신이 좋아하는 e스포츠 리그에서 공식적으로 후원을 하는 기업을 우호적인 관계로 생각하게 되고, 인증받은 기업의 제품과 서비스에 대해서는 신뢰감을 가진다는 뜻이다. 이러한 공식 스폰서십에 따른 공신력은 경쟁시장에서 우위를 선점할 수 있는 여건을 제공하고 구매(선택)결정에 있어서 타기업보다 우선적으로 선택할 가능성이 높아지는 것이다.

3) 판매 우선권 확보

기업은 e스포츠 스폰서십에 참여함으로 업무협약 및 MOU를 체결한다.

이러한 과정에서 기업은 리그 및 대회에 필요한 물품을 우선적으로 판매할 수 있는 권리는 획득하게 된다. 물론, 이 부분은 기업이 리그에 재정적 후원을 지원할 때 해당된다. 물품 제공으로 인한 스폰서와 혼돈을 하면 안 된다.

다시 본론으로 돌아가서 리그 및 이벤트 주최 측에서 e스포츠 제품을 구매하게 될 때 업무협약이 체결되어 있는 기업과 스폰서십에 참여하고 있는 기업이 가장 우선시되어서 필요한 물품을 구입하게 된다.

예를 들어 어떤 지역의 e스포츠 경기장에서 컴퓨터와 기타 부품들이 고장이 났다고 가정을 해보자. 그러면 조직 및 단체는 컴퓨터 및 부품을 구입하기 위해 정보탐색 및 관련 기업들을 탐색할 것이다. 이때 단체와 기업 간의 스폰서 활동 전적이 있는 기업이 가장 먼저 견적서를 제출하고 납품할 가능성이 높아지는 것이다. 가정으로 e스포츠 경기장을 예로 들었지만, 리그와 같이 대규모 이벤트와 아시안게임과 같은 메가 이벤트의 경우도 해당이 된다.

4) 무한 가능성

e스포츠가 가지고 있는 최대의 장점은 성장 가능성이 무한대라는 것이다. e스포츠는 전통 스포츠와 다른 접근 방식으로 소비자들에게 다가가고 있고, 융합의 가능성이 무한대이다.

혹, 가상화폐와 같다.

어떤 분야와 어떤 장르와 융합이 될지 아무도 알 수가 없다.

최근 몇 년 사이 e스포츠 참여자들은 급속도로 늘어나고 있다. 2018년 인도네시아 자카르타·팔렘방 아시안게임 이후 인식 역시 달라지고 있다. 그리고 기업들의 스폰서 활동이 아주 활발해졌다. 게임으로만 자리매김했을 때와 흐름이 전혀 다르다.

e스포츠 스폰서 기업들은 금융권, 자동차, 음료 등 다양한 기업들이 존재하지만 특이하게 가상화폐 플랫폼 기업까지 참여하고 있다. 과거에도 그렇고 현재에도 e스포츠는 다양하게 진화하고 있다. 그렇기 때문에 그 끝을 알 수 없고 성장(융합) 가능성은 무한대인 것이다.

5) 내부 마케팅

대부분 e스포츠 리그 및 단체를 후원하는 기업들은 중견기업 이상이다. 거의 대부분이 대기업에 가깝다. 이유는 스폰서십 활동 자체가 비용지출 또는 그에 맞는 제품이 들어가게 되고 경제적 여유가 있어서 할 수 있는 부분도 있기 때문이다.

그러면 반대로 생각을 해보면 대기업들에는 관련 기업과 구성원들이 있다는 것이다.

예를 들어 자신이 e스포츠 프로팀의 팬이라고 가정을 해보자. 자신의 소속 기업이 e스포츠 리그 및 단체를 후원함에 따라 입장권 할인, 리그에서 기업홍보, 팜플렛 홍보를 하고 일반 소비자들이 받지 못하는 특별한 혜택을 제공 받는다면 소속감이 더욱 부여될 것이고 사기향상에 도움이 될 것이다.

이러한 혜택은 기업에 대한 충성도로 이어질 것이고 내부적 마케팅에도 크게 도움이 될 것이다.

9 그럼 왜 광고 대신 스폰서십 활동을 해야 하는 것인가?

1) 비규칙적이다

광고는 일정하다. 광고 시간도 일정하고, 나오는 경로도 일정하고, 새로운 광고가 촬영되기 전까지 광고 모델도 일정하다. 마지막으로 생성과 동시에 소비가 되기 때문에 기업의 입장에서 소비자들의 기억에 오랫동안 자리매김하기 위해서는 다양한 광고효과와 일관적인 메시지를 주어야 하는데 광고소개가 고갈되기 쉬운 단점을 가지고 있다. 하지만 e스포츠 스폰서십 활동은 다르다.

e스포츠 스폰서십 활동으로 인한 광고 또는 로고 노출은 언제 어디서 어떤 플레이어에 의해 노출(미디어, 광고)이 될지 모르고, 이 장면, 영상을 몇 명이 볼

지 모른다. 스포츠 역시 생성과 동시에 소멸되지만 뉴스와 인터넷, SNS에서는 가장 인기 있는 장면인 하이라이트 장면이 송출되고 있다. 이러한 기능으로 인해 몇 번의 하이라이트 노출이 일어날지 아무도 예측할 수가 없다. 그렇기 때문에 스폰서십에 의한 광고는 비규칙적이라는 것이다.

예를 들어 스크린 골프 대회를 이야기해보자. 골프 대회에 골퍼들이 바뀌면서 공을 친다. 그러면 뒤에 보이는 스폰서 기업의 로고는 대회가 끝나는 기간 동안 몇 번이 보이는가?

그리고 골퍼 선수들 유니폼에 붙은 기업의 로고와 브랜드명은 대회가 끝나는 기간 동안 몇 번이 보이는가? 아마 정확하게 숫자를 세고 있지는 않겠지만 대회기간 동안 수도 없이 노출되고, 방송과 SNS 등에 하이라이트로 또다시 생성되어 지속적으로 반복 노출이 될 것이다. 이처럼 스폰서십에 의한 광고 및 홍보는 일반 광고와 달리 비규칙적이기 때문에 효과적이다. 다음 〈그림 45〉는 스크린 골프장 전경이다.

그림 45 · 스크린 골프장

[자료출처: 골프플러스].

2) 거부감이 없다

오늘날 현대인들은 하루에 몇천 번 이상의 마케팅에 노출되어 살아가고 있다. 본 저자도 이 글을 쓰는 순간에도 마케팅에 노출되어 있다. 그리고 강제 광고노출 등과 같이 자신의 의사와 상관없이 노출되다 보니 소비자들에게는 광고 기피 현상까지 발생되고 있는 것이다. 이러한 소비자들의 광고를 기피하는 현상 같은 틈새시장을 보고 YouTube는 프리미엄 제도(광고 없음)를 도입하여 매출로 이어지게 하고 있다.

다시 본론으로 돌아와서 이러한 소비자들에게 기업의 로고 및 브랜드명을 알리고 이윤을 창출하기 위해 도입한 것이 바로 e스포츠 스폰서십이다.

e스포츠 스폰서십의 참여 이유로는 다양한 긍정적 효과를 창출해 내기 위해서도 있지만, 광고를 기피하는 소비자들에게 거부감 없이 다가갈 수 있는 것이 바로 스폰서십 활동이기 때문이다.

그리고 스폰서 등급에 따라 권리·권한이 다르지만, 공식적으로 마케팅 활동을 할 수 있기 때문에 리그 및 대회를 좋아하는 소비자들은 거부감 없이 기업의 로고, 이미지, 제품 등을 받아들이는 것이다. 이처럼 자신이 좋아하는 팀, 선수, 리그 등에 후원 활동을 함으로써 소비자들에게 경계심을 낮추게 하고 자연스럽게 커뮤니케이션 활동을 할 수 있는 것이다.

3) 상생할 수 있다

상생이라는 단어는 국어사전에 '둘 이상 서로 북돋으며 다 같이 잘 살아감'이라고 정의되어 있다(국립국어원, 2022). e스포츠 이벤트 및 리그에 후원하면서 기업과 조직 간의 상생을 할 수 있기 때문이다.

일반적 광고는 방송사 또는 주최 측에 일정 광고비를 지불하고 송출되는 형식이 가장 많다. 이것은 방송뿐만 아니라 미디어를 통한 광고에도 해당이 된다. 하지만 스폰서십은 리그 및 이벤트 개최에 해당되는 비용 또는 물품을 지원한 뒤 공식적 절차를 밟아 독점적 광고를 할 수 있는 권한을 부여하기 때문에 소비자들에게 광고보다 효과적이라는 것이다.

　이러한 관계는 기업이 조직에 후원함으로써 재정에 많은 도움이 되고, 향후 이벤트 규모를 늘려갈 수 있는 기회가 된다. 그리고 기업의 입장에서는 광고비보다 훨씬 저렴한 비용으로 독점적으로 광고를 할 수 있고, 소비자들과 커뮤니케이션 활동을 할 수 있기에 두 기관이 상생한다는 것이다.

　그리고 다른 한편으로는 기업이 주최 측에 재화 또는 물품을 후원한다고 모두 다 재정을 확장시키는 곳에만 사용되는 것은 아니다. 기부된 재화 또는 물품은 지역사회에 어려운 취약계층, 장애인, 또는 필요한 곳에 사용되기 때문에 기업의 스폰서 활동으로 인하여 지역사회와 연결되어 서로 상생할 수 있는 것이다.

10　e스포츠 스폰서십의 실패

　본 저자는 항상 강의 때마다 스폰서십에 대해 이야기할 때 말하는 거지만, 모든 것이 성공할 수는 없다.

　성공이 있으면 누군가에는 실패가 있다.

　물론 실패라는 경험을 하지 않으면 좋겠지만, 왜 실패하고 어떤 부분이 다른 경쟁사보다 약하고, 취약점이 무엇인지 알아야 될 필요가 있다.

　한 번은 실패할 수 있지만 두 번 실패해서는 안 된다.

　오늘날 기업의 잘못된 스폰서십으로 인해 실패 사례가 보고되고 있다. 실패의 이유는 다음과 같다.

　첫째, 판매에만 집중을 하는 것이다. 스폰서십의 주된 기능은 가장 먼저 리그 및 이벤트에 대한 후원이다. 상호 간의 상생과 협업을 통한 스폰서십 활동을 하지 않고 오로지 기업의 제품(서비스)만을 홍보하고 독주를 한다면 스폰서십에서 성공적인 결과를 만들어내지 못할 것이다. 잘못된 기업의 행보는 소비자들에게 반감을 사는 기회로 작용하고, 오히려 판매가 급감하는 사태로 이어질 것이다.

둘째, 단기간 급성장을 바란다. 기업은 조직 및 단체 또는 리그를 후원함으로 자연스럽게 광고 노출로 이어지게 되고, 촉진 활동 등으로 기업(브랜드) 인지도와 판매 증진에 기여하지만, 단 며칠 만에 몇 배로 성장하지 않을 수도 있다.

소비자의 구매행동 심리가 즉각적이지 않을 수도 있다는 것이다. 소비자는 노출된 환경에서 정보를 흡수하기보다는 경계를 하고 인식, 상황 분석, 정보탐색, 대안 등 다양한 과정을 거치기 때문에 즉각적인 구매로 이어지지 않을 수 있다.

하지만 기업에서는 지불된 비용만을 생각하고 단기간 내에 즉각적인 매출 상승을 원하게 된다면 실패의 원인으로 작용할 가능성이 매우 높다.

이에 따라 기업은 스폰서십에 참여함에 목적이 단기간 내에 매출 성장이 목표인지 아니면 호의적인 이미지 생성이 목표인지 등 세부적으로 결정해서 마케팅 전략을 수립해야 할 것이다.

셋째, 잦은 리그 및 이벤트 이동이다. 보통 한 번 공식 스폰서 기업으로 지정되면 연이어 공식 스폰서로 참여할 가능성이 높다. 그러면서 소비자들에게 공식 스폰서 기업의 인지도와 이미지 제고 그리고 제품의 구매 결정으로 이어지게 되는 것이다.

하지만 이러한 과정 없이 스폰서십에 참여했다고 판매 성과를 단기적으로 바라보거나 아니면 이벤트, 리그를 자주 옮겨 스폰서십 활동을 하게 되면 오히려 e스포츠 소비자들에게 반감을 사는 기업의 행동으로 보이게 된다.

예를 들어보자. 한 기업이 2020년에는 LCK 공식 스폰서로, 2021년에는 대통령배 아마추어대회 공식 스폰서로, 2022년에는 MSI 공식 스폰서로 이동했다고 예를 들어보자. 실제로 아직까지 이런 일은 없었으니 오해하지는 말아 주셨으면 한다.

이러한 기업의 행보는 크게 2가지로 볼 수 있는데 첫째는 기업과 주최 측의 협상이 결렬이 되어 스폰서 활동이 원활하지 않을 때 이러한 행동을 보일 수 있고, 둘째는 기업이 과도한 판매 목적을 두었을 때 이러한 행동을 보일 수 있다.

하지만 첫째 같은 경우는 언론 보도나 매스컴을 통해 소비자들을 이해시키지만 두 번째 같은 경우는 오히려 소비자들에게 안 좋은 이미지를 심어줄 수 있어 최대한 피해야 한다.

이러한 실패를 겪지 않기 위해서는 처음부터 주최 측과 스폰서 기업이 추구하는 방향성이 일치하는지, 목표지향성이 같은지 충분한 논의와 협의를 통해 이뤄져야 할 것이다.

넷째, 소규모 스폰서십 참여이다. 쉽게 이해하면 한 곳에 많은 비용을 투자하여 대대적인 홍보를 하는 것이 아니라 소규모로 여러 리그에 스폰서 활동을 하여 애매모호한 성격을 띠었을 때 성공보다는 실패할 확률이 높다.

사실 기업의 투자 비용에 따라 공식 스폰서, 타이틀 스폰서, 협찬 스폰서 등 다양한 분류로 나뉘는데, 스폰서 등급에 따라 홍보 빈도, 홍보 시간, 위치, 스폰서 권한 등 다양하게 차별되어 지급된다. 그래서 적은 금액으로 많은 리그의 스폰서 활동을 하는 것보다 한 곳의 이벤트 및 리그에 공식(타이틀) 스폰서 활동을 하는 것이 더욱 효과적이다.

다섯째, 경쟁 스폰서의 참여이다. 이것은 사실상 거의 일어나지 않는 일이다. 주최 및 조직은 스폰서 기업을 모집할 때 그 분야에서 독점 권한을 주어야 하기 때문에 경쟁사 기업을 스폰서로 받아들이지 않고 있다.

하지만 e스포츠 마케터 및 결정권자의 판단오류로 인하여 스폰서십 활동을 할 수 있는 권한이 부여되면 두 경쟁사 간의 치열한 싸움으로 인해 e스포츠 스폰서십은 실패로 돌아갈 것이다.

e스포츠 마케터는 이러한 점을 중요하게 인지하고 기업의 주력상품과 소비자들이 지각하는 이미지가 겹치는지 신중하게 따져봐야 할 것이다. 다음 〈그림 46〉은 2021 도쿄올림픽 공식 스폰서이다.

그림 46 · 2021 도쿄올림픽 공식 스폰서

THE OLYMPIC PARTNER PROGRAMME

[자료출처: 도쿄올림픽 공식 홈페이지].

보이는 그림은 도쿄올림픽의 공식 스폰서 기업들이다. 대한민국의 삼성을 비롯한, 인텔, 오메가, 비자, 코카콜라 등 다양한 기업들이 참여하였는데 분야가 겹치는 경쟁사는 없는 것을 알 수 있다.

여섯째, 소비자 규모 판단오류이다. 기업들이 스폰서십에 참여하고 활동하는 과정 속에서 가장 많이 판단오류가 나는 요인 중 첫째가 바로 소비자의 규모를 제대로 파악하지 못해서 일어난다. 즉, 이야기를 바꿔서 하면 소비시장을 제대로 파악하지 못했다고 할 수도 있다.

예를 들어 2021년 부산광역시 벡스코에서 개최된 MSI 경기를 예로 들어보자. 럼블스테이지 최고 시청자 수는 118만 명이고, 평균적으로 59만 명을 기록하였다(김병호, 2022. 05. 27). 그럼 기업의 입장에서는 e스포츠 소비자를 118만 명 정도로 측정할 수도 있을 것이다.

하지만 e스포츠 소비자 중 극히 일부인 118만 명이 MSI 럼블스테이지 경기를 시청한 것이지 전부는 아니라는 것을 강조하고 싶다. 이처럼 기업에서는 규모를 잘못 계산하고 접근을 하기 때문에 실패할 수밖에 없는 것이다. e스포츠 마케터는 이러한 점을 고려해 소비시장의 규모를 파악하여 치밀하게 접근해야 할 것이다.

제 9 장

세계 대회와
e스포츠 스폰서십
(World Championships and
eSports Sponsorship)

세계 대회와 e스포츠 스폰서십
(World Championships and eSports Sponsorship)

매년 세계적인 e스포츠 대회는 늘어가고 있는 추세이다. 하지만 소비자들이 쉽게 혼돈을 하는 것이 롤드컵과 같은 리그(게임사에서 주최하는 리그)를 공식 대회로 혼돈하는 경우가 발생하고 있다. 그리고 본 저서 e스포츠 소개에서도 언급하였듯이 현재 세계적 대회 중 리그 오브 레전드 대회가 많은 것이 사실이나 e스포츠의 전부는 아니라고 강력하게 전하고 싶다.

이번 9장에서는 e스포츠 종목 중에서 세계적인 대회는 어떠한 것들이 있는지, 그리고 어떠한 종목들이 펼쳐지는지와 세계적인 대회에 어떠한 기업들이 스폰서십 활동을 하는지 알아보고자 한다.

1) e스포츠 세계 대회

e스포츠 세계 대회 중에 가장 공신력을 인정받은 대회는 국제e스포츠연맹(International Esports Federation, IESF)에서 주관하는 세계e스포츠 대회(WE Championships)이다. 세계e스포츠 대회는 2009년 대한민국을 시작으로 매년 개최되고 있으며, 2022년 대회는 인도네이사 발리에서 개최된다.

세계e스포츠 대회 정식종목으로는 카운터스트라이크, 도타2, e풋볼 시리즈, 철권7 등 4개가 있고, 배틀그라운드 모바일, 모바일 레전드 뱅뱅 2개 종목을 포함한 6개 종목으로 전 세계 e스포츠 선수들이 참여하여 승패를 겨룰 예정이다(한인포스트, 2022. 02. 20). 다음 〈그림 47〉은 제14회 세계e스포츠 대회 공식 포스터이다.

그림 47 • 제 14회 세계e스포츠 대회 공식포스터

[자료출처: 국제e스포츠연맹].

2) 아시안게임

e스포츠의 공식적인 아시안게임은 2018년 인도네시아 자카르타·팔렘방 아시안게임이다. e스포츠는 2018년 아시안게임에 시범 종목이 되었고, 2022년 항저우 아시안게임에 정식종목이 되다 보니 다른 종목에 비해 사례 수가 현저히 줄어든다.

그리고 당초 계획되었던 2022년 항저우 아시안게임은 9월부터 경기가 개최되고 진행되었어야 하지만 코로나19(COVID-19) 확산에 따른 감염방지를 위해 1년 연기되었다.

하지만 이제 e스포츠는 과거보다 향후 아시안게임에 대한 사례가 늘어날 것이므로 앞으로 귀추가 주목된다.

아시안게임의 스폰서십의 역사를 살펴보면 다음과 같다.

아시안게임(Asian Game)의 한글 명칭은 아시아 경기대회이다. 1951년 인도 뉴델리에서 하계 종목을 시작으로 개최되었고, 시간이 흘러 1986년 일본 삿보로에서 동계종목 아시안게임이 처음으로 개최가 되었다. 아시안게임은 올림픽과 월드컵처럼 4년마다 개최되는 아시아 지역대회로 주관은 아시아올림픽평의회(OCA)에서 하고 있다.

아시아 지역 국제경기이다 보니 각 종목마다 후원을 따로 받지 않고 아시아올림픽평의회를 통해 스폰서를 받고 있다. 2018년 자카르타·팔렘방 아시안게임의 최고등급 스폰서인 프레스티지 파트너는 총 9곳으로 인도네시아 통신기업 텔콤셀, 중국 의류 브랜드 361, 인도네시아 BRI 은행, 카타르항공 등이 참여하였다. 프레스티지 파트너 뒤를 이은 공식 파트너는 포카리스웨트, 캐논, 인도푸드, 앱 시나마스 이렇게 4곳이 선정되었다. 마지막으로 공식 스폰서는 삼성전자, 마스터카드, AICE(인도네시아 아이스크림 브랜드), PLN(인도네시아 전력회사), 다논 아쿠아(프랑스 생수 브랜드), 타노토 재단 6곳이였다(박형민, 2018. 08. 22). 다음 〈그림 48〉은 2018년 인도네시아 자카르타·팔렘방 아시안게임의 e스포츠 시범종목 포스터이다.

그림 48 • 아시안게임의 e스포츠 시범종목 포스터

[자료출처: dailypop].

3) 세계 장애인 e스포츠 대회

e스포츠는 비장애인들만 즐기는 것이 아니라 장애인들도 비장애인들과 똑같이 즐길 수 있고, 참여할 수 있다. 연령과 상관없이 참여할 수 있고, 장애인과 비장애인이 동등한 경기를 펼칠 수 있다는 것이 e스포츠의 장점이다(최경환, 2021).

앞서 세계선수권 및 아시안게임에서는 비장애인들의 대회였다면 이번에는 세계 장애인 e스포츠 대회를 소개하고자 한다. 대한체육회의 준가맹단체 승인을 받은 한국e스포츠협회(KeSPA)가 존재한다면, 장애인 단체로는 대한장애인체육회 준가맹단체인 대한장애인e스포츠연맹(KeSA)이 존재하고 있다.

대한장애인e스포츠연맹은 e스포츠가 시범종목으로 채택되기 전부터 국제대회급 경기를 치루고 있었다. 2011년 제주 세계 장애인 e스포츠 대회 시범종목 채택 이후 2014년에 정규대회로 승격되어 제1회 2014 세계 장애인 e스포츠 대회가 개최되었다. 이 대회에 참가국은 11개국으로 선수 200여 명이 참석하여 성황리에 종료가 되었다. 다음 〈그림 49〉는 2014 세계 장애인 e스포츠 대회의 공식포스터이다.

그림 49 · 2014 세계 장애인 e스포츠 대회의 공식포스터

[자료출처: 국제e스포츠연맹].

4) 기타 세계 대회

현재 e스포츠 분야에서는 아쉽게도 세계e스포츠선수권대회, 아시안게임 등 국제적인 경기보다 게임사에서 직접 개최하는 세계 대회가 먼저 개최가 되었고, e스포츠 소비자들에게 가장 크게 알려져 있고 공신력을 가지고 있다.

이러한 이유는 e스포츠는 2018년 자카르타·팔렘방 아시안게임이 아시안게임으로서 첫 단계였고, 2021년 대한체육회가 e스포츠 단체인 한국e스포츠협회를 준가맹단체로 승인하면서 스포츠로 인정받았기 때문에 다른 스포츠·문화 단체보다 공인 국제경기가 적을 수밖에 없었다.

2018년 이전에는 통제할 수 있는 기관이 협회밖에 없었는데 이제 대한체육회와 대한장애인체육회가 통제를 하고 있으니 공인 세계 대회가 많이 개최될 것이다.

이번 기타 세계 대회에서는 대한체육회(대한장애인체육회)가 주관하지 않고 게임사 측에서 주최·주관하고 있는 대회들이 어떠한 것들이 있는지 알아보도록 하겠다.

(1) 리그 오브 레전드 월드 챔피언십(League of Legends World Championship)

이 대회는 e스포츠 분야 중 가장 많은 관람객과 시청자, 그리고 최고의 기록을 보유하고 있어 세계적으로 주목을 받는 대회이다. 대회 명칭이 길어 한국에서는 약칭으로 '롤드컵'으로 불리고 있다.

'리그 오브 레전드'의 줄임말 LoL과 월드컵을 합성해 만들어진 단어로 월드컵에 버금가는 세계 대회라는 의미로 롤드컵이라는 별칭이 붙었다.

최근 개최된 LoL 월드 챔피언십 결승전 시청률이 전년도에 비해 약 60%의 경이로울 정도로 성장세를 기록하였고, 최고 동시 시청자는 7,386만 명으로 집계되어 대회의 인기가 어느 정도 인지 실감케 하였다.

2011년 시즌 1 우승 상금 약 1억 원을 시작으로 2020년 시즌 10 우승 상금 22억 원으로 상향되고 있어 e스포츠 종목 중 가장 큰 비중을 차지하고 있다. 다음 〈그림 50〉은 리그 오브 레전드 월드 챔피언십 공식 마크이다.

그리고 세계적인 대회인 만큼 스폰서십 활동이 가장 활발한 리그가 바로 롤드컵이다. 다양한 기업의 스폰서십 활동은 물론이고, 최근 가상화폐 관련 기업까지 참여하고 있어 스폰서십의 범위를 넓혀가고 있다.

그림 50 • **리그 오브 레전드 월드 챔피언십 공식 마크**

[자료출처: 라이엇].

(2) PUBG Nations Cup

e스포츠 종목 중에 하나인 '배틀그라운드'는 국가 대항전인 PUBG Nations Cup을 2022년 6월 태국에서 개최하였다. PNC는 'PUBG: 배틀그라운드' 세계 최고의 선수들을 소속팀이 아닌, 국가별로 선발 출전해 실력을 겨루는 국가대항전이며, 아메리카, 아시아퍼시픽, 아시아권역, 유럽권역으로 나눠 16개국 64명의 선수들이 경기에 참여하여 승부를 겨뤘다(권용삼, 2022. 06. 16).

코로나19 발병 이전인 2019년 8월 한국에서 개최된 이후에 3년 만에 개최가 되어 전 세계 배틀그라운드 소비자들에게 큰 관심과 사랑을 받았다.

2022년 우승 상금은 $100,000(한화 약 1억 3천만 원)으로 책정되어 있다. 다음 〈그림 51〉은 크래프톤이 공개한 펍지 네이션스 컵 2022의 대표 포스터이다.

그림 51 • PUBG Nations Cup 2022 포스터

[자료출처: 크래프톤].

(3) EA 챔피언스컵(EA Champions Cup)

이번 e스포츠 종목은 피파온라인4이다. e스포츠 종목 중 현실에서 이뤄지는 축구를 모티브로 만들어졌으며, 피파온라인4는 실제 존재하는 세계적 축구선수들을 직접 선택하여 플레이할 수 있다는 장점을 지니고 있어 축구 팬들의 관심을 받고 있다.

최근 피파온라인4 게임사인 넥슨은 2022년 4월 EA챔피언스컵(EACC)대회를 개최하였다. 한국과 중국, 태국, 베트남 등 4개 국가의 12개 팀이 출전해 총 상금 10만 달러(한화 약 1억 2천만 원)를 놓고 치열한 경쟁을 펼쳤다(박운성, 2022. 04. 13).

(4) 오버워치 월드컵

이번 e스포츠 종목은 블리자드에서 운영하고 있는 하이퍼 FPS 게임인 오버워치이다. 리그 오브 레전드 월드 챔피언십을 줄여서 '롤드컵'이라 부르는 것처럼 오버워치 월드컵을 줄여서 '옵드컵'이라 부르기도 한다.

현재 2022년 한국e스포츠협회에서 선정한 정식(전문) 종목에서는 제외되었지만, 아직도 전 세계적으로 인기를 주도하고 있는 대표적 e스포츠 종목이다. 2019년 미국에 거주하는 18세~34세 청년들을 대상으로 시청률에 관한 조사를 하였다. 1위가 NFL 리그였으며, e스포츠 리그 중 유일하게 오버워치 순위권 안에 들었다. 오버워치 뒤 순위인 8위는 MLB, 9위가 MLS 리그인걸 감안하면 오버워치가 미국 청년들에게 얼마만큼 인기가 있는지 증명하는 결과였다. 다음 〈그림 52〉는 미국 청년의 시청률표이다.

그림 52 · 미국 리그의 시청률표

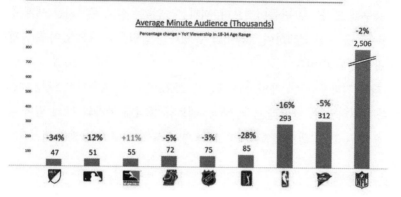

USA REGULAR SEASON AVERAGE VIEWERS 18-34 (000)

Average Minute Audience (Thousands)
Percentage change = YoY Viewership in 18-34 Age Range

[자료출처: 인벤].

하지만 아쉽게도 오버워치 월드컵 대회의 우승 상금은 없다. 2016년도부터 2018년도까지는 우승 상금이 책정되어 있었으나 2019년도부터는 상금이 폐지되었다.

2 세계 e스포츠 대회의 스폰서십

1) e스포츠 세계선수권 대회 공식 파트너 & 후원

2022년 11월 인도네시아 발리에서 개최되는 e스포츠 세계선수권 대회의 공식 파트너·후원 기업은 〈표 8〉과 같다.

표 8 · e스포츠 세계선수권 대회 공식 스폰서

명칭	e 스포츠 세계선수권 대회			
공식 제휴				
공식 스폰서	문화체육관광부	KONAMI	Maccabi World Union	VALVᴱ

Esports Middle East는 중동지역과 북아프리카 지역의 e스포츠 단체이다. Fighting Esports Group은 KING-ZONE DragonX 게임단을 운영했던 중국계 e스포츠 회사이다.

공식 파트너는 대한민국의 문화체육관광부, 코나미, 밸브코퍼레이션, Maccabbi World Union이다. 문화체육관광부는 대한민국 정부기관으로 문화, 체육, 관광을 담당하는 기관이다. 코나미는 일본의 대표적 게임회사이다. e스포츠 이전의 게임시장을 장악했다 하여도 과언이 아닐 것이다. 밸브 코퍼레이션은 미국의 비디오 게임 개발사이다. 대표적인 게임은 '카운터 스트라이크', '하프라이프'가 있다. Maccabi World Union은 스포츠 육상 경기 조직 단체이다.

2) 항저우 아시안게임 공식 스폰서

코로나19(COVID-19)가 악화되지 않았다면 2022년 9월에 중국 항저우에서 개최되었어야 하나, 악조건에 따라 1년 연장되어 2023년 9월에 개최될 예정이다.

앞서 언급하였듯이 아시안게임은 게임사가 주관·주최하는 것이 아니고 아시아올림픽평의회에서 주관하기 때문에 종목마다 후원을 하는 개념이 아니라 아시안게임 전체를 후원하는 개념으로 생각해야 된다.

비용적인 면에서는 종목에 스폰서 활동하는 것보다 더욱 많이 소모되겠지만, 아시아의 축제인 만큼 소비자들의 관심을 끌 수 있어 기업들에게 매우 인기가 좋은 국제적 경기이다. 다음 〈그림 53〉은 2022 항저우 아시안게임 공식 스폰서이다.

그림 53 • 2022 항저우 아시안게임 공식 스폰서

[자료출처: 2022 아시안게임 홈페이지].

3) 세계 장애인 e스포츠 대회

제1회 2014 세계 장애인 e스포츠 대회의 후원 기관 및 기업은 스포TV게임즈, 문화체육관광부, 성동구청이었다. 보통 e스포츠 대회에서 정부 기관인 문화체육관광부와 개최지역인 시 또는 구에서의 후원은 자주 발생되는 사례이다.

하지만 이례적인 것은 스포TV 게임즈가 후원하였다는 것이 이례적이다. 스포TV 게임즈는 국제장애인e스포츠연맹에 1천만 원을 기부하였으며, 기부

협약을 체결하기도 하였다(김미희, 2014. 07. 14). SPOTV Gmaes는 2013년 개국한 게임 전문 방송이며 2020년 3월 폐국을 하였다. 다음 〈그림 54〉는 협약 체결식 사진이다. 스포TV 게임즈 신지혜 아나운서와 경동대학교 송석록 교수가 기념촬영을 하고 있다.

그림 54 • **국제장애인e스포츠 연맹 – SPOTV Gmaes 협약체결식**

[자료출처: 국제장애인e스포츠연맹].

4) 기타 세계 대회

현재 e스포츠는 대한체육회 및 대한장애인체육회 공식 인증 대회보다 게임사들이 주관하는 대회(리그)에 기업들이 스폰서십 참여하는 경우가 많다. 이번 장에서는 기타 세계 대회에서 어떤 기업들이 e스포츠 리그에 공식 스폰서로 참여했는지 사례를 통해 알아보고자 한다.

(1) 리그 오브 레전드 월드 챔피언십

다음 〈그림 55〉는 2020년 리그 오브 레전드 월드 챔피언십 공식 스폰서 기업들이다. 아래 보이는 바와 같이 마스터 카드, 메르세데스 벤츠, 보스 등을 비롯한 다양한 기업들이 참여하고 있음을 알 수 있다.

그림 55 · **2020년 리그 오브 레전드 월드 챔피언십 공식 스폰서 기업**

[자료출처: 에펨코리아].

(2) PUBG Nations Cup

벤큐(BenQ)는 대만의 대표적인 IT 기업이다. 모니터와 프로젝터 시장에서 유명한 회사로 2022 PUBG Nations Cup 공식 스폰서십을 크래프톤과 체결하였다(홍성일, 2022. 06. 03).

이번 스폰서 체결로 벤큐 회사는 PUBG Nations Cup 리그에서 ZOWIE XL2546K 모니터를 공급하기로 하고 부품 독점 권한을 부여받았다.

제 10 장

e스포츠 이벤트
(eSports Event)

제 10 장

e스포츠 이벤트
(eSports Event)

1 e스포츠 이벤트의 이해

1) e스포츠 이벤트의 정의

오늘날 이벤트라는 단어가 가지고 있는 의미는 다양해지고 있고, 사용처도 각기 다르다. 본 저자는 e스포츠 이벤트에 대해 알아보기 전에 먼저 스포츠 이벤트에 대한 정의를 알아보고 e스포츠에 대한 정의를 설명하고자 한다.

이러한 이유는 전통 스포츠의 경우 스포츠 이벤트에 대한 견해와 정의가 확립이 되어 있지만, 현재 e스포츠의 경우 구체적으로 확립이 되어 있지 않은 상태이기 때문이다. 전통 스포츠 분야에서 스포츠 이벤트에 대한 정의는 〈표 9〉와 같다.

표 9 • **스포츠 이벤트의 정의**

학 자	정 의
엄서호 (1998)	주최자가 뚜렷한 목적을 가지고 시간과 공간을 한정하여 대상을 참여시켜 의도된 쌍방향적 커뮤니케이션 활동의 총칭
이경모 (2002)	스포츠를 통해 사람들을 모이도록 유도하여 정해진 목적을 실현시키기 위한 행사
이정학 (2011)	스포츠 관련 활동을 필요로 하는 사람들을 행사에 직·간접적으로 참여시켜 주최자의 커뮤니케이션 목표를 달성하기 위한 하나의 촉진 수단

여러 학자들의 의견을 종합해보면 스포츠 이벤트는 스포츠 활동을 필요로 하는 사람들을 직·간접적으로 참여시킴으로 주최자의 커뮤니케이션 목표를 달성하기 위한 수단이라고 할 수 있겠다.

그럼 이제 e스포츠 이벤트에 대해 알아보도록 하자.

e스포츠의 특징은 전통 스포츠와 다르게 인터넷을 통해서도 스포츠에 참여할 수 있다는 것이 e스포츠에 큰 장점이다. 이제 본 저자는 e스포츠 마케팅을 연구하는 학자의 관점에 따라 e스포츠 이벤트를 정의하고자 한다.

e스포츠 이벤트란 **가상세계 속에서 승부를 겨루는 스포츠가 매개체가 되어 필요로 하는 사람들을 직·간접으로 참여시키고, 주최하는 조직 및 기관이 원하는 목적을 달성하기 위한 수단으로 정의할 수 있다.**

2) e스포츠 이벤트의 필요성

e스포츠 이벤트는 모든 계층의 소비자들에게 즐겁고 유익한 참여 기회를 제공함으로써 삶의 질을 향상시키기 위해 필요하다. 그리고 e스포츠에 참여함으로써 전통 스포츠와 전혀 다른 신체적·정서적·사회적 성장을 할 수 있다는 측면에서 e스포츠 이벤트는 매우 필요하다.

또한, 국내의 경우 e스포츠 이벤트를 개최하기 위해서는 전국 각 지역에 위치한 e스포츠 경기장을 이용해야 한다. 이는 곧 지역사회와 상생하는 것이므로 경제적, 사회적으로 기여할 수 있다. 지역사회 e스포츠 이벤트는 청소년 들에게 건전한 프로그램을 제공하여 반사회적인 행동들을 금지하고 보다 올 바른 교육의 길로 인도할 수 있다. 그리고 e스포츠 이벤트를 통한 e스포츠 저 변 확대와 인식 제고에 매우 많은 도움이 된다.

　마지막으로 기업 및 기관을 통한 e스포츠 이벤트 개최는 산업 발전과 소비 촉진 등 다양한 이점을 가져올 수 있기 때문에 e스포츠 이벤트는 매우 필요하 다. 다음 〈표 10〉은 e스포츠 이벤트의 필요성이다.

표 10 · e스포츠 이벤트의 필요성

e 스포츠 이벤트의 필요성
1. e스포츠 여가활동으로 인한 삶의 질 향상 2. 신체적·정서적·사회적 성장 도모 3. 지역사회(경제, 사회)에 기여 4. 청소년들에게 건전한 프로그램 제공 5. 산업 발전 및 소비 촉진

② e스포츠 이벤트의 파급효과

　e스포츠 이벤트를 개최함으로써 다양한 긍정적 효과를 불러일으킬 수 있 다. 그중 가장 크게 나타나는 것이 경제적 파급효과이다. 국내 e스포츠 이벤 트, 국제 e스포츠 이벤트와 같이 국내와 국외에 따른 차이는 존재하지만 가장 먼저 나타나는 것이 경제적 효과이다. 그리고 문화적 인프라 확대, 사회적 효 과까지 따라오게 된다.

　또 하나 국제적 e스포츠 이벤트의 경우에는 e스포츠 종주국으로서 위상 제고 효과까지 불러일으킨다. 하지만 모든 것들이 다 좋을 수만은 없는 법.

긍정적인 효과가 나타나면 반대로 부정적인 효과도 나타나기 마련이다. 이에 이번 장에서는 e스포츠 이벤트를 통해 나타나는 파급효과에 대해 알아보고자 한다.

1) e스포츠 이벤트의 긍정적 측면

(1) 경제적 효과

앞서 언급하였듯이 e스포츠 이벤트를 통해 가장 눈에 먼저 띄는 효과이며, 주된 목적이기도 하다. e스포츠 이벤트 개최에 따른 파급효과로 매출(소득)이 증가한다. 매출 및 소득의 증가로 인하여 지역 경제 활성화에 도움이 되고 이벤트 규모에 따라 일자리 창출 및 간접적 파급까지 이어지게 된다.

이해를 돕기 위해 예를 들어 설명하고자 한다. 아마추어 e스포츠 대회를 개최하면 평균적으로 선수들이 보통 200명이고 많게는 500명 이상 참여하게 된다(대면 대회를 예로 가정하였다). 이러한 집계는 선수들의 참여에 대한 집계 수치이고, 가족 및 지도자, 주최 측의 인원까지 포함하면 더욱 많은 인원이 e스포츠 이벤트 지역에 방문하게 된다. 많은 인원들이 리그가 개최되는 동안에 지역에 머물게 되고, 경제활동에 일조하게 된다. 이러한 과정이 반복되면서 지역 경제가 활성화가 될 수 있는 여건을 제공하는 것이다.

그리고 e스포츠 이벤트를 개최하기 위해서는 전용 경기장이 마련되어야 하기 때문에 부산, 대전, 광주, 진주(예정), 성남(예정)을 제외한 나머지 지역에서 경기장 마련에 따른 고용 효과와 개발 효과가 나타날 것이다. e스포츠 시설 마련 및 확충계획은 단순하게 끝나는 것이 아닌 주변 정비까지 이어짐으로써 도시 정비 계획으로 이어질 수 있다.

(2) 사회적 효과

e스포츠 이벤트의 개최는 지역사회 생활이나 대인관계 구조와 기능, 집단적·개인적 가치의 의식 수준을 향상시키기에 사회적 효과를 불러일으킨다.

그리고 지역주민의 애착심을 불러일으킨다. 국제적 경기 및 유명 리그가 개최됨에 따라 지역 주민과 사회는 일체감을 지각하게 되고 연대의식을 높여 사회적 효과로 나타난다.

이에 문변량, 서재열(2015)은 LPGA 대회 개최가 지역사회 혜택과 이미지, 지역주민의 지지에 매우 크게 작용한다고 주장하였고, 진보라, 김성경, 이솔지(2014) 역시 메가 스포츠 이벤트의 개최지역은 사회적 발전과 자본 형성 등 굉장한 이점을 가지고 오기 때문에 지역사회 발전에 있어서 이벤트와 같은 행사가 개최되어야 한다고 발표하였다.

이처럼 e스포츠를 포함한 모든 이벤트를 개최함에 있어 긍정적 또는 부정적으로 어떻게든 사회와 연관될 수밖에 없다. 이러한 이유는 리그 및 이벤트가 개최됨에 따라 예산집행 및 비용을 소비하게 된다. 이러한 과정 속에서 지역 환경을 정비할 수도, 인력을 충원하기 위해 일자리 창출을 할 수도, 대대적으로 지역을 홍보할 수도 있기 때문에 이벤트 개최는 지역사회와 매우 밀접한 관계를 가지고 있다.

(3) 정치적 효과

모든 이벤트 무대는 정치적 무대로 변질되기도 한다. 역시 e스포츠 이벤트도 정치적 무대로 작용하고 있다.

여러분들은 어떠한 리그 개최 또는 e스포츠 이벤트장에 참여한 적이 있을 것이다. 그러면 개회식 때 누가 축사를 하였는가?

아마 다수는 정치와 관련된 분들이 참석했을 가능성이 높다. 이러한 이벤트는 짧은 시간에 많은 사람들을 만날 수 있다는 장점을 앞세워 정치적 무대로 변질되는 사례가 종종 발생하고 있다.

이러한 사례가 꼭 나쁜 것만은 아니다. 이러한 이벤트 개최로 인해 정치적 지위를 강화시켜 줄 수 있고, 다양한 문제점들을 정치적 효과로 인해 해결할 수 있기 때문이다.

이에 e스포츠 마케터는 e스포츠 이벤트를 통해 정치적 효과를 누리지만 너무 편향되지 않게 적절한 중립을 지켜야 할 것이다.

(4) 개최지의 이미지 증진효과

e스포츠 이벤트의 개최지는 존재와 능력을 국내뿐만 아니라 전 세계적으로 알릴 수 있어 지명도 상승과 대외 이미지 증진 효과로 나타난다. e스포츠 이벤트 기간 중 개최지가 소속되어 있는 지역에서 소비자들에게 직접적으로 홍보를 할 수 있어, 원하는 이미지를 전달할 수 있다.

최근 부산 e스포츠 경기장에서 2022 한·일전 철권 최강자전을 개최하였다. 이 경기를 보기 위해 수많은 팬들과 소비자들은 부산 e스포츠 경기장(이하 브레나)을 방문하였다. 이러한 국제적 경기를 부산에서 개최함에 따라 철권 경기를 보러 온 관람객들은 부산에 대한 이미지를 제고할 것이다. 부산광역시에 거주하는 관람객 역시 국제적 경기가 부산에서 개최됨에 따라 지역 애착심이 고취될 것이다.

그리고 한·일전 경기가 시작되기 전 철권에 대한 홍보 영상도 상영하였지만, 지역 애착심과 부산의 이미지를 제고할 수 있는 홍보 영상을 상영함에 따라 긍정적인 효과를 불러일으켰다.

그리고 또 하나의 예로 2022년 5월에도 e스포츠 국제경기인 MSI가 개최되어 전 세계에 부산광역시가 이름을 널리 알리기도 하였다. 이처럼 e스포츠 이벤트의 개최지는 국내뿐만 아니라 전 세계적으로 지명도를 높일 수 있는 기회로 작용하고 이미지 증진 효과까지 있다.

2) e스포츠 이벤트의 부정적 측면

e스포츠의 영역이 최근 급속도로 확산되고 있는 가운데 이벤트도 빈번하게 개최되어 비중이 더욱 커지고 있다. 이제 e스포츠도 전통 스포츠와 마찬가지로 정치적·사회적·문화적 등으로부터 자유로워지기 힘들어졌다.

e스포츠의 자체로만 보았을 때 정치적·경제적 등에서 중립적이었지만, 산

업 확산을 위해 본격적으로 상업화되면서 자본과의 관계, 경제적 생산, 정치적 관계를 피할 수 없게 되었다.

하지만 조직 및 기업들은 이러한 관계를 인지하고 있음에도 불구하고 e스포츠를 통해 경제효과 및 커뮤니케이션, 재정 확보, 지역 발전을 위해 이벤트 개최에 열풍을 만들어내고 있다.

e스포츠 이벤트 개최는 분명 부정적인 효과보다 긍정적인 효과로 나타날 가능성이 높다. 하지만 모든 이벤트에 긍정적인 효과만 남긴 사례는 찾아보기 힘들다. 이번 장에서는 e스포츠 이벤트의 부정적 측면은 어떠한 것들이 존재하는지 알아보고자 한다.

(1) 후원 대비 효과 미비

e스포츠 조직과 기관은 스폰서 기업에게 이벤트 기간 동안 소비자들에게 제품(서비스)을 홍보하는 권한을 부여하는 대신 재정(물품)적으로 지원을 받게 된다. 스폰서 활동을 하는 기업은 리그가 개최될 수 있게 재정(물품)적 지원의 부담을 가짐에도 이벤트 기간 내에 참가한 소비자들에게 제품(서비스)을 어필하기 위해 스폰서십에 참여하는 것이다.

하지만 e스포츠 리그 및 이벤트가 의도치 않은 상황으로 또는 정확하지 않은 조사로 인하여 의도했던 효과보다 미비하게 나타나는 사례가 종종 나타나고 있다. 이번 장에서는 후원 대비 효과가 미비했던 사례를 예로 들어보고자 한다.

첫 번째 사례로 2020 도쿄올림픽(TOKYO Olimpic)을 예로 들 수 있다. 2016년 브라질 리우올림픽 이후 4년 만에 개최되는 도쿄올림픽은 예상치 못한 난관에 봉착하게 되었다. 그것은 바로 전 세계를 공포에 몰아넣었고, 현재까지도 진행 중인 '코로나(COVID-19)바이러스'이다.

코로나19(COVID-19)는 대한민국뿐만 아니라 전 세계에 감염인구 확산과 경제, 사회 분야 등을 마비시켰으며, 세계보건기구(WHO)는 2009년 신종플루 이후 처음으로 펜데믹(Pendemic) 사태를 선언하는 사태에 이르렀다.

전 세계적으로 감염확산과 개최의 어려움이 잇달아 나타남에 따라 사상 초유의 사태로 올림픽을 연기하는 사태까지 발생하게 되었다(이보배, 2022. 06. 22). 이후 1년이라는 시간이 흘러 2021년 도쿄올림픽 개최 시기임에도 불구하고 코로나19 확산세가 가라앉지 않자 조직위원회 측은 올림픽 역사상 최초로 무관중으로 올림픽을 개최하게 되었다.

하지만 문제는 올림픽이라는 메가 이벤트는 지구촌 축제이자 전 세계 소비자들에게 커뮤니케이션할 수 있는 좋은 기회였는데, 무관중으로 개최됨에 따라 스폰서 기업들의 손실이 막대하였다(유병훈, 2022. 06. 22). 최근 언론을 통해 보고된 바에 따르면 도쿄 올림픽의 적자는 약 7조 원으로 바라보고 있다(김현예, 2022. 06. 22).

코로나19는 사실 누구도 예상치 못한 변수에 해당된다. 하지만 기업의 입장에서 바라보면 투자금액 대비 효과도 미비하고 적자로만 기억된 사례이다.

두 번째 사례는 광주 e스포츠 경기장이다. 광주 e스포츠 경기장은 2020년 국비와 시비 60억 원을 투자해서 마련된 호남지역의 최초의 e스포츠 경기장이다. 연간 운영비로 12억 원이 투입이 되고 있지만, 2021년 기준으로 매출은 0원으로 집계되었다(박성호, 2021. 11. 27).

하지만 현재 광주 e스포츠 경기장 측은 사회적 거리두기가 종료되고 코로나 엔데믹을 맞이하는 상황에서 다양한 e스포츠 대회와 관련 이벤트(진로체험 프로그램, 직장인 e스포츠, 아마추어 대회 등)를 개최하고 있어 2022년도 매출액은 2021년보다 크게 상승될 것으로 판단된다.

이처럼 e스포츠 이벤트는 뜻하지 않게 부정적 효과 및 손실을 초래할 수도 있다. 하지만 어떤 분야든지 100% 긍정만 있는 것은 아니니 부정적 효과에도 미리 대비를 해야 한다.

이에 e스포츠 마케터는 긍정적 효과 방안과 부정적 효과가 나타날 때의 방안 둘 다 동시에 준비하여 부정적으로 나타났을 때 발 빠른 대처로 손실을 최대한 줄이고 복구할 수 있는 전략을 구사해야 하겠다.

제 11 장

e스포츠와 미디어
(eSports and Media)

e스포츠와 미디어
(eSports and Media)

1 e스포츠 미디어의 개념

1) e스포츠 미디어의 정의 및 발전 과정

e스포츠 발전 과정에서 미디어 부분을 빼놓을 수 없다.

미디어의 도움이 없었더라면 e스포츠의 위치는 현재의 위치와 포지셔닝을 절대로 할 수 없었을 것이다. 그리고 e스포츠 산업 역시 발전하지 않았을 것이다.

즉, e스포츠와 미디어는 떨레야 뗄 수 없는 사이이며, 미디어를 통해 e스포츠가 저변 확대에 매우 도움을 받았다고 할 수 있다.

그렇기 때문에 e스포츠에 있어서 미디어는 매우 중요한 존재이다.

그럼 도대체 미디어란 무엇을 뜻하는지 이해하고 알아보고자 한다. 일반적인 미디어의 정의는 다음과 같다.

미디어(Media)란 정보를 전송하는 매체를 뜻하고 있다. 하지만 오늘날의 미디어의 개념은 점차 확장되고 있으며, 종류도 다양해지고 있다(이종숙, 2010).

e스포츠 미디어는 1999년도를 기점으로 발전하였다고 할 수 있다. e스포

츠가 게임이턴 시절 1999년 애니메이션 전문 채널인 투니버스에서 스타크래프트 대회 방송을 송출한 것이 지금의 e스포츠 전문 채널을 있게 만든 시초가 되었다. 이러한 e스포츠 방송을 시작으로 프로 전문 방송국인 온게임넷이 개국되면서 스타크래프트의 인기가 더욱 배가되었다.

많은 방송사 및 미디어 관계자들은 청소년들에게 게임이 '킬러콘텐츠(미디어 시장의 판도를 바꿀 만한 핵심적 콘텐츠)'로 작용함을 인식하고 다양한 게임리그 방송이 자리 잡히게 되면서 기업의 새로운 마케팅 수단으로 사용하게 되었다.

기업이 이러한 게임방송에 관심을 두었던 것은 소비자들의 관심이 이미 보고 즐기는 것을 넘어서고 확실한 팬덤층을 확보하고 있기에 기업은 판매촉진 활동과 커뮤니케이션 효과를 바라보고 스폰서십 활동을 하는 것이다.

이번 장에서는 e스포츠 발전에 있어서 매우 중요한 역할을 하는 미디어에 대해 알아보고 종류와 관계를 이해하고자 한다.

2) e스포츠 미디어의 종류

최근 다양한 인터넷 플랫폼을 통한 채널이 증가하고, 인터넷 개인방송을 포함한 TV 채널이 다양해짐에 따라 e스포츠를 담당하고 있는 미디어는 점차 많아지고 있는 추세이다. 이에 e스포츠 미디어의 종류는 다음과 같다.

(1) OGN(온게임넷)

온게임넷은 대한민국뿐만 아니라 전 세계적으로 최초의 e스포츠 전문 방송국이었다. 정식 풀네임은 온게임넷(On Game Network)이며 네티즌들 사이에서는 통칭 온겜으로 불렸다. 2000년에 개국하여 스타크래프트 리그 전문방송을 시작으로 다양한 게임방송과 재미있는 캐스터의 영향으로 소비자들에게 많은 사랑과 관심을 받으며 전성기 시절을 보냈다. 이때 당시 게임 및 e스포츠에 관심 있던 소비자라면 한 번씩 접했던 미디어이다. 그만큼 공신력이 있었고 소비자들에게 인기가 좋았다.

온게임넷의 대표적인 프로그램은 스타리그, 하스스톤 마스터즈 코리아, 오버워치 중계방송, 리그 오브 레전드 중계방송 등 셀 수도 없을 만큼 다양한 게임과 e스포츠 방송을 하였다.

하지만 인터넷 채널과 개인방송으로 증가로 인해 게임 전문 채널의 시청률이 저조하여 현재는 운영이 되지 않고 OP.GG에 인수되어 거의 재방송만 방송되고 있는 실정이다.

다음 〈그림 56〉은 2000년부터 2015년까지 사용되었던 온게임넷의 대표 로고이다.

그림 56 · **온게임넷 로고**

[자료출처: OGN].

(2) 아프리카TV & 트위치TV

온게임넷이 2000년에 인기를 주도하였다면, 요즘 MZ세대들에게 가장 인기 있는 플랫폼은 당연 아프리카TV와 트위치TV이다. 과거에는 스타크래프트 경기를 보고 싶으면 TV를 통해 시청하였다면 이제는 인터넷 발달과 핸드폰, PC와 같은 기기 성능 발달로 인하여 언제 어디서든지 볼 수 있고, 다시 볼 수도 있어서 MZ세대들에 반응이 좋다. 이처럼 시대의 변화에 따라 미디어를 소비하는 방식이 변화하게 되면서 온게임넷은 점차 시청률이 나오지 않게 되었다.

아프리카TV와 트위치TV는 누구나, 언제, 어디서든지 인터넷 방송을 할 수 있다는 모토(Motto)를 내세웠으며, 다양한 콘텐츠를 주제로 자유롭게 방송할 수 있게 하는 것이 가장 큰 장점이다.

2000년대 중반에 들어서면서 인터넷 미디어 서비스를 시작하였으며, 처음 당시에는 소비자들에게 큰 관심을 받지 못하였지만, 점차 다양한 BJ(Broadcasting Jockey)들이 나타나고 정규 방송에서는 보지 못한 솔직담백한 이야기들을 개인의 생각을 담아 방송하다 보니 수많은 팬들이 생겨나기 시작하였다.

현재 아프리카TV와 트위치TV 방송에서는 e스포츠 종목에 대한 소개, 플레이 영상, 리뷰, 게임콘텐츠, 협동플레이 등 다양한 콘텐츠를 기반으로 시청자들과 소통을 하고 있다. 다음 〈그림 57〉은 아프리카TV와 트위치TV 로고이다.

그림 57 · 아프리카TV와 트위치TV 로고

[자료출처: 아프리카TV와 트위치TV 홈페이지].

(3) 유튜브(YouTube)

이제 전통적인 언론매체인 TV보다 인터넷을 통한 미디어 플랫폼이 소비자들에게 가장 인기가 있다. 'TV가 없는 집은 있어도 인터넷과 핸드폰이 없는 집은 없다'라는 말이 존재할 정도이다.

이번에 소개하는 유튜브는 앞서 소개한 아프리카TV & 트위치TV와 비슷한 맥락으로 보일지 모르겠지만, 소비하는 방식이 전혀 다르다. 유튜브는 사용자가 동영상을 자유롭게 올리거나 시청할 수 있는 구글의 웹사이트이자, 세계 최대 규모의 비디오 플랫폼이다.

아프리카TV는 언제 어디서든지 방송을 켜고 끌 수 있고, 실시간으로 소비자들과 소통하는 방식이라면 유튜브는 실시간도 가능하지만 당초 계획이 동영상 업로드로 인한 미디어 플랫폼이다. 그래서 소비자들은 자신이 원하는 플랫폼을 통해서 e스포츠를 소비하면 된다. 그리고 또 다른 차이점은 수익 발생 구조가 다르다.

아프리카TV는 실시간 방송으로 인해 소비자들이 인터넷 BJ에게 별풍선이라는 재화를 후원하는 형식으로 수익을 내지만, 유튜브는 소비자들의 재화 후원이 아닌 기업들의 광고를 유치해 수익을 내는 구조를 가지고 있다.

예를 들어 아프리카TV는 적은 시청자들로도 많은 후원금을 지원받을 수 있지만, 유튜브는 적은 시청자로는 수익을 낼 수가 없기에 시청자 모으는 것이 가장 급선무이다. 다음 〈그림 58〉은 e스포츠 콘텐츠로 유명한 유튜버 플래임(이종호)의 인터넷 방송 사진이다.

그림 58 · 플래임(이종호)의 T1영상 리뷰

[자료출처: 플래임(이종호)]

　　많은 구독자들이 자신의 콘텐츠를 시청해야 조회 수가 상승하게 되고, 그에 맞는 기업의 광고가 삽입됨에 따라 광고 수익이 발생하는 것이다. 그래서 곧 구독자는 수익 발생과 직결적으로 연결이 되기 때문에 매우 중요한 요인이다.

　　2010년대 후반부터 아프리카TV가 절정의 인기를 맞이하였지만, BJ의 부적절한 언행, 품행, 자극적인 콘텐츠, 후원을 위한 부적절한 행동들로 인하여 많은 시청자들은 유튜브 플랫폼으로 이동을 하여 2022년 현재 가장 인기 있는 미디어 플랫폼은 유튜브이다.

2 e스포츠와 미디어의 관계

1) e스포츠와 미디어의 관계

　　e스포츠는 태생부터 미디어와 아주 밀접한 관계를 지니고 있었다. 과거 게임이었던 시절 TV 방송 프로그램(투니버스, 온게임넷)에 스타크래프트 경기를

방송하면서 전국에 있는 MZ세대에게 참여유도를 하였으며, 수많은 경기는 미디어를 통해 현장감을 전달하였다. 그리고 현재까지도 e스포츠는 미디어를 통해 소비자들과 소통하고 즐기고 있어 미디어는 e스포츠와 아주 각별한 사이이다. 이번 장에서는 e스포츠는 왜 미디어와 이러한 관계를 지닐 수 있었고, 그럴 수밖에 없는 이유는 무엇인지 알아보고자 한다. e스포츠가 미디어와 공생 관계를 가질 수 있는 이유는 크게 3가지로 나눌 수 있다.

첫째, TV 중계료, 둘째, 광고 수익료, 셋째, 기술 도입이다.

(1) TV 중계권료

현재는 TV 방송보다 인터넷 플랫폼(아프리카TV, 트위치TV, 유튜브 등)을 통한 시청이 많아진 시대를 맞이하고 있지만 불과 몇 년 전까지만 해도 인터넷보다는 TV를 통한 시청이 더욱 많았다.

e스포츠가 게임이었던 시절 온게임넷을 비롯한 많은 채널은 스타크래프트 리그 등 다양한 게임(철권, 던전앤파이터, 카트라이더 등)을 중계함으로써 중계권료를 발생시켰다. 이처럼 많은 방송국은 게임을 통해 소비자들이 시청할 수 있도록 유도하였고, 프로게임협회와 한국e스포츠협회 등 조직은 이러한 수입으로 인해 리그의 재정을 비축하였다.

이와 같이 e스포츠와 미디어의 관계는 TV 중계와 중계권료를 위해 서로 공생하고 있는 관계임을 알고 있어야 한다. 이제 e스포츠 마케터는 e스포츠와 미디어와의 관계를 중요하게 인지하고 수많은 소비자들에게 미디어를 통해 자극할 수 있는 마케팅 방안을 강구해야 된다.

(2) 광고 수익료

e스포츠가 미디어와 관계를 유지하는 두 번째 이유는 광고에 의한 수익이 발생하기 때문이다. 현재 e스포츠 리그 중 소비자들에게 가장 관심을 받고 있는 리그는 리그 오브 레전드 월드 챔피언(롤드컵)이다.

롤드컵과 같은 세계적인 리그는 소비자들에게 기업의 목적 달성 또는 촉진 활동을 하기 좋은 장소이기 때문에 기업들의 표적으로 작용한다. 기업들은 e스포츠 리그 규모와 시청자(소비자)의 규모를 파악하고, 목적을 달성하기 위해 비싼 광고료를 지불하고도 참여하고 있으며, 광고료 수익은 리그의 재정적 뒷받침과 규모 확산에 사용되고 있다.

e스포츠는 게임 시절부터 프로게임 방송이라는 미디어를 통해 성장하였지만, 현재 미디어는 광고 수익료를 창출하는 장치이므로 뗄레야 뗄 수 없는 관계가 되었다.

대부분의 소비자들은 e스포츠를 알게 된 경위도 미디어를 통해 알게 된 부분도 상당할 것이고, e스포츠 경기를 시청하는 형태도 미디어를 통한 관람이 가장 많을 것으로 판단된다. 이처럼 미디어는 e스포츠에 있어서 아주 중요한 부분을 차지함과 동시에 광고 수익료와 같은 비즈니스 관계를 형성하고 있는 것이다.

하지만 현재 아쉬운 부분은 아직까지 e스포츠 분야는 다른 분야에 비해 광고 수익료가 매우 적은 편에 속한다. 전통 스포츠 광고를 예를 들어 설명하면 2002년 한·일 월드컵 당시 30초의 단가는 영국 26만 3,000만 달러, 독일 12만 달러, 한국은 6,000만 원에 이르렀다(함정선, 2006. 02. 28). 또한, 2019년 베트남 국가에 이른바 '박항서 매직'이라고 선보이던 때 아시안컵 8강전에서 일본과 베트남의 경기에서 30초의 광고는 기업들에게 매우 매력적으로 다가갔고, 최종가로 30초 기준 8억 동(약 3,980만 원)에 이르렀다(석명, 2019. 01. 24).

현재 새로운 문화와 스포츠 분야를 창조하는 e스포츠에서도 이러한 사례를 만들 수 있는 조건이 갖춰졌다. 다른 분야의 광고 수익료 사례를 바탕으로 e스포츠 분야에서 더 많은 광고 수익을 창출하기 위해서는 다양한 매체를 통해 빈번한 광고 노출이 있어야 하고, 적극적인 기업들의 참여가 있어야 하겠다. 그리고 e스포츠 분야에서 리그 오브 레전드의 선수들만이 집중적으로 홍보를 하는 것이 아니라 다양한 e스포츠 종목의 선수들이 광고 모델이 되어 홍보를 한다면 e스포츠 광고의 횟수와 수익료는 비례하여 상승될 것이다.

(3) 최첨단 기술 도입

미디어는 소비자들의 눈과 귀를 사로잡는다. 과거에도 그랬고, 현재에도 그렇다. 그럼 미디어는 왜 소비자들의 눈과 귀 그리고 마음까지도 사로잡는 것일까?

그것은 첫째로 화려한 그래픽(화질) 같은 기술이 존재하기 때문에 가능한 것이다. 둘째, 몰입할 수 있는 음향이 있기 때문이다.

그럼 이러한 것들이 왜 e스포츠와 관련이 있는 것인가?

e스포츠 직·간접 참여에서는 컴퓨터 또는 핸드폰과 같은 기기를 통해 참여하고 승부를 겨루고 있다. 이러한 환경은 그대로 소비자들에게 전달해야 하기 때문에 e스포츠는 최첨단 기술이 꼭 필요한 종목이었다.

소비자들은 보다 실감 나고 박진감 넘치는 장면과 정확한 e스포츠 중계를 기대하고 있다. 뛰어난 기술력을 가진 미디어 또는 방송사는 시청자들을 유도할 수 있는 전략과 대안으로 작용할 것이고, 발전하는 기술을 따라가지 못하는 미디어는 뒤처질 수밖에 없다는 것을 명심해야 할 것이다.

현재 미디어의 화질이 보통 Full HD(Full High Definition, 고화질) 기술을 넘어서 4K Ultra High Definition, 8K까지 진화화고 있어 소비자들의 욕구는 점차 높아지고 있음을 인지해야 한다.

이제 e스포츠 마케터는 첨단 기술이 날로 늘어나는 현시점에서 어떠한 기술 방법으로 소비자들에게 현실과 같이 전달해야 하는지에 대한 방안을 모색하는 한편, 미래의 산업 방향을 제시해야 할 것이다.

3 e스포츠 기기 발전

오늘날 e스포츠가 이렇게 성장할 수 있었던 이유는 무엇일까? 인터넷 보급? 게임 기술 발달? 현실 세계에서 할 수 없었던 기술? 대리만족? 다 맞는 말이다.

하지만 본 저자는 e스포츠와 미디어를 가장 성장하게 할 수 있었던 폭발적 촉진제 역할을 했던 것은 바로 e스포츠에 참여할 수 있게 만든 기기 발전에 있다고 판단된다. 바로 모바일(Mobile)과 PC(Personal Compute)이다. 그리고 모바일과 PC를 통해 미디어 접근성이 편리해졌으며, e스포츠 미디어가 발전하게 되었다.

물론, 모바일과 PC 기기 발전 이전에 인터넷은 초고속망이 설치되어 있다는 가정하에 이야기하는 것이다. 사실 인터넷 없이는 e스포츠는 성립 자체가 되지 않기 때문에 인터넷이 가장 중요하다. 인터넷 이후로 e스포츠 그리고 e스포츠 미디어가 성장할 수 있게 촉진제 역할을 한 것은 모바일과 PC 기술 및 기능 발달이었다. 모바일과 PC가 e스포츠 그리고 e스포츠 미디어에 촉진제 역할을 한 이유는 다음과 같다.

1) 모바일 & PC의 발달

현재 여러분들이 사용하고 있는 모바일과 PC는 처음부터 고성능 기능을 가지고 있던 것이 아니었고, 21세기에 들어선 이후 기능과 성능이 급성장하기 시작하였다.

그림 59 • 모바일 변천사

[자료출처: 삼성 애니콜].

예를 들어 모바일의 경우 2003년 그때 당시 모바일의 기능은 64화음, 카메라 30만 화소를 탑재하였다면, 6년 뒤인 2009년 안드로이드 모바일 등장 이후 카메라 500만 화소를 탑재하였다. 그리고 2022년 출시된 모바일의 경우 디스플레이는 AMOLED 방식을 사용하고 카메라 화소는 5,000만 화소를 탑재하여 20년 동안 모바일의 기술적 변화를 알 수 있다. 〈그림 59〉는 모바일의 변천사 사진이다. 초창기에는 크기에 비해 기능이 별로 없었지만, 진화될수록 심플하면서 기능은 향상되었다.

하지만 PC의 변화는 크기의 변화보다는 성능의 변화가 매우 크다. 물론 모니터의 두께 및 무게는 훨씬 가벼워졌지만, 기본적인 구성이 탑재되어야 해서 기본적인 틀에서 크게 변화하지는 않았다. 하지만 성능은 펜티엄의 시대부터 현재에 이르는 인텔 CORE i7까지 다양하게 변화하고 있다. 다음 〈그림 60〉은 2001년 PC와 2022년 PC의 비교 사진이다.

그림 60 · PC 비교 사진

[자료출처: 나무위키].

또한, 모바일과 PC 기능이 점차 늘어나고 있는 과정 속에서 게임개발사에도 기술이 향상되어 고급화로 진화하고 있었다. 단순한 그래픽으로 묘사되었던 캐릭터들이 게임사와 모바일·PC 성능 발전에 따라 사실과 같은 그래픽으로 발전할 수 있었다.

그러한 성능 발전은 e스포츠에 참여하는 소비자들로 하여금 더욱 몰입할 수 있는 환경을 제공하고 참여를 유도하는 요소로 작용하고 있다. 다음 〈그림 61〉은 1990년대 캐릭터 그래픽과 2011년의 그래픽 비교 사진이다. 보이는 바와 같이 간단한 그래픽에서 사실과 같은 인물로 묘사될 만큼 발전된 것을 알 수 있다.

그림 61 · 캐릭터 그래픽 비교 사진

[자료출처: 인벤].

2) 모바일 편리성 향상

2009년 스마트폰 출시 이후 모바일 분야의 게임은 급속도로 성장하였고, 현재 e스포츠 전문종목으로도 배틀그라운드 모바일 버전이 채택되고 있어 모바일 참여자들이 많음을 알 수 있다. 그럴 수밖에 없는 것이 모바일은 PC 사용에 없는 편의성을 제공하고 있기 때문이다.

PC로 e스포츠와 미디어에 참여하는 것은 일정한 시간 동안 같은 장소에 앉아서 진행을 해야 하기 때문에 이동성에 불편함을 가지고 있는 반면, 모바일은 이동과 장소가 바뀌어도 참여(시청)를 할 수 있는 장점을 가지고 있기에 MZ세대의 마음을 사로잡은 것이다. 그리고 기술 발달로 폴드와 같이 접히는 모바일도 출시되어 태블릿과 같은 크기로 e스포츠 참여 및 미디어 시청을 할 수 있고, 현장에 있는 것 같은 그래픽 기술력까지 뒷받침되고 있어 소비자들에게 호응이 좋다.

이러한 모바일과 PC의 기술적 변화는 e스포츠 발전에 기회를 제공하였고, 앞으로도 지속가능한 원동력으로 작용할 것이다.

이제 e스포츠 마케터는 성공전략을 구사하기 위해서 PC에 대한 e스포츠 마케팅 방안과 모바일에 대한 e스포츠 마케팅 방안을 차별화하여 전략 방안을 제시해야 할 것이다. 두 기기 간의 차이를 인지하고, 참여하는 소비자들의 특성을 파악한 뒤 마케팅 활동을 펼쳐야 효과가 극대화될 것이다.

제 12 장

선수 보증광고 및 에이전트
(Athlete Endorsement and Agent)

제 12 장

선수 보증광고 및 에이전트
(Athlete Endorsement and Agent)

1 선수 보증광고(Athlete Endorsement)

1) 선수 보증광고의 정의

선수 보증광고는 유명한 스포츠 스타를 이용하여 광고 활동 및 기업의 촉진 활동을 위해 활동하는 광고의 형태를 의미한다(기대위, 2019). 즉, e스포츠를 포함한 모든 스포츠 분야에서 유명한 선수가 기업의 물품을 광고하고, 사용하는 물품에 대해 소비자들은 의심 없이 구매하는 경향을 의미한다. 이에 기업들은 유명한 선수들을 통해 선수 보증광고 효과를 보기 위해 스포츠 스타를 광고의 형태로 활용하는 것이다. 다음 〈표 11〉은 선수 보증광고의 정의이다.

표 11 · 선수 보증광고의 정의

선수 보증광고의 정의
선수 보증광고는 유명한 스포츠 스타를 이벤트, 제품을 광고하는 요원으로 활용하는 한 광고의 형태를 일컫는다. 이러한 광고를 통해 선수는 재화 또는 매출액에 따른 로열티를 지불받는다.

우리 사회는 한 분야에서 공신력이 높거나, 전문성을 가진 사람들에게 매력성을 가진 확률이 높은데, 이것을 후광효과라 칭한다. 후광효과는 높게 평가 받은 사람들이 다른 분야에서도 높게 평가 받을 것이라는 가정에서 발생된다.

특히 유명하거나 전문적인 스타의 후광효과가 사용될 때 제품의 가치가 향상되는 효과를 가지고 있다. 이해를 돕기 위해 예를 들어 이해해보자. 자신이 평소에 두터운 신뢰하는 스타가 특정 제품을 광고하거나, 실생활에서 그 제품을 사용하는 것을 보았다면 스타의 후광효과로 인하여 여러분들은 제품에도 긍정적인 태도를 보이는 것이다. 그러면 후광효과를 이용한 선수 보증광고의 사례는 어떠한 것들이 있는지 한번 알아보고자 한다.

현재 선수 보증광고를 가장 활발하게 사용하는 브랜드가 바로 질레트(Gillette)이다. 질레트는 미국의 면도기, 면도용품 브랜드이다. 현재는 P&G에 인수 합병되어 P&G 산하 브랜드이다. 면도는 남성의 특징을 강조해 마초와 같은 이미지로 소비자들을 공략하고 있는데 그 가운데 스포츠 스타를 광고 모델로 발탁하여 지속적으로 어필하고 있다.

현재까지 질레트에서 광고 모델로 활동한 스포츠 선수들을 살펴보면 축구의 박지성, 스피드 스케이트의 이승훈, 배드민턴의 이용대와 같은 국제적으로 유명한 선수를 광고 모델로 발탁하였다. 하지만 현재 가장 이슈화된 스포츠 선수 모델은 바로 '손흥민'이다. 다음 〈그림 62〉는 손흥민 선수의 질레트 광고 사진이다

그림 62 · 질레트 광고

[자료출처: Gillette].

손흥민 선수는 전 세계 축구팬이라면 모르는 사람이 없을 정도로 유명하고, 잉글랜드 프리미어리그에서 아시아 선수 최초로 득점왕에 이르는 쾌거까지 이루면서 대한민국의 위상을 높인 바 있다.

국내뿐만 아니라 전 세계적으로 두꺼운 팬덤층을 보유한 손흥민 선수가 질레트 면도기를 광고하였으니 그야말로 효과를 톡톡히 보았다. 한 언론 보도에 따르면 손흥민 선수를 2019년 모델로 발탁된 이후 2월 17일까지 질레트 면도용품 매출이 전년 동기 대비 105% 상승했다고 발표하여 선수 보증광고의 효과를 제대로 보았다(김정훈, 2019. 03. 05).

이처럼 선수 보증광고는 한 분야의 공신력을 인정받은 유명 스타를 광고 모델로 발탁한 뒤 이미지 제고 및 판매매출로 직결시키는 광고의 형태이다.

2) 선수 보증광고 모델 선정의 기준

여러분들은 선수 보증광고에 대해 이해를 하는 도중 한 가지 의문점을 가지게 될 것이다.

보증광고를 할 수 있는 선수의 기준은 어떻게 되는가?

유명한 선수들은 다 되는 것인가?

이 문제에 정답은 스포츠 선수로서 유명하다고만 광고 모델로 활용되는 것은 아니다.

e스포츠를 포함한 모든 스포츠에서 활약하는 선수가 선수 보증광고 모델로 활동하기 위해서는 먼저 공신력(공적인 신뢰를 받을 만한 능력)을 지니고 있어야 하고 품행(품성과 행실)이 올바르며, 문제점을 지니지 않아야 된다. 각종 논란 및 문제가 제기되면 보증광고를 할 수 있는 자격에서 박탈된다.

이럴 수밖에 없는 이유는 유명한 선수가 광고하는 제품과 서비스의 이미지는 선수의 이미지로 결정되기 때문이다.

만약 선수 보증광고에 참여하는 선수가 사생활 또는 논란에 휩싸이게 되면 데미지는 고스란히 제품이 받아야 하기 때문에 엄격하게 테스트하고 있다.

전통 스포츠인 축구를 사례로 들어보고자 한다. 축구는 대한민국뿐만 아니라 전 세계적으로 인기 있는 스포츠 종목으로서 다양한 스포츠 스타들이 탄생하였다. 외계인이라 불리던 '호나우지뉴'는 현란한 발재간으로 축구 팬들을 사로잡았고, 스페인 FC바르셀로나의 공격수로 활약하였다.

2003년 바르셀로나에 합류하자마자 22골을 뽑아내는 등 대단한 활약하였다. 이처럼 호나우지뉴의 인기가 상승되자 수많은 기업들은 호나우지뉴를 활용하여 광고 활동을 통해 제품과 서비스를 소개하였고, 엄청난 매출을 일으켰다. 그런데 아쉽게도 호나우지뉴의 축구 플레이는 여전히 명불허전(名不虛傳)이었지만, 여권 위조와 같은 범죄에 휘말려 법정에 서게 되었다. 이에 기업들은 호나우지뉴가 광고했던 제품 및 사진들을 전부 삭제하게 되었고, 선수로서 공신력마저 잃게 되었다.

또 하나의 사례는 '타이거 우즈'이다. 타이거 우즈는 선수 보증광고의 전통적인 예로 들을 수 있다. 왜냐면 대표적 성공 사례와 실패 사례를 보여주고 있기 때문이다.

1996년 스포츠 전문 기업인 '나이키'는 타이거 우즈를 후원하면서 골프 마케팅에 뛰어들었다. 타이거 우즈는 골프 시즌 기간 동안 나이키 의류와 모자,

골프공 등을 사용하면서 인지도를 알렸고, 나이키 골프 브랜드는 시장에서 급속도로 성장하였다.

1996년 4,000만 달러에 선수 스폰서 계약을 맺는데 이어, 2001년에는 1억 달러에 5년간 재계약을 하면서 골프 시장에 큰 성공을 거두는 대표적인 사례로 언급할 수 있다. 그 당시 타이거 우즈 효과로 인해 의류, 신발, 모자 등 용품들의 매출이 업계 1위를 차지할 정도였다.

하지만 2009년 불미스러운 스캔들 사건으로 인해 타이거 우즈의 이미지는 바닥으로 추락하기 시작한다. 이에 나이키 기업은 타이거 우즈가 나온 전광판, 광고, 포스터 등을 지우며 타이거 우즈 지우기에 나섰다. 그리고 타이거 우즈의 최대 스폰서였던 게토레이도 '게토레이 타이거 우즈 포커스' 판매를 중지시켰다.

다음 〈그림 63〉은 게토레이서 판매된 게토레이 타이거 우즈 포커스 광고 사진이다.

그림 63 · 게토레이 음료

[자료출처: 머니투데이].

3) 스폰서십 vs 선수 보증광고

많은 사람들이 e스포츠 스폰서십과 e스포츠 선수 보증광고를 헷갈려 하는 경우가 종종 발생하고 있다. 하지만 두 마케팅 활동 간에 명확한 차이가 존재한다. 그 이유를 쉽게 설명하고자 한다.

앞장에서 설명한 스폰서십은 특정한 활동, 목적 달성과 이득을 얻기 위하여 리그 및 이벤트 또는 단체(선수)에 재정(기금) 및 물품 등을 후원하여 기업에게 특정 권한 및 이득을 주는 것을 스폰서십이라 할 수 있다.

하지만 선수 보증광고는 기업이 직접적 프로모션, 촉진 활동을 하지 않고 유명선수가 직접 나서서 소비자들에게 제품과 서비스를 알리거나 직접 선수 자신이 사용하며 소비자들을 안심시키는 활동이다.

더욱 이해하기 쉽게 그림으로 설명하고자 한다. 다음 〈그림 64〉는 2021 LCK 스프링 리그와 우리은행의 공식 포스터이다. 보이는 바와 같이 우리은행은 LCK 리그가 성공적으로 개최될 수 있게 지원을 함으로써 공식 스폰서의 권한을 가지게 되었다. 그리고 소비자들에게 우리은행이 LCK를 지원하고 있다고 강조를 하고 있다.

그림 64 · **2021 LCK 스프링 플레이 오프 공식 포스터**

[자료출처: 우리은행].

현재 e스포츠는 선수의 보증광고 사례보다 구단 또는 팀 스폰서십에 대한 체결 사례들이 대부분을 차지하고 개인의 사례는 보고되지 않고 있다. 물론, e스포츠 1세대인 임요환, 홍진호, 신주영 등 프로선수들의 사례는 있지만, 최근 페이커를 제외한 프로선수들의 선수 보증광고 사례가 미비한 편이다. 이제 e스포츠 분야에서도 다양한 e스포츠 스폰서십 활동과 마케팅 전략으로 e스포츠 산업이 더욱 활성화가 되기를 바란다.

4) 선수 보증광고의 활용 기업 유형

(1) e스포츠 기업

앞 단락에서는 전통 스포츠에 일어난 사례를 통해 스폰서십과 선수 보증광고에 대해 비교와 정의를 하였다. 이번 장에서는 e스포츠 분야에서 일어나는 선수 보증광고의 활용 기업의 유형은 어떠한 것들이 있는지 살펴보도록 하자.

전통적으로 가장 참여하는 기업이 해당 종목과 관련된 기업이 참여는 경우가 가장 많다. e스포츠 관련 용품사는 유명 e스포츠 선수에게 자사 제품의 우수성을 소비자들에게 알릴 목적으로 제품을 사용케 하고, 촉진 활동에 선수를 이용하여 광고 활동까지 하고 있다.

유명 e스포츠 선수를 이용한 보증광고의 초기 형태는 재정적 지원이 아니라 대부분 물품 지원으로부터 시작한다. 그 이후에 e스포츠 선수를 통해 노출효과와 매출에 직·간접 영향이 있다고 판단되면 막대한 재정적 지원이 이뤄진다.

전통 스포츠 분야에서는 선수 보증광고 사례들이 보고되고 있지만, e스포츠 선수 개인만의 지원 사례는 현재 보고되고 있지 않기 때문에 이해를 돕기 위해 리그 또는 팀으로 변경하여 사례를 들어보고자 한다. 그리고 단체종목 선수의 경우 팀 스폰서와 계약이 우선이기 때문에 계약사항에 위반되지 않는 범위 내에 선수를 이용할 수 있다.

① 삼성 오디세이

국내 대기업인 삼성전자는 영국 e스포츠 구단인 '길드 e스포츠(Guild Esports)'와 1년간 파트너십을 체결하였다(노우리, 2021. 06. 23). 삼성전자는 파트너십을 체결한 1년 동안 길드 e스포츠에 게이밍 모니터 오디세이를 비롯해 액정표시장치(LCD) 디스플레이와 발광다이오드(LED) 사이니지 등을 제공한다고 밝혔다. 다음 〈그림 65〉는 삼성전자와 길드 e스포츠의 공식 포스터이다.

그림 65 · 삼성전자 & 길드 e스포츠 공식 포스터

[자료출처: Guild Esports].

이처럼 삼성전자는 길드 e스포츠를 통해 오디세이 제품에 대한 성능을 소비자들에게 강조하기 위해 이러한 파트너십을 체결하였다. 길드 e스포츠에 긍정적 태도를 지닌 소비자의 소비·구매 욕구는 용품으로 전이될 가능성이 높기 때문이다. 삼성전자는 길드 e스포츠 팀을 통해 제품의 촉진활동과 e스포츠 용품 시장의 선점을 우위할 수 있는 기회를 맞이하기에 이러한 활동을 하고 있는 것이다.

이처럼 e스포츠 리그 또는 팀의 공식 스폰서는 평균적으로 e스포츠와 관련된 기업들이 가장 많은 것을 알 수 있다. 이러한 마케팅 활동으로 인해 e스포츠 시장에서 우위를 선점하는 동시에 촉진 활동까지 할 수 있기 때문이다.

(2) 비(非) e스포츠 기업

e스포츠 관련 기업이 아닌 비주류 기업이 선수 보증광고에 참여하는 것은 자사 제품의 촉진 활동을 목적으로 e스포츠 선수를 활용하는 것이다. 즉, 목표 시장에 소비자들의 욕구에 맞는 유명 e스포츠 선수를 영입하고 광고 활동에 참여함으로써 어필하기 위한 수단인 것이다.

이러한 사례로 월드콘을 들 수 있다. 월드콘은 롯데제과의 아이스크림으로 MZ세대와 커뮤니케이션 효과 창출 및 제품 촉진 활동을 펼치기 위해 T1의 페이커(이상혁) 선수를 광고모델로 발탁하여 출현시켰다. T1의 페이커 선수는 e스포츠 선수 중에 가장 유명한 선수이고, 현재 대한민국에서 가장 높은 연봉을 받는 선수이다. 이러한 선수가 e스포츠 제품이 아닌 월드콘 광고에 출현하는 것은 기업의 제품 촉진 활동의 일환으로 볼 수 있다.

그리고 e스포츠 스폰서십의 특이한 점은 비 e스포츠 기업이 스폰서 활동에 참여하고 있다는 것이다. 전통 스포츠의 경우 대부분 관련된 기업이거나, 선수와의 이미지, 성격 등이 제품과 부합이 되었을 때 선수 보증광고에 참여하는데 e스포츠는 전혀 다른 분야의 기업들이 참여하고 있다는 것이 새로운 사실이다.

대표적인 사례로 우리은행을 들 수 있다. 우리은행은 LCK 공식 파트너이고 e스포츠 분야에서 다양한 스폰서십 활동을 가장 활발하게 하고 있다. 우리은행이 이러한 마케팅 활동을 펼치는 이유로는 MZ세대와의 커뮤니케이션을 가장 먼저 꼽을 수 있고, LCK 리그 후원으로 인한 이미지 제고와 고객을 선점하기 위해서라고 해석될 수 있다. 이처럼 우리은행은 e스포츠 관련 기업이 아니지만 e스포츠를 통해 젊은 소비자들에게 다가가기 위해 다양한 노력을 하고 있다.

5) 선수 보증광고의 기대효과와 거품

(1) 선수 보증광고의 기대효과

e스포츠를 포함한 스포츠 선수들은 기업과 스폰서십을 체결하는 순간부터 스폰서 기업의 제품 또는 서비스를 보증하는 역할을 담당하게 된다. 또한, 스폰서 기업은 선수들에게 e스포츠 용품, 유니폼 등을 지원함으로 브랜드명 또는 로고를 강제 노출시켜 기업이 추구하는 목적을 달성하고자 한다. 이와 같이 기업이 선수 보증광고를 통해 기대하는 효과는 다음과 같다.

첫째, 노출 효과이다. 각 유명 리그의 선수들 경기 모습을 미디어를 통해 중계 또는 동영상으로 송출된 모습은 수용자인 소비자들의 욕구에 맞게 잘 가공되어 전달되기 때문에 노출 효과가 매우 크다. 따라서 제품 및 서비스 홍보 효과를 높일 수 있다.

둘째, 이미지 전이이다. 선수의 이미지는 곧 기업의 이미지를 대표하는 것과 같다. 따라서 높은 인기를 끌고 있는 e스포츠 선수의 이미지는 기업의 제품이나 서비스로 전이될 가능성이 매우 높다. 기업은 이러한 효과를 바라보고 선수 보증광고에 비용을 많이 지출하고 있다.

셋째, 홍보 활동이다. e스포츠 선수는 자신의 유니폼 또는 제품 사용만으로 자연스러운 홍보 활동에 참여하고 있는 것이다. 그리고 경기 결과, 내용은 기업의 촉진 활동에 좋은 기회를 제공한다.

넷째, 촉진 활동이다. 유명한 e스포츠 선수는 제품의 촉진 활동에 긍정적인 영향을 미친다. 예를 들어 팬 사인회와 같은 이벤트를 통해 소비자들을 유도할 수 있고, 촉진 활동을 할 수도 있다.

Stotlar & Viswanathan(1998)은 선수 보증광고의 효과를 높이기 위해서는 다음과 같은 점들이 고려되어야 한다고 주장하였다.

첫째, 선수 보증광고를 할 때 일반제품보다 쉽게 인지될 수 있게 해야 한다.

둘째, 선수의 TV, 미디어 노출정도와 소비자들의 인지율에는 상관관계가 있기 때문에 선수 보증광고의 매체 노출 정도를 분석해야 한다.

셋째, 선수 보증광고에 참여하는 기업은 선수의 명성, 인지도 및 변화에 민감하니 유의해야 한다.

(2) 선수 보증광고의 거품

선수 보증광고의 선수가 사생활 논란, 스캔들 등 불미스러운 일로 인하여 이미지가 실추되는 경우 부정적 이미지가 기업으로 전이된다는 것을 명심해야 된다. 광고 목적이나 목표 시장을 제대로 세우지 않고 단순히 유명 선수라는 이유로 접근하게 된다면 실패할 가능성이 매우 높다.

따라서 기업은 선수 보증광고로 인한 이득과 실을 면밀히 파악해야 한다. 그리고 무분별한 광고를 자제해야 한다. 현재 e스포츠 분야에서 사례가 보고되고 있지 않지만, 전통 스포츠의 경우 무분별한 광고로 인하여 희소가치를 떨어뜨리는 사례가 보고되고 있다.

선수 보증광고는 말 그대로 유명 선수 자체가 광고이고, 걸어 다니는 광고판과 같다. 즉, 선수로 인하여 기업은 효과를 극대화할 수 있고, 이미지를 실추시킬 수도 있다. 이러한 점을 e스포츠 마케터는 인지하고 선수 보증광고에 있어 모델 선발에 신중을 기해야겠다.

2 e스포츠 에이전트(eSports Agent)

1) e스포츠 에이전트의 정의와 유래

(1) e스포츠 에이전트의 정의

에이전트(Agent)란 다른 사람을 대신하여 업무나 교섭을 대행하도록 권한이 부여된 사람 또는 기업을 의미한다(이강웅, 김남수, 도재현, 2012). 에이전트는 e스포츠, 스포츠 분야보다 연예계에서 보편화된 직업이었으나 e스포츠의 급

성장으로 인해 e스포츠 분야에서도 새롭게 자리매김하고 있다.

e스포츠 에이전트란 e스포츠 선수가 팀 또는 기업과의 연봉(스폰서)계약을 할 때 선수에게 최대의 이익을 확보해주기 위해 나서는 선수 대리인이다.

e스포츠 분야에 에이전트가 나타난 배경으로는 e스포츠 선수들은 e스포츠 경기에만 집중을 해야 하기 때문에 실질적으로 다른 일에 신경을 쓸 겨를이 없다. 그리고 대부분 MZ세대 속하기 때문에 어려운 단어로 이루어진 연봉 협상, 스폰서 체결 서류를 비롯한 스케줄 관리, 광고 출연 등 여러 가지 일들을 전문적으로 관리해 줄 수 있는 전문가가 요구되었기 때문이다.

e스포츠 에이전트는 선수의 잠재능력을 파악, 상품 가치를 높여 주는 것으로부터 시작하여, 의료혜택, 법률 서비스까지 지원을 한다. 이뿐만 아니라 팬들과의 소통, 교류, 계약이 진행될 때까지 다양한 업무를 맡아서 관리하게 된다. 다음 〈표 12〉는 e스포츠 에이전트의 정의이다.

표 12 • e스포츠 에이전트의 정의

e스포츠 에이전트의 정의
e스포츠 에이전트(eSports Agent)는 e스포츠 선수가 팀 또는 기업과의 연봉(스폰서)계약을 할 때 선수에게 최대의 이익을 확보해주기 위해 나서는 선수 대리인이다.

하지만 아쉽게도 현재 e스포츠 분야에서는 다른 분야와 다르게 에이전트 활동 사례가 많이 보고되지 않았다. 아직 보편화가 되어 있지 않기 때문에 e스포츠 선수들 역시 시스템에 대해서 모르고, 대부분 팀에서 관리를 하고 있기 때문에 에이전트가 활동할 무대가 없는 편이다.

하지만 최근 프로선수 보호 차원과 원할한 협상을 위해 몇 에이전시 회사가 참여해 에이전시 이미지 제고와 시장을 확장해나가고 있는 실정이다. 이에 , e스포츠 분야에서도 에이전트(에이전시)와 같은 문화가 하루 빨리 자리매김 자리매김해서 올바른 협상 및 계약문화가 정착했으면 한다.

(2) 스포츠 에이전트의 유래

이번 장에서는 e스포츠에 대한 에이전트를 사례로 언급을 해야 맞으나 현재 보고되어 있는 사례가 미비한 관계로 해외 스포츠 사례로 독자 여러분들의 이해를 돕고자 한다. 본 저서를 계기로 국내 e스포츠 분야에 에이전트 문화가 하루 빨리 자리잡기를 소원하는 바이다.

스포츠 에이전트라는 직업은 미국에서 처음 시작이 되었다. 찰스 C. 파일(Charles C. Pyle)은 1900년대 초기부터 스포츠 에이전트 역할을 하였으며, 대표적인 선수로는 풋볼계의 전설인 해롤드 그랜지와 수잔 렝글랜 등이 있다. 이후 1960년대부터 스포츠 에이전트 업계가 더욱 활발해졌으며 전문적인 자기 영역을 구축하기 시작하였다.

2) e스포츠 에이전트의 필요성

e스포츠 분야에서 에이전트의 필요성은 1차적으로는 자유계약선수제도(Free Agent) 도입 및 선수 연봉으로 인해 필요성이 요구되고 있고 2차적으로는 이미지 및 경기력 향상을 위해 e스포츠 에이전트의 필요성이 요구되고 있다.

(1) 자유계약선수제도

먼저 자유계약선수제도의 탄생 배경은 2005년으로 거슬러 올라간다. 2005년 2월 당시 SK T1 소속이였던 프로게이머 최연성은 계약이 종료되지 않았음에도 KTF(현 KT 롤스터)와 계약을 체결해 이중계약 사건이 터지게 되었다. 그리고 같은 해인 2005년 9월에 역시 이중 계약 사건이 연이어 발생하게 된다.

이러한 사건이 발생되자 한국e스포츠협회(KeSPA)는 대책 마련에 들어갔고, 자유계약선수제도를 도입하게 된다. 현재 한국e스포츠협회(KeSPA)에서 규정한 자유계약선수에 대한 규정은 〈표 13〉과 같다.

표 13 · 한국e스포츠협회의 자유계약선수에 대한 규정

자유계약선수에 대한 규정
제41조(자유계약선수) 자유계약선수는 다음 각 호의 1에 해당되는 선수로서 회장이 자유계약선수로 공시한 선수를 말한다. 1. 기업 프로게임단 소속 선수일 경우 5년 이상 팀단위 리그에 기준 회수의 경기에 출전 2. 비기업 프로게임단 소속 선수일 경우 4년 이상 팀단위 리그에 기준 회수의 경기에 출전 3. 신인 선수 선발 제도에 참가한 선수 가운데 지명된 선수가 신체검사 시 부상·질병 등으로 인하여 KeSPA가 상당기간 선수생활이 어렵다고 판단하여, 지명한 프로게임단이 계약을 포기한 선수 4. 현 무소속 프로게이머 5. 본 규정 의결 시점 현재 프로게임단에 소속된 선수일 경우 3년 이상 팀 단위 리그에 기준 회수의 경기에 출전 6. 기준 회수의 경기는 협회 주최 단체전 경기의 출전 선수 명단에 15% 이상 등재되어야 함을 뜻한다.

이러한 규정으로 인하여 이듬해부터 많은 선수들은 FA자격을 얻었으나 실제로 일어난 사례가 2013년 전태양 선수가 FA를 통해 KT 롤스터로 이적한 이후로는 사례가 보고되지 않았다.

이러한 사례로 인하여 전문적인 전문가가 필요하기에 e스포츠 분야에서 에이전트가 필요한 것이다.

(2) 연봉협상

매년 한국콘텐츠진흥원에서 발간하고 있는 '이스포츠 실태조사' 자료에 따르면 2013년도의 자료에는 프로게이머 1년 평균 수입을 조사한 결과 1,200만 원 이하가 응답자 108명 중 51.9%로 나타났고, 5,000만 원 이상이 10.2%로 나타났다. 하지만 7년 뒤 2020년 자료에 따르면 전체 프로게이머 143명을 대상으로 조사한 결과 2,000만 원 미만이 36.4%, 5,000만 원 이상이 14.7%에 해당되고 5억 이상이 0.7%를 차지하고 있다고 발표하여 선수들의 연봉이 차별화되어 있음을 알 수 있었다.

e스포츠는 다양한 종목을 내포하고 있기 때문에 리그 오브 레전드와 같이 대중들에게 대표적으로 관심을 받는 종목도 있지만 카트라이더와 같이 리그 오브 레전드에 비해 상대적으로 관심이 덜한 e스포츠 종목도 존재하고 있기에 이러한 편차가 발생되는 것은 이해가 되고 있다.

하지만 팀과 연봉협상을 하는 과정에서 선수들이 대부분 MZ세대에 해당하는 10대 후반~20대 중반이기 때문에 팀 또는 조직의 실무자에게 주도권을 빼앗기고 협상할 가능성이 많아 선수들의 편에서 연봉 협상을 해줄수 있는 전문가인 에이전트가 필요한 것이다.

(3) 경기력 향상

e스포츠 선수의 본업은 e스포츠 경기에 대한 승부이다. 어찌보면 당연한 이야기이다. 하지만 e스포츠 선수들이 다른 일에 신경을 몰두하다 보면 경기력에 크게 영향을 미치게 된다. 그래서 이러한 일을 미리 예방하고자 e스포츠 에이전트가 필요한 것이다.

연봉을 협상하는 과정은 단시간 내에 끝나는 것이 아니라 줄다리기식의 협상으로 이어질 수도 있다. 이러한 과정 속에서 선수는 헛된 에너지를 소비하게 되고 훈련에 차질을 빚게 된다. 그리고 팀의 신뢰가 깨지기 때문에 경기력을 상실하게 될 수 있다. 그래서 e스포츠 에이전트를 통해 위험요소를 낮추고 경기에 집중해야 할 수 있도록 해야 한다.

(4) 위축감 해소

e스포츠에도 뛰어난 선수가 있듯이 에이전트에도 뛰어난 전문가들이 많다. 뛰어난 전문가는 보호 대상인 선수에게 심리적 안정감을 선사한다.

상황을 한번 설명하자면, e스포츠 신인 선수가 프로 팀에 입단해서 처음으로 협상테이블에 앉았다고 가정을 해보자. 이것은 e스포츠 선수뿐만 아니라 사회인이라면 한 번쯤 겪을 상황이다. 이러한 상황이 처음인 선수는 관계자에게 어떤 말과 어떤 제스처를 취해야 할지 모를 수밖에 없다. 부모님 및 지인이 알려준다 하더라도 기억이 안 날 가능성이 높다. 이때 선수는 자연스럽게 위축감이 들 수밖에 없는 것이다.

하지만 이 옆에 에이전트가 있다고 하면 이야기는 달라진다. 그러면 선수는 위축감이 해소가 되고 연봉 협상도 선수에게 최대한 유리한 쪽으로 리드하게 될 것이다.

(5) 한계성 극복

현재 e스포츠 선수들은 다른 스포츠에 비해 학력이 비교적 짧은 편에 속한다. 이러한 이유는 조기교육으로 인해 어린 나이에 프로 팀에 입단해서 교육의 길을 가지 못한 경우도 있고, e스포츠 관련 학과가 수용할 수 있을 정도로 준비되어 있지 못하기도 하다.

한국콘텐츠개발원(2020)에서 발표한 자료에 따르면 143명 프로게이머 중 기초학력인 중학교 졸업은 6.3%, 고등학교 중퇴 19.6%, 고등학교 졸업 50.3%, 대학교 재학(졸업) 14.7%으로 나타났다.

이러한 상황 속에서 에이전트는 e스포츠 선수들에게 부족한 면을 보완해주고 한계성을 극복하게 해주는 역할로 작용한다.

첫째, 법률적 지식이다. 이것은 e스포츠 선수뿐만 아니라 많은 사람들에게 해당이 된다. 특별한 경우를 제외하고는 법률적 교육을 받을 기회는 사실상 많이 없기 때문에 계약 사항 및 복잡한 조항에 있어도 제대로 숙지 못 할 가능성이 많다. 이러한 상황 속에서 에이전트는 법률적 대리인이기 때문에 올바른 계약을 할 수 있도록 도와준다.

둘째, 이미지 관리 부족이다. 자신의 감정이 우선적이 되는 MZ세대는 돌발적인 상황에 미흡한 대처를 할 가능성이 많다. 그러나 이러한 실수는 선수에게 치명적인 손상을 초래한다. 그래서 에이전트가 수립한 이미지 관리 전략에 따라 행동함으로 소비자들에게 호감 이미지를 형성할 수 있다.

셋째, 자산관리 능력 부족이다. 앞서 언급하였듯이 e스포츠 선수의 연령은 대부분 10대 후반~20대 중반이기 때문에 자산에 대한 개념이 부족할 가능성이 많다. 그래서 대부분 부모님이 관리를 해주고 있다. 하지만 전문적인 에이전트가 관리를 함으로써 재테크와 자산관리에 대한 개념을 이해시키기 때문에 한계성을 극복할 수 있게 도와준다.

3) e스포츠 에이전트의 유형

e스포츠가 저변 확대와 활성화되면서 선수연봉협상, 선수 규칙 등 e스포츠 선수와 관련된 규정들이 많아지고 세금 관련 규정도 복잡하기 때문에 전문가의 도움이 필요로 하게 되었다. 이러한 다양한 역할을 수행해야 하는 에이전트 역할을 살펴보면 다음과 같다.

(1) 계약 에이전트

e스포츠를 포함한 모든 스포츠 분야에서 가장 일반적인 형태의 에이전트이다. 대부분 법률가로 구성되어 있어 에이전트가 관리하는 선수의 연봉 협상을 주 업무로 한다.

(2) 라이센싱 에이전트

라이센싱 에이전트는 e스포츠 팀 및 리그 공식 로고나 상표권을 보호하는 것이 주 업무이며, 대부분 무형의 자산을 관리하고 있다. 롤드컵을 포함한 MSI와 같은 국제적 경기를 활용하는 기업들이 점차 늘어나고 있다. 즉, 소비자들의 관심이 가는 경기를 기업은 이용하려고 하고 목적을 달성하려고 한다.
이러한 경우에 전문가인 에이전트가 무형의 자산을 보호하고 수익을 창출하는 역할을 담당하고 있다.

(3) 광고 모델 에이전트

광고 모델 에이전트는 e스포츠 선수나 팀을 모델로 이용하여 광고에 활용하는 조건으로 재정적 지원을 하는 것이 주 업무이다. 전통 스포츠의 경우 광고 수입의 20%를 에이전트에게 지불하게 되는데, 현재 e스포츠 선수의 광고에 대한 내용은 보고된 바 없다.

제 13 장

e스포츠 라이센싱과
머천다이징
(eSports Licensing and Merchandising)

e스포츠 라이센싱과 머천다이징
(eSports Licensing and Merchandising)

1 e스포츠 라이센싱(eSports Licensing)

1) e스포츠 라이센싱의 개념

라이센싱(Licensing)이란 상표 등록된 재산권을 가지고 있는 개인 또는 단체가 타인에게 대가를 받고 그 재산권을 사용할 수 있도록 권리를 부여하는 계약이다. 마케팅 사업 중 하나인 라이센싱 사업은 의류를 비롯한 상품에 공식마크와 엠블럼 등 휘장을 사용할 수 있는 권리를 의미하고 있다.

라이센서는 상표 등록된 재산권을 가지고 있는 자를 뜻한다. 라이센싱 계약을 통해서 특정 제품을 생산, 사용, 양도, 판매, 전시 등을 할 수 있고, 그에 따른 로얄티를 지불한다.

그럼 e스포츠 시장에 라이센싱란 무엇일까?

e스포츠 단체(조직) 또는 선수에게 일정한 대가를 지불하고 그에 대한 사용권을 취득하여 부가가치를 창출하는 마케팅 활동이라 정의할 수 있다.

e스포츠 마케팅 영역 중 라이센싱은 e스포츠 캐릭터, 엠블럼, 로고, 마스

258

코트 등과 같은 고유상표와 선수의 초상권과 같은 지적재산권으로부터 시작이 된다.

최근 2022년 5월 부산광역시 벡스코에서 개최된 MSI를 예로 들 수 있다. MSI 기간 중인 5월 10일부터 29일까지 경기장 내에 라이엇 스토어를 개최하여 리그 오브 레전드 캐릭터 인형을 비롯한 의류, 용품 등을 직접 보고 구매할 수 있게 하였다.

이번 스토어는 리그 오브 레전드 개발사인 라이엇 게임즈에서 개최를 하였지만, 일반적인 경우 라이센싱 비용을 지불하고 대행사가 개최하여 판매하는 것이 일반적이다.

2) e스포츠 라이센싱의 목적

e스포츠 선수 및 무형의 자산을 보호하고 수익을 창출하기 위해서는 e스포츠 라이센싱을 추구해야 한다. 라이센싱 목적은 다음과 같다.

첫째, 보호 차원이다. e스포츠 프로 팀 및 조직은 각자 개성이 실린 로고를 디자인하여 사용하고 있다. 그러나 무단도용되어 상업적이용되는 것을 막아야 한다. 그래서 e스포츠 라이선싱은 보호 차원에서 사용해야 한다.

둘째, 촉진 활동을 위해서이다. e스포츠 자산이 확대되기 위해서 라이센싱이 매우 필요하다. 즉, e스포츠 리그 또는 팀의 자산을 확보하기 위해서는 관람 수입 또는 광고 수입에만 의존하기에는 한계가 있다. 더욱 많은 촉진 활동과 소비자들을 유도하기 위해서는 라이센싱과 같은 무형의 제품이 필요한 것이다.

3) e스포츠 라이센싱의 유형

(1) 판매 라이센싱

판매 라이센싱은 기존의 제품에 e스포츠 관련 사진을 부착하여 판매를 증진할 목적으로 이루어진 형태이다. 기존의 제품인 의류, 용품에 팀의 로고나 마스코트, 그리고 캐릭터 등을 부축하여 판매하는 형태를 의미한다. 다음 〈그림 66〉은 2022 MSI 라이엇 스토어에서 라이센싱 제품으로 판매된 LCK 10주년 한정판 마우스 패드 사진이다.

보이는 바와 같이 LCK 라는 리그 타이틀이 크게 새겨져 있고, 화려한 그래픽으로 소비자들에게 구매욕구를 불러일으키고 있다. 더불어 10주년 한정판이라는 유니크함으로 구매를 유도하고 있음을 알 수 있다.

이러한 제품은 머천다이징과도 연관되어 있다. 그 이유는 e스포츠 머천다이징에서 설명하고자 한다.

그림 66 • LCK 10주년 한정판 마우스 패드

[자료출처: 라이엇 스토어].

(2) 촉진 라이센싱

촉진 라이센싱은 기업이나 e스포츠 관련 조직이 라이센싱 제품을 판매의 목적보다는 촉진하기 위한 수단으로 사용하는 라이센싱을 일컫는다. 따라서 촉진 라이센싱은 e스포츠 스폰서십을 포함하여 기업(e스포츠 조직)이 촉진 목표를 달성하기 위해 활용하는 활동을 전체적으로 포함하기 때문에 스폰서십 활동과 동일한 것으로 간주할 수 있다(곽상일, 2003).

4) e스포츠 상품화와 라이센싱

향후 e스포츠의 상품화는 매우 큰 시장으로 일어설 것이다. 전통 스포츠의 경우 라이센싱으로부터 상당한 대가와 로열티를 받는 사례가 보고되고 있다.

e스포츠는 다른 스포츠와 다르게 종목이 다양하고 즐기는 요소도 다양하기 때문에 라이센싱 제품이 본격 상업화가 된다면 전 세계 어떤 스포츠 라이센싱과 견주어도 절대 뒤처지지 않을 것으로 판단된다. 그러한 이유는 다음과 같다.

(1) 다양한 캐릭터 보유

단편적인 예로 리그 오브 레전드 캐릭터는 2022년 기준으로 총 161개이다. 그럼 쉽게 이해하면 161개의 캐릭터로 라이센싱을 할 수 있다는 것이고 다양한 제품(e스포츠 의류, 용품, 제품, 광고 등)이 수를 헤아릴 수 없을 정도로 출시될 수 있다. 이는 다른 말로 해석하면 캐릭터를 이용한 제품이 무궁무진할 정도로 생산될 수 있음을 시사하는 것이다.

그리고 이뿐만 아니라 다른 e스포츠 종목인 배틀그라운드의 캐릭터, 피파온라인4의 유명 축구선수 라이센싱, 카트라이더 등 수많은 캐릭터를 보유하고 있는 스포츠는 e스포츠가 유일하다. 이러한 면은 e스포츠 라이센싱 사업에 매우 유리한 위치에 도달할 수 있게 하는 원동력 될 것이다.

(2) 다양한 종목

앞서 언급한 것과 같이 e스포츠는 한 가지의 종목으로 이뤄지는 것이 아니라 다양한 종목이 합쳐져서 만들어낸 종목이기 때문에 리그 오브 레전드를 비롯한 피파온라인4, 카트라이더, 오디션, 배틀그라운드, 클래시로얄 VR, AR 스포츠 등 다양한 종목들이 내포되어 있다.

이러한 종목은 여러 소비자들의 욕구를 해소시킬 수 있는 요인으로 작용하고 다양한 참가자들이 참여할 수 있는 여건을 제공하고 있다. 이러한 여건 속에서 종목의 특기를 부각시킬 수 있는 라이센싱 제품을 만들어 낸다면 매출 상승과 더불어 촉진 활동에도 매우 도움이 될 것이다.

(3) 다양한 종목의 프로 선수

e스포츠 종목이 많다는 것은 플레이어들이 많다는 것으로 해석될 수 있다. 현재 국내에 200명 정도 프로 선수들이 e스포츠 리그에서 활동하고 있다. 프로 선수 개인의 특성이 다른 것을 특성화하여 라이센싱 제품을 만들게 된다면 e스포츠 소비자들이 구매를 할 것이며, e스포츠에 대한 충성도와 애착심이 고착될 것으로 판단된다.

2 e스포츠 머천다이징(eSports Merchandising)

1) 머천다이징의 정의와 활용

(1) e스포츠 머천다이징의 정의

일반적인 머천다이징이란 시장조사와 같은 과학적 방법에 의거하여, 수요 내용에 적합한 상품 또는 서비스를 알맞은 시기와 장소에서 적정가격으로 유통시키기 위한 일련의 시책으로 정의하고 있다(김수옥, 1985).

e스포츠 머천다이징이란 e스포츠의 프로(아마추어) 팀, 캐릭터, 로고, 마크 등을 새롭게 상품화하는 것으로 정의한다. e스포츠 캐릭터 상품, 기념품, 응원 도구, 의류 등 모든 e스포츠 산업분야에 있어서 유·무형의 제품을 새로 창출해서 상품화하는 것을 e스포츠 머천다이징이라 할 수 있다.

그럼 여기서 잠깐.

많은 분들이 앞에서 소개한 라이센싱과 머천다이징을 혼돈하고 있다. 이에 두 개념을 쉽게 이야기하고 넘어가고자 한다. e스포츠 라이센싱은 일정한 대가를 지불하고 재산권(마크, 로고, 심볼, 엠블럼 등)을 사용할 수 있는 권리를 뜻하고, 머천다이징은 라이센싱을 통해 얻은 권리로 새롭게 상품화하는 활동을 머천다이징이라 한다.

e스포츠 머천다이징은 향후 매우 전망이 좋은 e스포츠 관련 사업 중 하나로 판단된다. 현재 다른 분야에서 유명 프로 선수 및 연예인의 머천다이징은 꽤 보편화가 되어 있다. 하지만 e스포츠 분야에서는 머천다이징의 사례는 미비한 편에 속하고 있다.

e스포츠 분야에서 머천다이징을 활용한 상품이 개발된다면 수가 상당할 것으로 판단된다. e스포츠 종목이 나눠지고 있어 제품의 종류도 다양해질 것이고, 종목에 따라 응원 용품, 의류, 캐릭터, 로고 상품 등 다양하기 때문에 다른 종목에 비해 종류가 상당수 될 것으로 판단된다. 이제 e스포츠 마케팅이 보다 활성화가 되고 전문인력이 양성되어 라이센싱과 머천다이징을 활용한 제품이 보편화가 되어 산업발전에 이바지하였으면 하는 바람을 가져본다.

(2) e스포츠 머천다이징의 활용

현재 e스포츠 분야에서는 아쉽게도 e스포츠 머천다이징의 사례는 미비한 편에 속한다. 이러한 이유는 프로선수 개인에 의한 라이센싱과 머천다이징의 접근이 전혀 되어 있지 않고, 프로팀, 리그에 대한 머천다이징만 현재 출시되어 있는 상황이기 때문에 소극적인 편에 속한다.

그리고 가끔 세계적 대회나 이벤트를 통해 머천다이징 상품이 소비자들에게 나타나지만, 일시적일 뿐 정기적으로 구매할 수 있는 곳은 현재 오프라인으로는 전무한 상태이다.

이번 장에서는 머천다이징의 활용을 설명해야 하지만 사례의 부족으로 인하여 스포츠 분야와 e스포츠 머천다이징 사례를 언급하고자 한다. 양해의 말씀을 올린다.

① 스타 선수 머천다이징

첫 번째 머천다이징 활용 사례는 잉글랜드 프리미어리그 득점왕에 등극한 손흥민 선수(토트넘)의 사례이다. 최근 손흥민 선수는 2022년 5월 인천국제공항을 통해 귀국할 때 'NOS'라는 브랜드를 소비자들에게 노출시켰다. 수많은 소비자들은 손흥민 선수가 입고 귀국한 옷에 대해 궁금증을 가지게 되었고, 최근 그 옷의 비밀이 풀리게 되었다. 바로 손흥민 선수가 새로운 브랜드를 론칭하였기 때문이다. 'NOS' 개점 첫날 200명이 개점 시간 이전부터 줄을 서는 진풍경이 연출되고 손흥민 선수가 입고 귀국한 티셔츠는 매진사태를 이어갔다.

손흥민 선수는 그동안 다양한 광고와 라이센싱 머천다이징 제품으로 소비자들에게 친숙하게 다가갔는데 이번에는 손흥민 선수 자신만의 새로운 브랜드를 통해 소비자들에게 다가가고 있는 것이다. 다음 〈그림 67〉은 손흥민 선수의 새로운 브랜드 'NOS' 대표 사진이다.

이처럼 '손흥민'이라는 고유재산권을 통해 새로운 브랜드(상품)를 창출하는 것을 머천다이징이라 할 수 있다. 손흥민 선수 사례는 라이센싱 과정이 빠졌지만 라이센싱으로 권한을 부여받고 머천다이징으로 상품 및 부가가치를 올리는 것이 일반적이다.

그림 67 • NOS의 대표 사진

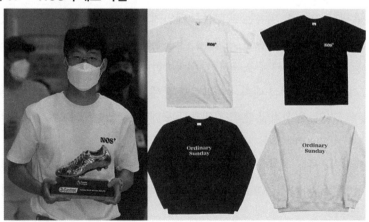

[자료출처: 연합뉴스].

② e스포츠 머천다이징

현재 e스포츠 분야에서 머천다이징으로 가장 유명한 곳이 '라이엇 스토어'이다. 그리고 리그 오브 레전드 프로팀들마다 온라인 및 매장으로 굿즈샵을 운영 중에 있다. 이처럼 e스포츠 머천다이징은 기업 또는 조직에서 차별화된 이미지와 제품으로 소비자들에게 e스포츠 인지도 및 구매의도를 높여 매출로 직결시키고 있다.

하지만 아쉬운 부분이 있다면 게임 분야의 머천다이징과 비슷한 맥락을 공유하고 있는 부분이다. 현재 e스포츠 캐릭터와 게임의 캐릭터가 명확하게 구분되어 제품으로 만들어지고 판매되는 것이 아닌 상태이기 때문이다. 명확한 개념을 사용할 필요가 있다. 어떠한 명목으로 제품이 만들어졌는지와 어떠한 캐릭터가 사용되었는지, 종목이 게임인지, e스포츠인지 명확하게 구분되어 출시 및 소비자들에게 제시되어야 할 것이다.

e스포츠 라이센싱과 머천다이징을 소개한 이번 장은 사실 많은 사례를 언급하고 싶었으나, 사례 보고와 게임과의 명확한 구분이 되어 있지 않아 제대로 이해를 시키지 못한 부분이 존재하고 있다.

그만큼 e스포츠 분야는 제대로 된 학문적 사례와 가치를 만들어가기 위해서 노력해야 된다는 것을 다시 한번 깨닫는 장이 되었다.

제 14 장

e스포츠 마케팅 활동에 대한 효과

e스포츠 마케팅 활동에 대한 효과

　e스포츠 마케팅 활동은 다양한 분야에 영향을 미친다. 물론 가장 크게 영향을 받는 분야는 다름 아닌 경제 분야일 것이다. 이유는 기업의 이윤추구와 커뮤니케이션, 이미지 제고 등 산업적인 요소들을 강화시키기 위한 활동이므로 경제 분야가 가장 우선시된다.

　하지만 e스포츠 마케팅 활동으로 인하여 경제 분야만 영향을 받는 것은 아니고 문화, 사회, 교육 분야 등 다양한 분야에서도 영향을 받는다.

　이번 장에서는 e스포츠 마케팅 활동으로 인하여 어떠한 분야에 어떠한 효과가 있는지 알아보고 이해하고자 한다.

1 경제적 효과

1) 일자리 창출

현재 e스포츠는 2018년 인도네시아 자카르타·팔렘방 아시안게임 이후 하루가 다르게 급성장하고 있는 상황이다. 최근 세계시장조사기업인 뉴주(New-zoo) 발표에 따르면 2022년 e스포츠 산업규모는 약 18억 달러에 달할 것으로 보고하였다(최경환, 황옥철, 2021).

아래 자료를 살펴보면 알 수 있듯이 e스포츠 산업 규모는 2015년 3억 2,500억 달러에서 7년 뒤 2022년에는 5.5배 규모인 17억 9천 달러(약 3조 3천억 원)에 달하는 것으로 보고되었다. 산업의 규모가 늘어난다는 것은 경제적으로 파급효과 역시 상승되었다고 봐야 한다.

이러한 이유는 e스포츠에 참여하는 소비자들이 국내뿐만 아니라 전 세계적으로 급증하고 있고, 국내 LCK 리그를 비롯한 다양한 리그(리그 오브 레전드 월드 챔피언십, MSI, PUBG 글로벌 챔피언십, EK리그 챔피언십, 카트라이더 리그 시즌1 등)가 활성화되고 이로 인해 팬덤층과 일자리 창출과 같은 사회적·경제적 효과가 나타나기 시작하였다. 다음 〈그림 68〉은 뉴주에서 발표한 e스포츠 산업 규모이다.

그림 68 • 최근 e스포츠 산업 규모

[자료출처: Newzoo].

실제로 e스포츠로 인하여 상당한 일자리 창출효과가 나타났다. 현재 전국에 위치한 e스포츠 경기장을 운영하기 위한 전문인력들과 기기를 조정·유지하기 위한 인력들이 1차적으로 일자리 창출로 이어지고 있다.

2차적으로는 e스포츠 지역연고제 제도를 통한 프로 선수들의 일자리 창출효과이다. 첫 번째 사례로 부산광역시에서 2021년에 국내 최초로 e스포츠 프로리그 지역연고제 도입을 실시하였다. '샌드박스 게이밍'과 협약을 맺고 지속적인 협약과 지역 경제효과를 유도하기 위한 방안으로 현재까지도 시행되고 있다(김선호, 2021. 07. 13). 두 번째 사례로 최근 2022년 7월 대전광역시와 대전 하나 CNJ는 지역 연고구단 지원협약을 통해 프로선수 연고제를 실시하고 있다(조명휘, 2022. 07. 23).

이처럼 e스포츠를 통한 마케팅 활동은 지역을 기반한 국가 일자리 창출에 효과적임을 증명하고 있고, e스포츠 관련 사업이 지속적으로 탄생될수록 전문 및 관련 일자리는 늘어날 수밖에 없다. 그리고 현재 각 e스포츠 종목에서 활동 중인 프로 선수들이 은퇴 후에도 할 수 있는 일자리를 제공함으로써 비전 제시와 산업이 유지될 수 있는 원동력으로 작용됨을 인지해야 한다.

2) 경기 관람 활성화

e스포츠 경기 관람이 활성화된다면 그것은 곧 경제적 효과로 이어진다. e스포츠 산업 발전에 있어 관람이 차지하는 비중은 매우 중요하다.

예로 관람 경기의 꽃이라 불리는 '야구'를 예로 들고자 한다. 프로야구협회는 코로나19 이전의 야구 시즌 관람객 수가 728만 6,000명이라고 보도하였다(김영문, 2022. 03. 23). KBO리그 중 입장 수입(관람 수입)이 가장 많은 구단은 LG트윈스로 122억 원의 수익을 올린 것으로 나타났다. 그리고 10개의 구단의 관람수익은 약 858억 원으로 집계되어 관람 수입이 차지하는 비중을 잘 보여주고 있다. 이처럼 모든 스포츠 경기에서 관람객들을 경기장으로 유도하고 관람수익으로 연계하는 것은 산업 발전에 있어서 매우 중요한 요소이다.

한편, e스포츠 경기 역시 관람 수입료가 발생하고 있다. 2018년 이전에는 경기 관람가격이 4,000원 선에 머물러있는 한편, e스포츠 마케팅의 조사, 실행, 분석을 통해 새롭게 시행되었던 2019년 LCK대회의 티켓은 11,000원이였고, 주중에는 9,000원으로 책정되었다. 가격에 배로 뛰었음에도 불구하고 매진사태를 이어갔고, 2022년 MSI 그룹스테이지 티켓 가격은 14,000원부터 결승전 가격은 6만원까지 올랐다. 하지만 티켓 오픈 3분 만에 전 매진 사태가 이어짐에 따라 중고거래가 늘기 시작하였고, 최고가 100만원까지 이르렀다.

이처럼 유료 경기 문화가 소비자들에게 인식되고, 다양한 경기 응원문화, 용품 사업, 경기 유치까지 있게 한 것은 바로 e스포츠 마케팅 활동이 있었기 때문에 가능한 것이었다.

e스포츠 마케팅 활동으로 소비자들의 욕구를 해결하기 위해 문제를 인식하고 정보탐색, 대안, 실행 등 과정을 거쳐 전략적인 활동을 함으로 e스포츠 산업이 한층 발전된 것이다.

앞으로 수준 높은 경기장의 서비스를 통해서 현장감을 소비자들에게 전달하고 확장되는 경기문화로 자리매김했으면 하는 바람이다.

2 문화적 효과

1) 세대 간의 문화

아직 e스포츠 마케팅을 모르는 소비자들은 마케팅을 통해 단순히 이윤을 창출하는 산업적 활동으로만 생각을 하고 있다.

물론 그 이야기도 틀린 것은 아니다.

마케팅의 궁극적인 목적은 이윤 창출이 맞다.

하지만 e스포츠 마케팅은 그 외의 것에도 다양한 분야에 영향을 상당히 미치고 있다. 경제적 효과 이외에 가장 먼저 영향을 미치는 것이 바로 문화적 효과(Culture)이다.

e스포츠 마케팅 활동은 산업적 활동뿐만 아니라 다양한 문화에도 상당한 영향을 미치게 된다. e스포츠 관람 및 시청, 직·간접 참여로 인해 친구 또는 지인 간 생긴 문화, 인터넷을 통해 만든 유저 간의 문화 창출 등이 존재하지만 가장 큰 효과는 세대 간의 문화 소통을 꼽을 수 있다. 이에 김영선, 이학준(2020)은 e스포츠가 가지고 있는 매력 중에 세대 간을 이어줄 수 있는 문화적 능력이 있다고 주장하였고, 사례 연구를 통해 부모-자녀 간의 소통이 e스포츠를 통해 이뤄지고 있다고 하여 문화적 효과를 규명하였다.

이처럼 e스포츠를 통해 세대 간의 문화가 소통될 수 있는 이유는 e스포츠는 게임과 다르게 스포츠의 본질을 지니고 있어 승부를 겨루며, 가상세계에서의 또 다른 스포츠 활동이기에 세대를 이어주는 문화로 작용하기 때문이다.

현재 수많은 스포츠와 문화 중에 자녀와 부모 세대 간의 차이를 느끼지 않고 동등하게 참여할 수 있는 것은 e스포츠가 유일하다. 보통의 경우 부모가 자녀에게 가르쳐주는 경향을 가진다면, e스포츠는 반대로 어린 자녀가 부모를 가르쳐 줄 수 있다. 그리고 일반적으로 부모가 결정권을 가지고 있다면 e스포츠에서는 자녀가 결정권을 가질 수 있거나, 동의를 구할 수 있다. 그렇기 때문에 수직의 문화가 아닌 수평의 문화를 만들어 내고 있는 것이다.

이제 e스포츠는 스포츠로서의 e스포츠도 존재하지만, 세대 간의 문화를 이어주는 e스포츠도 성장해서 문화적 가치로서 자리매김해야 할 것이다.

2) 가상세계 문화창조

e스포츠는 현실에서 문화를 재창조하기도 하지만, 현실보다 가상세계에서는 더욱 크게 새로운 문화를 만들어 내고 있다. e스포츠 이전에도 인터넷을 통한 문화는 만들어지고 있었다. 채팅, 댓글, 블로그 등 다양한 활동으로 인하여 문화는 생성되고 있었지만, 가상세계 스포츠를 통한 또는 새로운 체계를 통한 문화는 e스포츠가 처음인 것이다.

그래서 e스포츠 문화가 제대로 되기 위해서는 올바른 방향성을 잡아야 될 필요성이 있다. e스포츠는 가상세계 스포츠를 대표하고, 이러한 문화의 선구자이기 때문에 매우 중요한 것이다.

현재 e스포츠 커뮤니케이션과 문화를 창조하고 대표하는 사이트는 인벤, 디씨인사이드(리그 오브 레전드 갤러리), 루리웹, 에펨코리아 등이 있다.

3) 여가 문화창조

오늘날 e스포츠는 새로운 여가문화를 대표할 만한 현상으로 나타나고 있다. Wagner(2006)은 e스포츠는 디지털 세대의 문화에서 새롭게 자리매김하고 있는 중요한 요소라고 주장하였다. 이러한 이유는 첫 번째로 게임 세대들의 성장으로 인한 새로운 문화체계로서 자리매김도 한몫을 하지만, 사회적 인식 변화 및 흐름도 한몫을 하였다. 과거 e스포츠가 게임이었을 때는 여가를 게임으로 보내는 것을 부정적으로 바라보는 시선도 상당하였다.

하지만 시대적 변화와 사회 환경 변화에 따라 e스포츠와 게임을 분리하게 되었고, e스포츠 인식이 제고됨에 따라 여가문화를 창조하는 데 많이 동참하고 있는 것이다.

어떠한 행동으로 여가활동을 소비하거나 좋은 장소, 이동을 통해 여가문화를 소비하였다면 e스포츠는 움직이지 않아도 가상세계에서 여가를 보낼 수 있는 문화를 새롭게 만들어내고 있는 것이다.

이러한 새로운 여가문화 체계는 새로운 것이다. 참여자들이 가상세계 속에서 나의 분신을 만들고 현실세계에서 하지 못하는 행동들을 할 수 있고, 인터넷을 통해 어디든지, 누구든지 만날 수 있기 때문에 여가를 활용하는 방식이 바뀌고 있다.

이처럼 e스포츠가 새로운 여가문화로 자리매김하고 참여자들을 지속으로 유도할 수 있었던 것은 바로 e스포츠 마케팅 활동이 있었기 때문이다. 이에 e스포츠 마케팅 활동은 대중들의 새로운 여가 문화를 창조할 뿐만아니라 다양한 이점이 있음을 인지하고 경제적인 분야뿐만 아니라 문화적인 측면으로도 홍보를 널리 해야 할 것이다.

③ 사회적 효과

1) 융합의 효과

e스포츠는 다른 스포츠와 다르게, 다른 문화와 다르게 다양한 분야와 융합이 가능하다. 앞서 e스포츠 스폰서십에서도 언급하였듯이 e스포츠는 최초로 가상화폐와 스폰서십을 체결하였다. 비트코인에서도 e스포츠 종목이 만들어지고 있다. 이러한 행보는 일반적인 행보와 전혀 다르게 진행되고 있다.

이처럼 다양한 분야와 융합될 수 있고, 효과성을 증명할 수 있는 것이 바로 e스포츠이다.

예를 들어 e스포츠는 장애인들에 치료의 목적으로도 사용될 수 있다. 비장애인들의 심리 치료에도 사용될 수 있다. 신체적·정신적 제약이 있는 장애인들을 대상으로 재활 훈련의 목적으로 사용될 수도 있고, 신체적·정신적 기능 강화 목적으로도 e스포츠 순기능이 사용될 수 있다.

그리고 꼭 장애인들의 재활 목적도 있지만, 스트레스 및 심리 불안정, 폭력 등 다양하게 심리적으로 상처를 받은 사람들을 치료해주는 역할을 e스포츠가 할 수 있다.

이러한 것이 바로 융합이고, 융합의 효과이다.

본 저자는 e스포츠가 올바른 방향성을 제고, 다양한 분야와 융합되고, 프로 분야, 생활 분야, 융합 분야 등 다양한 카테고리 속에서 e스포츠가 활용된다면 머지않아 이러한 치료목적의 e스포츠가 탄생될 수 있다고 판단된다.

그렇기에 이러한 효과를 많은 사람들(학자, 의사, 소비자 등)에게 알릴 필요성이 있다. 이처럼 효과를 알리기 위해 적극적으로 활용되어야 하는 것이 바로 e스포츠 마케팅인 것이다.

e스포츠 마케팅을 통해서 이로운 효과를 널리 알리고 장애인들의 참여 확대와 인식 제고에 힘을 보태야 할 것이다.

이제 이러한 중요성을 e스포츠 마케터는 인지하고 e스포츠와 또 다른 융합 분야가 어떠한 것이 있고, 어떠한 효과가 나타날 수 있는지 파악해서 방안을 제시해야 할 것이다.

4 교육적 효과

1) 디지털 리터러시

e스포츠는 디지털 리터러시 교육의 도구로 활용될 수 있다. 디지털 리터러시란 디지털 미디어의 정보 및 메시지를 단순히 이해하는 수준을 넘어 정보

를 평가하고, 판단하여 새로운 지식을 창출하는 개념을 뜻하고 있다(김혜준, 박하나, 정성희, 임규연, 2022).

이러한 가운데 e스포츠 참여자들이 e스포츠에 참여하는 것 자체만으로도 잠재적 디지털 리터러시 교육을 수행하고 있는 것이며, 개인의 특성을 통해 다양한 능력과 지식을 창출해 내는 것이다.

이러한 이유를 살펴보면 e스포츠는 디지털 미디어를 통해 다양한 정보와 커뮤니티 활동을 통해 다양한 정보를 받아들이게 된다. 이러한 과정 속에서 e스포츠 참여자는 정보를 받아들이고, 한층 더 업그레이드되어서 새로운 지식으로 변화하는 능력을 가지게 된다.

이처럼 e스포츠를 통해 다양한 정보를 습득하게 되고 학습화를 통해 더욱 업그레이드되어 새로운 지식을 창출하는 것이 디지털 리터러시이다.

2) 집중력 능력 향상

그리고 e스포츠는 집중력 향상과 매우 밀접하다. 아마 e스포츠를 경험해보고, 게임을 경험해 봤던 참여자들은 매우 공감할 것으로 판단된다. 물론, 다른 스포츠도 집중력이 매우 중요한 종목이다. 하지만 e스포츠는 신체적 능력보다 정신적 능력이 중요하고, 선수의 집중력은 승패를 결정짓는 중요한 요소이기 때문에 e스포츠 참여자 및 선수들에게도 집중력은 매우 중요한 요인이다.

이러한 맥락에서 이종태(2022. 08. 26)는 e스포츠가 매우 높은 집중력을 요구한다고 주장하였고, 조남욱(2004. 06. 03) 역시 e스포츠를 할 때 전통 스포츠와 마찬가지로 집중력 향상과 사물에 대한 사고처리 기술이 높아진다고 주장하였다. 마지막으로 김솔(2021)은 초등교육 현장에서 e스포츠 교육은 충분한 가치와 도구로서 작용한다 주장하여 e스포츠가 집중력 향상에 도움이 되고 교육적 가치가 있음을 시사하고 있다.

이처럼 e스포츠가 가지고 있는 기능을 교육적으로 충분히 활용할 수 있고,

교육적 효과를 증명하는 연구(김영선, 방승호, 황옥철, 2021; 이학준, 김영선, 2021; 이태수. 유재연, 2014)가 규명되고 있어 e스포츠의 교육적 가치가 증명되고 있다.

이러한 결과를 바탕으로 e스포츠가 가지고 있는 요소들을 통해 교육적으로 활용될 수 있는 방안과 e스포츠를 통해 집중력을 높이는 방안 등 다양한 방안이 마련되어야 하겠다. 그래서 이러한 효과를 소비자들에게 널리 알리고 e스포츠를 더욱 활용할 수 있게 도와주는 것이 바로 e스포츠 마케팅이다. 이제 e스포츠 마케터는 e스포츠가 교육적 측면으로도 매우 활용도가 높음을 인지하고 홍보전략을 구사해야 하겠다.

제 15 장

e스포츠 시설 경영
(eSports Facility Management)

제 15 장

e스포츠 시설 경영
(eSports Facility Management)

1 e스포츠 전용 경기장

현재 2022년을 기준으로 전국(부산, 대전, 광주)에 e스포츠를 위한 전용 경기장이 존재한다는 것은 매우 영광스러운 일이다. 다른 스포츠 종목과 문화 분야 중에 전용 경기장이 마련되지 않은 종목과 분야가 얼마나 많은가. 그러한 기준으로 보았을 때 e스포츠는 축복과 마찬가지이다.

그리고 2022년 9월 기준 경기도 성남시(경기 이스포츠 경기장)와 경상남도 진주시(경남 이스포츠 경기장)가 e스포츠 경기장을 건설 중에 있다. e스포츠 마케팅의 15장에서는 전국에 위치한 e스포츠 경기장을 소개하고 시설에 대해 이해하고자 한다.

1) 부산 이스포츠 경기장

전국에서 가장 먼저 e스포츠 경기장이 건설된 도시는 부산광역시이다. 부산광역시는 대한민국 게임 및 e스포츠의 성지답게 전국에서 가장 활발한 e스포츠 도시이다. 정식 명칭은 '부산 이스포츠 경기장'이며, 약칭으로는 브레나 (Busan Arena)로 불리고 있다.

부산 이스포츠 경기장은 문화체육관광부 30억 원, 부산광역시 30억 원씩 총 60억 원이 투입되어 마련된 국내 최초 e스포츠 전용 경기장이다. 그리고 2020년 11월에 개관하여 현재까지 다양한 이벤트 및 리그(철권, 발로란트 한·일전, e스포츠 토크쇼, 아마추어 대회 등)를 개최하여 관람객들을 유도하고 있다. 그리고 부산 이스포츠 경기장은 다른 지역에 비해 관중석이 작은 것이 아쉽지만 교통 및 접근이 매우 용이하다는 장점을 지니고 있다. 부산의 중심인 서면에 위치하고 있어 노출 효과가 매우 큰 편에 속한다. 또한, e스포츠 경기장 중 최초의 타이틀을 지니고 있고, 해외에서 접근성이 좋아 국제적 경기를 자주 개최하고 있다.

주 경기장 관중석은 292석이며, 주 경기장을 포함한 블루 스페이스(64석), 옐로 스페이스(가변형 80석)가 있다. 다음 〈그림 69〉는 부산 이스포츠 경기장 주 경기장 사진이다.

그림 69 · 부산 이스포츠 경기장

[자료출처: 부산 이스포츠 경기장].

2) 광주 이스포츠 경기장

전국에서 두 번째로 건설된 곳은 전라남도 광주광역시이다. 호남권에서 최초의 e스포츠 경기장이며, 부산 이스포츠 경기장과 다르게 조선대학교 해오름관에 위치하고 있다.

이에 조선대학교 측은 이스포츠 경기장을 10년간 무상임대하겠다고 밝혀 e스포츠 발전을 위한 포부를 비추었다. 그리고 광주 이스포츠 경기장은 국비와 시비 각 30억 원 총 60억 원을 투입해 2020년 12월 20일 개관하였다.

주 경기장 관람석은 1,005석이며, 보조 경기장은 160석 내외로 국내 이스포츠 경기장 중 가장 큰 크기를 자랑하고 있다.

현재 국내에서 개최되는 프로 경기(LCK) 및 생활 e스포츠 저변 확대를 위한 다양한 행사가 개최되고 있어, 다방면으로 경기장을 활용하고 있다. 다음 〈그림 70〉은 광주 이스포츠 경기장의 모습이다.

그림 70 · **광주 이스포츠 경기장**

[자료출처: 광주 이스포츠 경기장].

3) 대전 이스포츠 경기장

부산광역시, 광주광역시 이후 국내에 3번째로 개관된 도시는 바로 대전광역시이다. 대전 이스포츠 경기장은 '드림 아레나(Dream Arena)' 명칭으로 불리우고 있으며, 2021년 9월에 개관하였다. 위치는 대전 엑스포 공원 내에 위치하고 있다.

하지만 여기서 대전 이스포츠 경기장만의 특이한 점은 경기장 구조와 관람석 규모가 조절이 된다는 것이다. 관람석 규모는 500석이지만 대회 및 행사 규모에 따라 주 경기장을 더 넓히고 관람석을 줄일 수 있다. 그리고 관람객들의 몰입을 최대한 이끌기 위해 원형으로 경기장을 만들고 경사 좌석을 배치해 위에서 아래로 관람을 하는 형태를 띠고 있어 최대한 현장감을 극대화하였다.

한편, 대전 이스포츠 경기장을 효과적으로 운영하기 위해 다양한 이벤트와 대회(아마추어, 대전시장배, 프로리그 등)를 개최 중에 있으며, 관람객들을 지속적으로 유도하고 있다. 다음 〈그림 71〉은 대전 이스포츠 경기장의 모습이다.

그림 71 · 대전 이스포츠 경기장

[자료출처: 대전 이스포츠 경기장].

4) 진주·성남 이스포츠 경기장

앞서 언급한 부산, 광주, 대전 이스포츠 경기장은 2022년 9월 기준 개관하여 사용 중에 있는 경기장이다. 하지만 진주시와 경기도 성남시는 건설 중에 있다.

진주시에 건설 중인 이스포츠 경기장은 '경남 이스포츠 상설경기장'으로 명칭 될 예정이며, 2022년까지 총 127억 원을 투입해 조성될 예정이다. 이스포츠 경기장 규모는 주 경기장 700석과 보조 경기장 500석 규모를 구성하여 총 1,200석을 마련할 예정이어서 국내에서 가장 큰 광주 이스포츠 경기장보다 큰 규모를 자랑하고 있다.

또한, 경기도 성남시에 위치한 이스포츠 경기장은 '경기 이스포츠 전용경기장'으로 불릴 예정이며, 2024년 1월 개장 예정이다. 총 393억 원의 건설비용을 투입해 조성될 예정이며, 주 경기장 400석, 보조 경기장 72석 규모이다.

하지만 경기 이스포츠 경기장만의 특이점은 내부 관람석은 다른 경기장에 비해 다소 작은 편에 속하지만, 경기장 외부에 높이 12m, 길이 25m의 대형 미디어월을 설치해 야외에서도 e스포츠 경기를 관람하게 할 것이라고 밝힌 바 있다(비전성남, 2019. 07. 24).

그림 72 · 경남 & 경기 이스포츠 경기장 조감도

[자료출처: 경남(경남일보), 경기(서울신문)].

2 게임사 e스포츠 경기장(롤파크)

사실 e스포츠 경기장 중에서 부산, 광주, 대전 이스포츠 경기장 보다 먼저 개장한 곳이 있다. 그곳은 바로 게임사인 라이엇 게임즈에서 운영 중인 'LoL Park'(이하 롤파크)이다. e스포츠 경기장의 주된 운영기관은 해당 지역시에서 운영을 하고 있는데 롤파크는 게임회사인 라이엇 게임즈에서 운영을 하고 있다. 롤파크는 2018년부터 2030년까지 그랑서울과 12년 임대계약을 체결하였으며, 개장은 2018년 9월에 하였다. 그리고 롤파크의 관중석은 450석 규모로 만들어졌다.

아마 LCK 리그 및 라이엇 게임사 그리고 지역에 위치한 이스포츠 경기장 마련 이전에 리그 오브 레전드 관람을 좋아하는 e스포츠 팬이라면 아마 이스포 경기장보다 롤파크를 더욱 좋아할지도 모른다. 그리고 롤파크가 가장 잘하고 있는 것은 다양한 마케팅 활동을 하고 있다는 것이다. 롤파크 내부에서는 라이엇 스토어샵을 운영하고 있어 캐릭터와 프로선수들에 관한 라이센싱, 머천다이징을 실천하고 있으며, 카페, BBQ(치킨프랜차이즈) 등이 입점하여 편의사항을 높이고 있다. 그리고 라이엇 PC방을 운영하고 있어 경기장 관람에 이어 상품 구입 및 PC방으로 참여를 유도하고 있다. 다음 〈그림 73〉은 롤파크 내부 경기장 모습이다.

그림 73 • 롤파크 내부 경기장

[자료출처: Techm].

3 PC방

PC방.

이 단어는 어떠한 설명을 하지 않아도 독자 여러분들은 이미지와 시설, 그리고 어떠한 곳인지 눈에 그려질 수도 있을 것이다. 저자 역시 PC방을 오랫동안 다녔고, 요즘도 가끔씩 e스포츠 동향을 살핀다는 이유로 다니고 있다.

하지만 PC방이 왜 e스포츠 시설 경영 부분에 언급이 되는지 이해가 안되는 독자 여러분들도 있을 수도 있다. 이에 PC방에 대해 설명하고자 한다.

PC방은 1990년대 말부터 시작되어 한 장소에서 여러 대의 컴퓨터를 설치하고, 일정 시간 동안 컴퓨터를 이용하고 재화를 지불하는 서비스의 한 공간이다. 현재는 과거와 다르게 깨끗한 이미지로 다가서고 있으며, 다양한 음식과 음료를 제공하여 MZ세대들에게 문화의 공간으로도 작용하고 있다.

e스포츠가 소비자들에게 인기를 얻고 리그 오브 레전드, 스타크래프트, 배틀그라운드, 피파온라인 등 다양한 e스포츠 종목이 유명해지고 인기를 얻는데 가장 큰 장소를 제공한 곳이 바로 'PC방'이다. 과거에는 지금처럼 그래픽, 기기환경, 인터넷 속도, 혜택 등이 좋지 않았다. 그리고 PC방에서 참여하게 되면 경험치 추가 및 다양한 혜택을 제공하여 일부러 PC방을 다니기도 하였다.

이러한 PC방이 문화체육관광부가 이스포츠(전자스포츠) 진흥에 관한 법률에 따라 인터넷컴퓨터게임시설제공업(PC방)을 이스포츠 시설로 지정하고 지원하는 사업을 통해 지정된 시설이 되고 있다. 다음 〈그림 74〉는 PC방 모습이다.

그림 74 • **PC방 모습**

[자료출처: 굿모닝경제].

제 16 장

e스포츠 캐스터 &
커뮤니티
(eSports Caster & Community)

e스포츠 캐스터 & 커뮤니티
(eSports Caster & Community)

본 저서 1장부터 15장까지는 e스포츠 마케팅 관점에서의 마케팅 전략과 현장에서 사용할 수 있는 학문적 관점의 e스포츠 마케팅을 소개를 하였다. 이번 16장에서는 e스포츠 산업 발전에 있어서 학문적 관점의 마케팅 전략보다는 현재 나타나고 있는 e스포츠 문화 현상을 이해하고 소비자들에게 가장 관심을 받고 있는 e스포츠 요소들에 대해서 이해하고자 한다.

이러한 맥락에서 e스포츠는 미디어와 관계가 아주 밀접하다. e스포츠 발전에 있어서 미디어의 힘이 아주 크게 작용하였다고 해도 과언이 아니다. 미디어는 정보를 전달하는 매개체이지만 미디어 안에서 재미를 이끌어 내는 요소들은 다양하게 존재하고 있다. 이번 장에서는 세부적으로 알아보고자 한다.

1 e스포츠 유튜버 & 캐스터

앞서 e스포츠에서 미디어가 없었다면 현재 e스포츠가 지금처럼 발전하지 못하였을 것이라 이야기했다. 그럼 거기서 더 깊게 이야기하면 미디어를 통해 e스포츠 소비자들을 유도하는 재미 요인이 존재하지 않았다면, e스포츠는 발전하지 않았을 것이다.

이정학, 김종훈, 노재헌(2007)은 스포츠 채널의 해설자로 인하여 시청만족, 재시청의도에 매우 긍정적인 영향을 미친다고 주장하였다. 그리고 최국권(2012) 역시 아나운서와 중계방송의 영향력은 매우 밀접한 관계가 있으므로 아나운서의 중요성을 강조하였다. 마지막으로 임정엽, 김종무(2018)은 아프리카TV 게임 BJ의 속성에 따라 시청자의 태도는 달라지게 되고, 시청만족 및 충성도에 매우 크게 영향을 미친다고 주장하여 BJ의 중요성을 강조하였다.

이러한 연구 결과를 바탕으로 보면 시청자들의 만족을 이끌어 내고 호의적인 태도를 유도하기 위해서는 아나운서 & BJ와 같이 중계 및 소개를 하는 인물에 따라 좌우된다고 하여도 과언이 아닐 것이다. 호의적인 태도 및 만족은 곧 행동의도로 이어질 것이고, 이는 곧 산업적 활동으로 이어지게 될 것이다.

e스포츠 미디어는 e스포츠에 대한 정보를 소비자들에게 전달하는 매개체이지만 그 안에서 소비자들의 참여를 유도하고 재미 요소를 만들어 내는 것은 캐스터(해설자) & 개인방송의 BJ 역할이다.

그럼 누구보다 소비자 & 관람객들과 밀접한 관계를 형성하고 있고, 구매 및 참여에 영향력을 행사하는 인터넷 개인방송 BJ, 유튜버, 그리고 중계방송의 캐스터(해설자)에 대해 알아보고 사례를 들어보고자 한다.

1) 캐스터(Caster, 해설자)

e스포츠 관람 또는 e스포츠 경기를 하면서 캐스터라는 직업을 한 번씩 보았을 것이다. 다른 스포츠 및 경기와 다르게 e스포츠 경기에서 캐스터(해설자)

는 필수적이라 할 수 있다.

이러한 이유는 1999년도 제1회 프로게이머 코리아오픈 대회 때로 거슬러 올라갈 수 있다. 처음 시작부터 캐스터, 게임해설가, 전문가 등 이렇게 구성이 되어 방송을 시작하는 것이 프레임으로 자리 잡았기 때문이다. 이제 e스포츠 경기에서 캐스터가 없다는 것은 상상도 할 수 없는 일이다. 그동안 수많은 e스포츠 경기가 이뤄져 왔고, 수많은 캐스터들이 있었다.

김종훈, 이정학(2011)은 전문 방송사의 해설자의 공신력은 채널만족 및 채널 충성도에 매우 긍정적인 영향을 선사한다고 발표하였고, 이정학, 김재혁, 임승재, 조혜경(2021) 역시 e스포츠 중계방송 해설자가 시청자에게 미치는 영향은 매우 중요하다고 주장하였다. 이처럼 e스포츠 산업에 있어 캐스터(해설자) 부분은 비중이 날로 크게 작용하고 있으며, 소비자들을 유도하는 키워드로 작용하고 있는 것이다.

이처럼 캐스터의 비중이 높은 가운데 e스포츠 분야에서 다양한 캐릭터들로 활동하고 있는 많은 캐스터분들이 계시지만 모두 다 소개할 수는 없고 가장 대표성을 띠고 있는 e스포츠 캐스터 두 분만 소개하고자 한다.

첫 번째는 '전용준 캐스터'이다. 전용준 캐스터는 프로게임 1세대부터 방송과 미디어를 이끈 장본인이자 대한민국 e스포츠 전문 캐스터이다. 한국 e스포츠 태동기부터 활동하는 캐스터로서 e스포츠 팬들에게 상당한 위상을 갖고 있다. 그는 대중들에게 'MC용준', '용준좌'로 불리우고 있다.

전용준 캐스터는 1988년 ITV공채 아나운서이며, 2002년 스타리그 캐스터로 합류함에 대중들에게 주목을 받았다. 그로부터 20여 년간 지속적으로 대중들에게 사랑을 받고 있으며 e스포츠 분야에서 대표적인 캐스터로 자리매김하고 있다.

전용준 캐스터의 대표적인 활약으로는 스타리그(2002년~2013년), 카트라이더 리그(2005년~2013년), 리그 오브 레전드 챔피언십 코리아(2012년~현재) 등 다양한 경력을 보유하고 있는 대한민국 NO.1 캐스터이다.

그리고 두 번째는 정소림 캐스터이다. 전용준 캐스터가 용준좌 또는 남성

캐스터의 NO.1이라면 여성으로는 '정소림 캐스터'를 가장 먼저 꼽을 수 있다.

정소림 캐스터는 OGN의 간판 캐스터였으며, 별명은 '소림좌'이다. 프로게임 1세대부터 캐스터 역할을 지속적으로 해오고 있으며, 데뷔는 2000년 10월 ITV '게임스페셜'을 통해 데뷔하였다. 22년이 지난 현재까지도 e스포츠 분야에서 다양한 활동을 하고 있으며, 최근 개인방송을 통해서도 팬들과 소통을 하고 있다.

현재 e스포츠 분야에서는 다양한 여성 캐스터와 BJ가 각자 영역에서 활동 중에 있지만, 20여 년 전에 여성 캐스터는 전무한 실정이였고, 대한민국뿐만 아니라 전 세계적으로도 희귀한 상태였다. 그때 정소림 캐스터는 유일한 캐스터였고, 그 이후로 지금까지 여전히 e스포츠 팬들의 관심과 사랑을 받고 있다.

그리고 정소림 캐스터는 게임을 이해하는 것뿐만 아니라 아나운서의 정도로 중계를 하여 대중들에게 큰 관심을 받았다.

정소림 캐스터의 방송 경력으로는 온게임넷 챌린지리그(2002년~2008년), 스타크래프트 프로리그(2005년~2013년), 카트라이더, 오버워치 리그 등 다양한 경력을 보유하고 있다.

2) 유튜버

현재 e스포츠 소비 플랫폼의 구도가 점차 바뀌어 가고 있다. 과거 아프리카TV 또는 트위치TV가 대세였다면 요즘은 유튜브이다. e스포츠 소비자들은 시간을 단축하기 위해 경기의 하이라이트만 보거나, 가장 크게 활약하는 장면만을 다시 보고 싶어 한다. 물론 일부의 이야기다.

이러한 e스포츠 소비자들의 욕구를 이해하고 타게팅한 플랫폼이 바로 유튜브이다. 유튜브도 역시 실시간 방송이라는 프로세스가 존재하지만, 대부분 동영상 업로드를 통해 구독자들과 소통하고 있다. 스트리밍 소비량이 가장 많은 유튜브가 당분한 고공행진을 할 것으로 전망하지만, 추후에 얼마만큼 유지가 될지는 아직 미지수이다. 이번 장에는 e스포츠 전문 유튜브는 누가 있고,

소비자들을 e스포츠에 유도하는지 한번 알아보고자 한다.

(1) 유튜버 Faker

조금 의아해할 수도 있다.

T1 소속 선수인 Faker(본명: 이상혁)가 유튜버로서 순위에 올랐다.

아래 보이는 바와 같이 페이커는 도티TV, 감스트, 잠뜰TV, 악동 김블루, 양띵, 대도서관, 뜨뜨뜨뜨, 태경TV, 김재원의 즐거운 세상 다음으로 유튜버 순위에 이름을 올렸다.

페이커는 2017년 2월 유튜브 채널을 개설하고 3년 뒤인 2020년에 100만 구독자를 달성하였다(황찬익, 2020. 06. 11). 그리고 2022년 9월 기준 165만 명을 달성하고 있다. e스포츠 프로 선수로서 경기 승리와 경기력 향상을 위해 전념할 시간에 구독자 및 팬들과 소통을 하고 있다.

다음 〈그림 75〉는 게임 및 e스포츠 분야 유튜버 순위이다.

그림 75 · 게임 & e스포츠 유튜버 순위

[게임] 양띵 유튜브 ♥0 ♥ 마크 "마크 양띵" "양띵 마크" "마크 모드" "마크 모드 스토리 리뷰" "마크 맵" "마크 리뷰" "마크 상황극" "마크 탈출맵" "마크 탈…"	170만	18억7395만	7,201개	3,921
[게임] 대도서관TV (buzzbean11) ♥0 ♥ 대도서관 대도님 공포게임 게임 마인크래프트 마크 game 대도 GreatLibrary buzzbean buzzbean11 오버워치 overwat…	167만	14억1483만	9,266개	5,480
[게임] 뜨뜨뜨뜨 ♥0 ♥ 리그오브레전드 롤 오버워치 overwatch 배틀그라운드 playerunknown's battlegrounds 뜨뜨 뜨뜨뜨뜨 DDEDDE 트위치…	158만	7억0954만	1,429개	3,130
[게임] 태경 TV ♥1 ♥ 태경 쁘허 쁘띠허브 마인크래프트 로블록스 태쁘	151만	21억6017만	2,490개	5,951
[게임] 김재원의 즐거운 세상 ♥4 ♥ 게임만들기 잡동사니 리뷰 김재원 "김재원의 즐거운 게임세상" 게임	151만	15억8218만	1,762개	10,367

[자료출처: e랭킹].

[게임] **T1 Faker** 💬 0 ♥ T1 Faker 페이커 SKT SKTT1 lol 세트 이상혁 lcs lpl lck faker skt t1 teddy cuzz "skt t1" z...	142만	2억5664만	1,188개	1,562
[게임] **악어 유튜브** 💬 0 ♥ 게임 마인크래프트 악어 BJ Minecraft Acau 늪 늪 늪지대 SWAMP crocodile	124만	13억6658만	6,272개	3,839
[게임] **우왁굳의 게임방송** 💬 0 ♥ 우왁굳 스팀게임 PC게임 비디오게임 PS5 마인크래프트 마크 VR VR챗 vrchat 통겜 쿠소겜 쿠소게임 언더게임 왁두 스트리머 핫클립	119만	9억3252만	7,244개	3,539
[게임] **테스터훈 TesterHoon** 💬 0 ♥ 테스터훈 testerhoon 게임 game 모바일게임 모바일 핸드폰 league of legends 리그오브레전드 롤 lol 테스트 test 체...	119만	7억5408만	2,279개	2,962
[게임] **우주하마** 💬 0 ♥ 우주하마 uzuhama ujuhama 하마 게임 병맛게임 게임유튜버 ㅋㅋㅋㅋ 공포 게임	117만	5억6988만	1,773개	6,837

② e스포츠 커뮤니티

연일 e스포츠 커뮤니티는 뜨겁다. 아니 항상 뜨겁다. 왜냐면 커뮤니티가 매우 활성화되어 있기 때문이다. 요즘 어떤 분야이든지 커뮤니티가 활성화가 되어 있지 않은 장르는 아마 거의 없을 것으로 판단된다.

하지만 e스포츠 분야는 국내만 하는 것이 아니라 전 세계적으로 소비자들을 보유하고 있어 이용자 수가 상당하다. 이번 장에서는 e스포츠가 인기가 있게 뒤에서 든든한 뒷받침이 되는 커뮤니티 사이트에 대해서 설명하고자 한다.

1) 인벤(Inven)

현재 대한민국 게임 및 e스포츠 커뮤니티 중 최대의 규모를 자랑하는 사이트이다. 2022년 1월 기준, 인터넷 커뮤니티 접속자 수 3위, 전체 17위 규모의 사이트이다. e스포츠를 포함한 게임에 관련된 소식들이 업데이트되며, 소비자들이 글쓰기가 가능해 다양한 의견들이 올라오고 있어 충분한 재미 요소를 가지고 있다.

인벤은 2004년 11월 18일 개설되었다. 처음에는 e스포츠 소비자들의 주목을 받지 못하였는데 월드 오브 워크래프트(이하 와우)의 퀘스트 정리가 잘 되었다는 소비자들의 입소문을 타면서 유명세에 오르기 시작하였고, 여러 가지 자극적인 기사들로 인하여 점점 인지도를 넓혀나갔다.

현재 인벤은 다양한 분야와 주제를 가지고 커뮤니티를 형성해 나가고 있다. 물론 게임과 e스포츠가 주를 이루고 있지만, 패션, 요리, 스마트폰, PC견적, 코스프레 등 다양한 주제들이 업데이트되고 있다. 그리고 인벤은 온라인상의 커뮤니티를 지향하지만 소모임도 현재 활동 중이다. 소모임은 프라모델/피규어, 마블·DC 소모임 등 다양한 분야들이 존재하고 있다.

이처럼 인벤은 공통된 주제를 가지고 있는 소비자들은 한 곳으로 모으는 역할을 하고 있다. 다음 〈그림 76〉은 인벤의 로고와 대표 홈페이지 사진이다.

그림 76 · 인벤 로고 및 홈페이지

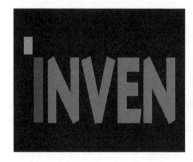

[자료출처: Inven].

2) OP.GG

OP.GG(이하 오피지지)는 게임 및 e스포츠 데이터 플랫폼 기업이다. 오피지지는 사실 커뮤니티가 강세이기보다 리그 오브 레전드 공략 및 전적, 챔피언 분석과 같은 데이터 제공이 주를 이루는 플랫폼 기업이다. 하지만 소비자들이 오피지지 안에서 전적, 승률에 관한 데이터와 공략, 티어를 제공받자 점차 오피지지 사이트에서 커뮤니티의 비중이 늘어나고 있다.

커뮤니티 분류는 리그 오브 레전드, 배틀그라운드, 오버워치, 레인보우 식스 시즌 이렇게 4개의 종류를 나눠놨지만, 사실상 롤을 제외한 커뮤니티는 그렇게 활성화가 되어 있지 않은 편에 속한다. 하지만 e스포츠에 직·간접 참여하는 소비자들은 오피지지의 데이터를 신뢰하고 자주 이용하는 사이트이다. 그리고 마지막으로 오피지지의 특이사항은 2022년에 e스포츠 전문 방송국인 OGN을 인수하여 e스포츠 시장에서 확장세를 더욱 넓히고 있다. 다음 〈그림 77〉은 OP.GG의 대표 홈페이지다.

그림 77 · **OP.GG의 홈페이지**

[자료출처: OP.GG]

OP.GG 홈페이지는 보이는 바와 같이 깔끔하고, 심플하다. 다른 e스포츠 사이트와 다르게 배치를 이렇게 하는 것은 e스포츠 마케팅 활동에 속한다. 소비자들은 하루에도 다양한 마케팅 활동과 정보에 노출되기 때문에 기억에 오래 남기 위해서는 단순하고 강렬한 메시지를 남겨야 한다.

이러한 관점으로 바라볼 때 OP.GG의 홈페이지는 매우 세심하게 제작되었다고 할 수 있다. 실제로 OP.GG의 로고 제작은 유명한 Blue Shark이 하고 있어 소비자들에게 아주 호응도가 높다. 그리고 OP.GG의 가장 강력한 무기는 로고가 며칠에 한 번씩 바뀌어 소비자들에게 새로운 로고를 선보이고 있어, 흥미로운 감정을 유도하는 한편, OP.GG만의 메시지를 지속적으로 어필하고 있어 충성도를 강력하게 유도하고 있다.

다음 〈그림 78〉은 2022년 6월~9월까지의 OP.GG의 로고 변천사이다.

그림 78 · OP.GG 로고

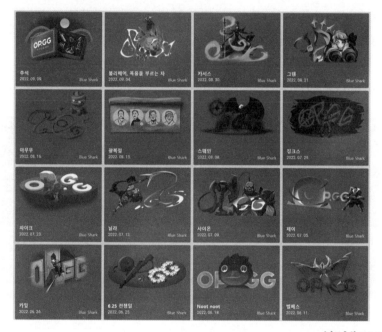

부록

본 저자는 e스포츠 마케팅 저서를 집필하는 동안 국내·외 e스포츠 경기장 및 관련 이벤트 등 다양한 행사를 경험하고 참여하였다. 비록 e스포츠 마케팅에 관한 이론에는 첨부하지 못하였지만, 저자의 직접 겪은 e스포츠 경험을 간단히 부록으로 첨부하여 소개하고자 한다.

1 전국 e스포츠 대회

1) 영덕 풋볼트립 전국 e스포츠 대회

2021년 가장 먼저 찾은 e스포츠 대회이다. 경북 영덕군에서 개최한 전국 e스포츠 대회이면서 또한 e스포츠에 대해 다시 한번 배우는 대회였다. 이때 대회의 e스포츠 종목은 피파온라인4였고, 프로선수들이 즐기면서 경기에 임하는 자세를 보면서 스포츠와 문화의 접목을 보았던 대회이다. 그래서 매우 인상 깊었다.

예로 전통 스포츠의 경우 관람객이 경기장을 찾아가서 플레이하는 선수를 보고 응원을 한다. 하지만 e스포츠의 경우 선수와 관람객이 같은 공간 안에 있음에도 불구하고 디지털 플랫폼을 통해 관람하고 채팅을 하는 모습이 매우 인상 깊었다.

그리고 e스포츠 프로선수들을 보면서 즐기는 모습과 e스포츠에 참여하는 순간 몰입, 정신적 능력을 활용하여 임하는 모습을 보고 저자 역시 몰두하는 것을 느꼈다. 10분도 안 되는 시간에 관람객을 완전 몰두하게 만들었고, 경기장을 흥분의 도가니로 만들었다. 이것이 e스포츠의 힘이라 느꼈고, 새로운 트렌드를 제시할 것이라 느꼈다.

저자는 현재 e스포츠 마케터로 활동을 하고 있지만, 얼마 전까지 약 30년이라는 시간 동안 스포츠 및 태권도를 전공한 사람이었다. 하지만 이러한 문화와 스포츠로서의 가능성을 엿보니 매우 가슴이 뜨거웠고, 보다 e스포츠에 대해서 공부하고자 하는 마음이 드는 순간이였다. 그리고 부산에서 영광군의 거리가 짧은 편은 아니었지만 매우 뜻깊은 대회였다.

또한, 영덕군의 경제적 사업 중 주 사업이 외부 관광객 유도인 만큼 제1회로 개최된 전국 e스포츠 대회는 지역 사회에 큰 이슈를 던졌고, 외부 관람객들을 영덕군으로 불러모았다.

2) 2022 광주 Challengers e스포츠 대회

2022년 광주 이스포츠 경기장에서 챌린저스 e스포츠 대회가 성황리에 막을 내렸다. 이날 대회에 참관을 하였는데 역시나 관람객이 많이 참석을 하였다. 대회날 리그 오브 레전드 경기를 관람하기 위해서 300명 이상의 관람객이 입장하였는데 e스포츠를 통해 하나 되는 모습이 매우 보기 좋았다. 그리고 광주 이스포츠 경기장 측에서 다양한 행사(경품추첨 및 이벤트)를 준비해서 볼거리와 즐길 거리가 준비된 대회였다. 이러한 모습을 보면서 관람객의 욕구가 점차 다양해지고 있음을 느낄 수 있었고, 충족시키기 위해 다양한 활동이 필요하다는 것을 느낄 수 있었다. 다음 사진은 광주 Challengers e스포츠 대회 사진이다.

3) 우석대학교 총장배 e스포츠 대회

이제 대학교에서도 e스포츠학과 및 전공이 개설되고 있는 과정 속에서 대학교 총장배 타이틀을 건 대회가 속속 개최되고 있다. 국내 4년제 대학 중에서 광주광역시에 위치한 호남대학교 e스포츠산업학과가 2020년에 최초로 e스포츠 대회 개최를 하였고, 두 번째로 충북 진천에 위치한 우석대학교(진천캠퍼스) 생활체육학과에서 e스포츠 대회를 개최하였다.

아래 사진은 우석대학교 파랑새홀에 마련된 e스포츠 대회 사진이다.

2 경성대학교 e스포츠연구소

경성대학교 e스포츠연구소는 2019년도 한국연구재단 인문사회연구지원 사업에 발탁되어 현재까지도 이어오고 있는 연구소이다. 위치는 부산광역시 남구에 위치한 경성대학교 내에 있다. 경성대학교 e스포츠연구소는 누구보다 e스포츠를 학문적으로 연구하고 있고, 누구보다 e스포츠의 본질에 대해서 연구하고 있다.

많은 분들이 e스포츠 산업 규모 및 AI, 하이라이트 등 기술적에 관심을 두고 있을 때 경성대학교 e스포츠연구소는 e스포츠의 학문적 가치와 효과성, 올바른 생태계를 구축하기 위해 학문적으로 규명을 한 연구소이다. 2022년 기준으로 4년차에 접어들었고, e스포츠 학제적 생태계 방향설정을 시작으로 e스포츠 현상학, e스포츠와 인지과학을 차례대로 주제에 맞춰 학문적 토대를 구축하고 있다.

현재 경성대학교 e스포츠연구소는 한국e스포츠학회를 운영하고 있으며, 전국에서 e스포츠에 관심을 가지신 교수님들과 대학원생 그리고 전문가들로 구성하여 학문적 발전에 기여하고 있다. 이 글을 읽는 독자 여러분이 e스포츠 산업발전과 더불어 e스포츠 학문적으로 관심을 가지고 있다면 한국e스포츠 학회를 검색해보시길 추천드린다.

3 전국 장애인 e스포츠 대회

본 저자는 특별하지는 않지만 장애인(청각, 지체, 정신 등)을 지도한 경험을 많다. 그래서 장애인스포츠지도사 2급 자격증도 보유 중이다. 그래서 장애인 들에 대한 이해도와 실질적인 어려움을 일반인보다 잘 알고 있다고 할 수 있 다. 그래서 e스포츠 분야에서도 장애인 e스포츠가 활성화되었으면 한다.

저자는 e스포츠 연구를 할 때 가장 먼저 무엇부터 했냐면 바로 '장애인 e스 포츠 인식조사'였다. 아직도 장애인 e스포츠 정식종목이 있는지 모르는 대중 들이 많다. 그럴 때마다 강의하듯이 친절하게 이유와 필요성을 설명하고 있다.

저자가 생각하기에 e스포츠 종목 중에서 정의와 가장 비슷한 종목은 다름 아닌 닌텐도 Wii라고 생각한다. e스포츠는 디지털 플랫폼을 기반으로 신체 적, 정신적 능력을 활용하여 승부를 겨루는 경기 및 부대 행동이라고 정의하 고 있다. 이러한 근거를 기반으로 정신적 능력 활용뿐만 아니라 신체 활동이 가장 큰 e스포츠 종목이 바로 닌텐도 Wii이다. 물론 다른 e스포츠 종목 역시 정신적인 능력과 신체적인 능력을 활용하는데 장애인들에게 있어서 닌텐도 Wii는 새로운 재미를 선사하고 경험을 주어 신체활동을 도와주는 역할을 하 고 있다. 그리고 집중력 향상을 위해서도 사용되고 있다. e스포츠를 통해 이처 럼 다양한 이점을 제공을 하는 종목은 또 무엇이 있을까 하고 고민을 해본다.

닌텐도 Wii는 지적 장애인들에게는 신체 기능 강화 및 유지를 할 수 있게 도움을 주고, 지적 및 발달 장애인들에게는 새로운 재미와 디지털 리터러시 및 집중력을 향상시켜 주고 있다. 저자는 이러한 개념으로 e스포츠 종목이 확대되고 다양한 이점을 많은 비장애인, 장애인들에게 선사하였으면 하는 작은 바람을 가져본다.

아래의 사진들은 제6회 전국 장애인 e스포츠 대회 참가 및 제16회 전국장애학생체육대회 사진이다.

2022년 제6회 전국 장애인 e스포츠 대회는 천안시에서 개최되어 올해 6회째가 되는 대회이다. 이날 대회에 참가하면서 장애인분들이 e스포츠에 매우 열정적이라는 것을 다시 한번 깨닫고, 부모님들이 비장애인 대회와 비교도 안 되게 적극적으로 협조를 해주셨다. 몇 달이 지난 지금도 아주 인상 깊게 남아있다.

하지만 아쉬운 것은 장애인들의 대회이지만 장애인들의 편의를 수용할 수 있는 여건을 다 못 맞춘다는 것이 아쉽다.

그리고 2022년 제16회 전국장애학생체육대회는 경북 구미시에서 열리게 되었다. e스포츠 종목은 제4회 때부터 정식종목으로 채택되어 있어 비장애인 종목보다 먼저 선점을 하고 있었다.

그만큼 e스포츠는 장애인들에게 효과적인 이점이 있다는 것이고, 건강한 삶을 영위하기에 필요한 요소임을 알 수 있다. 이번 학생체육대회는 전국 각 시도 장애인 학생들이 e스포츠 세부종목을 통해 경기를 하였고, 실제 경기장처럼 포효와 아쉬움, 감격 등 다양한 순간들이 나타났다.

제6회 전국 장애인 e스포츠 대회와 제16회 전국장애학생체육대회 사진은 아래와 같다.

4 e스포츠 저변 확대 및 강의

　본 저자의 직업은 e스포츠 마케터이자 학술연구교수이다. 그렇기 때문에 학술적으로 글을 쓰는 것과 강의(발표)하는 게 특화되어 있다. 그래서 정기적으로 대학생 및 중·고등학생들에게 e스포츠에 대해 강의하고 있다.

1) 부산 e스포츠 진로체험 프로그램

　아래의 사진은 부산 이스포츠 경기장에서 중학생들에게 e스포츠의 산업 이론과 역사를 알려주고 있는 사진이다. 그러면서 항상 느끼는 거지만 아직 e스포츠를 모르는 학생들이 너무 많다.

　e스포츠의 산업이 발전되었다고 하지만 실제로 e스포츠의 단어를 인지하고 있는 학생들을 만나기란 쉽지가 않다. 그래서 저자와 같은 e스포츠 마케터 및 학자들이 더욱 열심히 해서 e스포츠의 저변 확대에 노력해야 할 것이다.

2) 광주 e스포츠 진로체험 프로그램

두 번째 사진은 2022년 9월 광주 이스포츠 경기장에서 중·고등학생들을 대상으로 체육 예술 분야에 대해서 진로체험 기회가 제공되었는데, e스포츠의 비전과 진로에 대해서 설명을 하는 시간을 가졌다. 하지만 여전히 e스포츠와 게임을 혼동하는 대중들이 많다는 것을 새삼 깨달았고, e스포츠가 새로운 문화이자 스포츠로 자리 잡기 위해서 노력해야 된다는 것을 느끼는 하루였다. 그래도 참가해준 학생들이 열심히 경청해 줘서 고마운 하루였다. 많은 사진이 있지만 초상권의 문제로 현수막 사진으로 대체하고자 한다.

3) 2022 한국e스포츠학회 춘계학술대회

본 저자는 본 캐릭터 말고 부 캐릭터로 한국e스포츠학회 사무국장을 역임하고 있다. e스포츠가 학술적으로 발전할 수 있게 뒤에서 서포터즈를 하는 역할과 같다. 아래 사진은 2022년 대전 이스포츠 경기장에서 학술대회를 마치고 난 뒤 기념사진으로 찍은 사진이다.

놀라운 것은 대전 이스포츠 경기장 개관 이후 학술행사 대관을 진행한 것은 한국e스포츠학회가 유일하다는 것이다. 아주 뜻깊고 의미가 있는 행사를 진행하였다.

4) 2022 한국체육교육학회 추계학술대회

2022년 10월 광주 이스포츠 경기장에서 한국체육교육과 e스포츠 융합에 대한 주제로 발표를 하였다. 체육 교육 현장에 계신 선생님들과 교수님들을 비롯한 많은 청강생들이 발표를 들었는데 e스포츠와 장애인 e스포츠에 대해 잘 발표해야 되겠다는 일념에 의도치 않게 긴장을 많이 하였다. 하지만 문화적 관점과 체육적 관점으로 e스포츠 효과성에 대해 발표하였는데 참석자분들의 반응이 좋아서 뿌듯한 하루였다.

5) e스포츠 공동집필

본 저자는 e스포츠 마케팅 책을 출판하기 전에 정말로 감사하게 2편의 책을 공동집필 하게 되었다. 'e스포츠 우리e야기'와 'e스포츠 인지과학'이라는 저서이다.

'e스포츠 우리e야기'는 경성대학교 e스포츠모니터링 요원 7명과 경성대학교 e스포츠연구소 연구교수님 4명, 연구책임자 1명, 연구보조원 2명이 공동집필 한 저서이다. e스포츠의 경제, 문화, 사회의 이론파트와 모니터 요원들이 2021년 가족e스포츠캠프를 준비하면서 느꼈던 감정, 에피소드, 그리고 그 당시 참여했던 가족들의 인터뷰, e스포츠 칼럼 등이 함축적으로 들어있는 e스포츠 교과서와 같은 저서이다.

다양한 관점으로 e스포츠 이론을 설명하였고, 누구나 겪었을 법한 에피소드를 이해하기 쉽게 썼다. 자세한 내용은 책을 통해 확인해주시면 감사하겠다.

그리고 'e스포츠 인지과학'은 e스포츠의 효과성은 그냥 단순하게 글로써 증명하는 것이 아니라 객관적이고 과학적인 방법을 통해 규명하여 저서로 만들어낸 책이다. 본 저자는 뇌파 활성화를 통해 e스포츠와 일반 축구 관람에 대해 규명하였다. 많은 학자들은 e스포츠가 산업적으로 충분한 가치가 있고, 21세기 새로운 스포츠이자 문화라고 주장하는데 본 저자는 그 내용을 과학적으로 증명하고 싶었다. 그래서 e스포츠 종목인 피파온라인4 하이라이트 영상과 잉글랜드 프리미어리그 경기를 보고 뇌파에 대한 차이가 있는지 규명하였다. 자세한 내용은 연구 또는 책을 참고해주면 좋겠다. 저서의 사진은 아래와 같다.

5 e스포츠 이벤트

1) 경성대학교 e스포츠 가족캠프

경성대학교 e스포츠연구소는 산업적인 단체가 아니라 학술적 발전을 위해서 있는 연구소이다. 이러한 연구소에서 e스포츠를 통해 부모와 자녀 간의 세대 차이를 극복하고 화목한 가정을 만들기 위해 가족e스포츠캠프를 2020년부터 매년 1회 개최하였다.

비록 규모는 크지 않지만 부모-자녀 여덟 가족을 모시고 카트라이더 및 오버쿡드 등 같이 경쟁, 협동할 수 있는 종목을 선정해 단합과 사기를 충전시키는 캠프를 진행하였다. 2021년 12월에는 크리스마스날 진행을 하였고, 참가 가족 전원 기념선물을 받고 즐거운 시간을 보냈다.

사진은 초상권 문제로 첨부하지 못하였지만 2021년 가족e스포츠캠프 포스터 사진으로 대체하겠다.

2) 경성대학교 e스포츠 소장배 B.B.B 대회 개최

최근 경성대학교 e스포츠연구소는 e스포츠 참여자들의 단합도모와 올바른 e스포츠 방향성을 제고하기 위해 2022년 8월 부산 이스포츠 경기장에서 대학생들을 대상으로 '2022 경성대학교 e스포츠연구소 소장배 B.B.B(Busan Brena Battleground)'라는 대회를 개최하였다.

이번 대회는 본 저자가 주최 측의 입장으로 참여자를 모집하고 진행하였는데, 다행히 성인들이라 아주 능수능란하게 대회 진행에 협조를 해주었다.

e스포츠의 장점 중 하나는 경기가 진행이 되면 심판 및 진행자의 개입이 없다는 것이다. 원활한 경기를 하였고, 수월하게 끝난 대회였다. 물론, 진행 도중 1:1과 같은 상황을 연출해 박진감 넘치는 경기를 하였다. 단체사진을 올리

고 싶지만 초상권의 문제로 현수막 사진으로 대체하도록 하겠다.

참고문헌

1. 이상호(2021). **e스포츠의 이해**. 박영사.

2. Wagner, M. G. (2006). *On the Scientific Relevance of eSports*. International Conference on Internet Computing.

3. 신휘제, 이동건(2019). e스포츠의 신체관, **한국체육철학학회, 27**(4), 15-28.

4. 남수, 이유찬, 최은경(2019). e스포츠 교육학(pedagogy)의 필요성과 가능성에 관한 연구. **한국방송학회학술대회논문집. 2018, 11**, 193-193

5. 이상호, 황옥철(2019). e스포츠의 철학적 이해. **한국체육철학회지, 57**(5), 29-47.

6. 한국콘텐츠진흥원(2020). **2020 e스포츠실태조사.**

7. 위키백과(2022.04.09.). 광안리 대첩. https://ko.wikipedia.org/wiki/%EA%B4% 91%EC%95%88%EB%A6%AC_%EB%8C%80%EC%B2%A9#cite_note-b-6발췌.

8. 황옥철 외 7명(2022). **e스포츠 우리e야기**. 서울: 부크크.

9. 이정학(2012). **스포츠 마케팅**. 한국학술정보.

10. Mullin, B. J., Hardy, S & Sutton, W. A. (1993). *Sport marketing*. Champaign. IL: Human Kinetics.

11. 박태균(2020. 06. 15). 광고모델 '페이커' 효과! 롯데제과 월드콘, 5월 매출 작년 대비 15% 증가. 인벤. https://www.inven.co.kr/webzine/news/?news=239739&site=esports 발췌.

12. 이택수(2006. 07. 19). [신나는 방학 게임아 놀자~] 게임 포털 3사 여름 빅이벤트. 디지털 타임스. https://n.news.naver.com/mnews/article/029/0000142958?sid=105 발췌.

13. 김한식(2010. 07. 23). 광주 국제문화창의산업전 30여국서 530부스 참여. 전자신문. https://www.etnews.com/201007220087발췌.

14. 이수호(2017. 11. 20). [지스타]지진에도 23만명 관람 '역대 최대'…e스포츠 효과. 뉴스1코리아. https://www.news1.kr/articles/?3157301발췌.

15. 이윤식(2022. 03. 31). 중국, Z세대 공략에 'e스포츠 마케팅' 열풍. 데일리차이나, http://www.dailychina.co.kr/3715발췌.

16. 허경아(2008). **문화 콘텐츠로서 스포츠의 대중화를 위한 STP마케팅에 대한 연구 : 댄스스포츠를 중심으로**. 미간행 박사학위논문, 경남대학교 대학원.

17. 임기태, 전찬수(2020). 프로스포츠 구단의 효과적인 마케팅 커뮤니케이션을 위한 시장세분화 전략 연구. **한국스포츠학회지, 18**(3), 761-770.

18. 김정은(2006. 11. 05). 지역별로 좋아하는 게임 따로 있네. 한경뉴스. https://www.hankyung.com/it/article/2006110563581발췌.

19. 김종, 조성식, 염지환, 정희윤(2009). 프로스포츠리그 경영환경 분석을 통한 프로스포츠 활성화 방안 연구. **한국산학기술학회논문지, 10**(12), 3839-3847.

20. 서동철(2021. 05. 11). 기아, e스포츠 후원으로 MZ세대 마음잡는다. 매일경제. https://www.mk.co.kr/news/business/view/2021/05/454050/발췌.

21. Ajzen, I. & Fishbein, M. (1980). *Understanding attitudes and predicting social behavior*. NJ: Prentice-Hall, Englewood Cliffs.

22. Pride, W. M. & Ferrell, O. C. (1991). *Marketing: concepts and strategies*. Boston: Houghton Mifflin.

23. Kotler, P. (1984). *Marketing management*. Englewood Cliffs, N. J.: Prentice-Hall.

24. 장형월, 유창석(2021). 가치-태도-행동 체계를 적용한 e스포츠 경기 관람객의 관광행동의도에 관한 연구: 중국 관람객을 대상으로. **한국게임학회 논문지, 21**(2), 89-98.

25. 성종환, 송기현(2021). 스포츠 소비자들의 소비동기와 소비태도 및 소비행동의 구조적 관계. **한국체육과학회지, 30**(5), 425-437.

26. 주방귀, 김종무(2019). e-스포츠 경기 관람객의 관람동기가 관람만족과 소비행동에 미치는 영향. **커뮤니케이션 디자인학연구, 67**, 76-85.

27. 양천(2018). **애견 옷 브랜드 이미지와 자기이미지 일치성 및 준거집단의 영향이 구매의도에 미치는 영향 : 자기해석의 조절효과를 중심으로**. 미간행 석사학위논문, 건국대학교 대학원.

28. 김종훈, 이정학(2009). e-스포츠 관람객의 라이프스타일유형에 따른 시장세분화. **한국체육학회지, 48**(3), 275-288.

29. 최강옥(2003). **라이프스타일에 따른 골프용품 구매행동과 구매만족도 관계**. 미간행 박사학위논문, 우석대학교 대학원.

30. 이예지, 정권혁, 전익기(2022). 마라톤대회 참가자의 라이프스타일이 지각된가치 및 브랜드태도에 미치는 영향. **한국체육과학회지, 31**(2), 313-325.

31. Green, B. C., & Chalip, L. (1998). Antecedents and consequences of parental purchase decision involvement in youth sport. *Leisure Sciences, 20*(2), 95-109.

32. 장인철, 한중영(2014). 사회계층에 따른 스포츠 참여의 변화:참여정도와 참여형태를 중심으로. **한국스포츠사회학회지, 27**(3), 67-87.

33. Ehrenreich, B., & Ehrenreich, J. (1979). The professional-managerial class. *Between labor and capital, 5*, 45.

34. Hawkins, D. I., Best, R. J., & Coney, K. A. (1992). *Consumer Behavior: Implications for Marketing Strategy/5-th ed*. Homewood, Ill.: Richard D. Irwin.

35. 여정성, 송미령(2001). 소비자 구매의사결정과정에서의 인터넷 채택 유형 : 정보탐색과 구매를 중심으로. **소비자학연구, 12**(2), 119-141.

36. 정정호(2010). 기업의 창조적 경영혁신을 위한 디자이너의 동기부여 요인 - 매슬로우(A. H. Maslow)의 욕구단계설 중심으로. **한국디자인포럼, 29**, 125-134.

37. 송동효(2010). **인터넷 쇼핑몰의 소비자 구매의사결정과정에 관한 연구 : 정보탐색과 관여도를 중심으로**. 미간행 박사학위논문, 부경대학교 대학원.

38. Pride, W. M., & Ferrell, O. C. (1991). *Marketing: Concepts and Strategies*, Ed. a 7-a.

39. 안세일(2014). **상업스포츠센터의 고객접점서비스품질이 고객가치, 전환장벽 및 고객유지에 미치는 영향**. 미간행 석사학위논문, 경희대학교 대학원.

40. Engel, J. F., Kollat, D. T., & Blackwell, R. D. (1973). Consumer behavior. Holt, Rinehart & Winston.

41. Day, G. S. (1994). The capabilities of market-driven organizations. Journal of marketing, 58(4), 37-52.

42. Kotler, P., & Zaltman, G. (1997). Social marketing: An approach to planned social change. Social Marketing Quarterly, 3(3-4), 7-20.

43. Deighton, J., & Sorrell, M. (1996). The future of interactive marketing. Harvard business review, 74(6), 151-160.

44. 이정학(2006). 관람 소비수준에 따른 마케팅믹스 요인이 무용공연 만족도 및 재관람 의도에 미치는 영향. **체육과학연구, 17**(4), 156-163.

45. 이정학, 김성용, 유연희(2017). 프로야구 구단의 마케팅믹스 요인이 팀 애호도와 관람 만족에 미치는 영향. **한국여성체육학회지, 31**(4), 119-138.

46. 안용식(2019). **스크린야구장의 마케팅믹스가 감정반응, 고객만족, 재방문의도에 미치는 영향**. 미간행 석사학위논문, 경희대학교 교육대학원.

47. 이지선(2017). 소비자의 프리미엄 가격(price premium)지불 결정요인. **한국스포츠산업경영학회지, 22**(4), 75-90.

48. 박찬형(2021. 11. 22). 中매체 "페이커 연봉 19억 인상…총액 71억 원". MK스포츠, https://mksports.co.kr/view/2021/1088461/발췌.

49. 최경환, 황옥철(2021). 장애인 e스포츠 인식조사 및 발전 방향. **한국체육과학회지, 30**(6), 425-436.

50. 김용석(2021. 08. 04). 스크린골프 산업, 국내 총 경제적 파급 효과 약 16조원. 뉴스핌. https://www.newspim.com/news/view/20210804000391발췌.

51. 임재훈(2022.02.28). 테일러메이드스크린골프챌린지성황…여자부윤순오우승.SPORTSW. https://www.sportsw.kr/news/newsview.php?ncode=1065572882552367발췌.

52. Crompton, J. L., & Lamb, C. W. (1986). *Marketing government and social services* (Vol. 10). New York: Wiley.

53. Howard, D. R., & Crompton, J. L. (1995). *Financing sport. Morgantown,* WV: Fitness Information Technology.

54. 정문희(2017). **해외 메이저 스포츠 리그 사례를 통한 e스포츠 마케팅 6P 전략 연구**. 미간행 석사학위논문, 경희대학교 대학원.

55. 이우용(1996). 마케팅 촉진의 허와 실. **마케팅(Marketing), 30**(2), 30-33.

56. 권지용(2022. 02. 14). '세상에서 가장 비싼 광고' 2022 슈퍼볼 자동차 광고 모아보기. MOTOEGRAPH. https://www.motorgraph.com/news/articleView.

html?idxno=29210.

57. 하대용(2008). **마케팅**. 경기도: 학현사.

58. 김경애(2022. 05. 26). BBQ, 롤 e스포츠 국제대회 출전한 T1 응원 캠페인…자사 앱서 3000원 할인쿠폰 증정. 소비자가만든신문, https://www.consumernews. co.kr/news/ articleView.html?idxno=650372발췌.

59. 이정학, 이재문, 이지혜(2018). 스포츠브랜드 콜라보레이션 제품의 브랜드적합성 이브랜드동일시, 브랜드태도, 구매의도에 미치는 영향. **한국사회체육학회지**, 74, 41-55.

60. 이향길(2019). **MDS와 ISA를 활용한 스포츠아웃도어기업의 브랜드이미지 전략**. 미간행 석사학위논문, 경희대학교 교육대학원.

61. 니케이비지니스(1993). **기업의 수명은 30년이다**. 경기: 신구미디어.

62. 우다운(2021). **명품 주얼리 브랜드 이미지와 브랜드 아이덴티티가 브랜드 태도 및 구매 의도에 미치는 영향에 관한 연구**. 미간행 석사학위논문, 경기대학교 서비스 경영전문대학원.

63. 김우성(2012). **마케팅 조사론**. 서울: 두남.

64. 김옥남(2009). 고객 통찰력 확보를 위한 소비자 조사 기법. **LG Business Insight**, 25, 2-19.

65. 매거진한경(2006. 09. 04). 벅스·소리바다 유료화…'공짜는 없다'. https://maga-zine.hankyung.com/business/article/202103036963b발췌.

66. 배성수(2022. 06. 13). '음원시장 강자' 멜론…글로벌 업체 등 공세에도 1위 굳건. https://www.hankyung.com/it/article/2022061358011발췌.

67. 이정학, 문개성, 김욱기(2015). 기업 스폰서십 활동과 스폰서 이미지와의 관계: Tour de Korea 국제 도로사이클 대회를 중심으로. **한국스포츠산업경영학회지**, 18(5), 95-108.

68. 이재우(2015). **스포츠 스폰서십의 이해**. 서울: 커뮤니케이션북스.

69. Meenaghan, T. (1991). The role of sponsorship in the marketing commu-nications mix. *International journal of advertising, 10*(1), 35-47.

70. 임영택(2009. 01. 22). [특별기획] e스포츠, 격동의 10년 발자취 (3): KPGL의 흥망성쇠. 더게임스데일리, http://www.tgdaily.co.kr/news/articleView.html?idx-

no=137381발췌.

71. 공병선(2022. 01. 24). 빗썸, 젠지 이스포츠와 업무협약 체결…e스포츠와 시너지 노려. 아시아경제, https://view.asiae.co.kr/article/2022012410271270243 발췌.

72. 김찬혁(2021. 12. 21). 광동제약, e스포츠 선수단 네이밍 스폰서 협약. 청년의사, https://www.docdocdoc.co.kr/news/articleView.html?idxno=2017869발췌.

73. 김해원(2020. 04. 16). MW 그룹, e스포츠팀 T1 공식 후원…차량 4대 제공. 아주경제, https://www.ajunews.com/view/20200416172732695발췌.

74. 윤민혁(2022. 03. 31). SKT·KeSPA, e스포츠 저변 확대 위해 3년간 공식 후원 계약. 서울 경제, https://www.sedaily.com/NewsView/263MQ67SF2발췌.

75. 서동민(2021. 01. 13). 맥도날드, 2021년 LCK 공식 스폰서 됐다. 한경닷컴게임톡, https://gametoc.hankyung.com/news/articleView.html?idxno=57202발췌.

76. Brooks, C. M. (1994). Sports marketing. Prendce-Hall, Inc.(浪越 信 夫 訳, 1998, 『スポーツ・マーケティング』, 文化 書 房博 文社).

77. 박근우, 김용만, 김세윤(2011). 야구 타이틀스폰서십 활동과 스폰서이미지, 스폰서 = 자아이미지 일치성 및 스폰서태도의 구조적 관계. **한국사회체육학회지, 46,** 337-348.

78. 박상진(2019. 01. 10). 우리은행, 2020 롤챔스 서머까지 타이틀 스폰서로 활동. 포모스, https://www.fomos.kr/esports/news_view?entry_id=69090발췌.

79. 최미림(2019. 04 16). CNBC "타이거 우즈 마스터스 우승 효과로 나이키 주가 올라". 초이스 경제, http://www.choicenews.co.kr/news/articleView.html?idxno=49731발췌.

80. 서정윤(2022. 03. 31). SKT, 한국e스포츠협회 공식 후원 파트너 맡았다. ZDNET-KOREA. https://zdnet.co.kr/view/?no=20220331092217발췌.

81. 게임인사이트(2018. 12. 27). '커세어', LCK 최강 신예 프로게임단 '팀 그리핀'2019 스폰서십 계약 체결. https://blog.naver.com/gameinsight/221428203069 발췌.

82. 박준수(2021. 12. 15). 2021 롤드컵, 최고 동시 시청자 수 7,400만 명 기록 … 전년 동기 대비 60% 이상 증가. 경향게임스, https://www.khgames.co.kr/news/articleVi ew.html?idxno=132775발췌.

83. 윤진웅(2022. 07. 02). 기아, e스포츠 내세워 中 MZ 세대 공략. https://www.thegu ru.co.kr/news/article.html?no=37816발췌.

84. 김병호(2022. 05. 27). MSI 럼블 스테이지 최고 시청자 118만, 평균 59만 기록. 게임뉴스, https://m.inven.co.kr/webzine/wznews.php?site=lol&idx=272270 발췌.

85. 한인포스트(2022. 02. 20). 국제 eSports 2022년 세계 대회 발리서 개최. https://haninpost.com/archives/51188발췌.

86. 박형민(2022. 08. 22). '인천'보다 확 줄어든 기업들의 아시안게임 후원, 왜?. 비즈한국, http://www.bizhankook.com/bk/article/16095발췌.

87. 권용삼(2022. 06. 16). 크래프톤, 배틀그라운드 국가대항전 PNC 2022 개막. 굿모닝경제, http://www.goodkyung.com/news/articleView.html?idxno=179196 발췌.

88. 박운성(2022. 04. 13). 피파온라인4 국제 대회 'EACC 스프링 2022', 18일 개막. 데일리e스포츠, https://www.dailyesports.com/view.php?ud=20220413135826176874b-cc1e038_27발췌.

89. 최경환(2021). 지체장애인의 e스포츠 인식 및 차이분석. **e스포츠 연구: 한국e스포츠학회지, 3**(2), 24-35.

90. 홍성일(2022. 06. 03). 벤큐, 크래프톤 펍지 네이션스 컵 2022 스폰서 계약, 더구루, https://www.theguru.co.kr/mobile/article.html?no=36447발췌.

91. 엄서호(1998). **관광레저연구.** 서울: 백산출판사.

92. 이경모(2002). **이벤트학 원론.** 서울: 백산출판사.

93. 이정학(2011). **스포츠마케팅 = Sports Marketing.** 파주: 한국학술정보.

94. 이정학, 조혜리(2022). 코로나-19 이후 스포츠 서비스환경 패러다임의 전환 : 스포츠지도자의 긍정심리자본 매개효과를 중심으로. **한국체육과학회지, 31**(3), 313-330.

95. 이보배(2022. 06. 22). 2020도쿄올림픽·패럴림픽 개최에 13조5000억원 들었다. 한경닷컴, https://www.hankyung.com/international/article/2022062299327 발췌.

96. 유병훈(2022. 06. 22). 상처뿐인 영광?… '무관중' 도쿄올림픽에 13조5000억원 소요. 조선 비즈, https://biz.chosun.com/international/international_general/2022/06/22/YR5LMELYH5CQHHXPEH5Y2KDTNY/?utm_source=naver&utm_medium=original&utm_campaign=biz발췌.

97. 김현예(2022. 06. 22). 적자뿐인 영광?…'무관중' 도쿄올림픽 7조원 손실 추산. JTBC 뉴스, https://news.jtbc.co.kr/article/article.aspx?news_id=NB12063504 발췌.

98. 박성호(2021. 11. 27). '운영비 12억, 매출은 0원' 광주 e스포츠경기장 이대로 괜찮나. kbc뉴스, http://ikbc.co.kr/article/view/kbc202111270002발췌.

99. 이종숙(2010). 초등학교 인터넷 교육에서의 미디어 개념에 대한 비판적 고찰. **미디어,젠더&문화, 15**, 195-238.

100. 함정선(2006. 02. 28). 2002 월드컵 공식 파트너로 거둔 홍보효과 5조원…KT. 조이뉴스24, https://www.inews24.com/view/193567발췌.

102. 기대위(2019). **선수보증광고가 수영선수의 스포츠용품에 대한 태도 및 구매의도에 미치는 영향**. 미간행 석학위논문, 서울과학기술대학교 대학원.

103. 김정훈(2019. 03. 05). 모델 손흥민 효과?… 질레트 면도기 매출 '껑충'. MoneyS, https://moneys.mt.co.kr/news/mwView.php?no=2019030509008075857 발췌.

104. 노우리(2021. 06. 23). 삼성전자, 베컴 투자한 e스포츠구단과 파트너십…게이밍 전선 확장. 이투데이, https://www.etoday.co.kr/news/view/2038164발췌.

105. Stotlar, D. K., Veltri, F. R., & Viswanathan, R. (1998). Recognition of athlete-endorsed sports products. Sport Marketing Quarterly, 7, 48-56.

106. 이강웅, 김남수, 도재현(2012). 스포츠 에이전트 제도의 현황과 현실적 제약요인. **한국스포츠학회지, 10**(4), 117-130.

107. 한국콘텐츠진흥원(2013). **2013 이스포츠 실태조사.**

108. 한국콘텐츠진흥원(2020). **2020 이스포츠 실태조사.**

109. 곽상일(2003). **KLPGA의 브랜드 자산과 라이센싱에 관한 연구**. 미간행 석사학위논문, 경희대학교 체육대학원.

110. 김수옥(1985). **스포츠웨어의 머천다이징에 관한 연구 : 한국과 일본의 비교**. 미간행 석사학위논문, 숙명여자대학교 대학원.

111. 김선호(2021. 07. 13). 부산 e스포츠 지역 연고 프로구단 첫 유치. 오딧세이, https://m.k-odyssey.com/news/newsview.php?ncode=179536225661071 발췌.

112. 조명휘(2022. 07. 23). 대전시-대전하나CNJ, e스포츠 지역연고구단 지원협약 체결. 뉴시스, https://newsis.com/view/?id=NISX20220723_0001953680&cID =10807&pID=10800발췌.

113. 김영문(2022. 03. 23). 2022 프로야구단 가치평가. Jmagazin, https://jmaga-zine.joins.com/forbes/view/335756발췌.

114. 김수경(2022. 01. 05). 30초에 77억6천만원으로 뛴 2022년 슈퍼볼 광고… "매진 임박". BrandBrief, http://www.brandbrief.co.kr/news/articleView.htm-l?idxno=4952발췌.

115. 박찬형(2020. 12. 17). LG전자, K리그 e스포츠대회 타이틀 스폰서. MBN, https://www.mbn.co.kr/news/sports/4374292발췌.

116. 이정학, 김종훈, 노재헌(2007). 방송사별 해설자의 공신력이 청소년의 TV시청 만 족과 재시청의도에 미치는 영향 -2006 FIFA독일월드컵 중계방송 중심으로. **체육과학연구, 18**(2), 40-48.

117. 최국권(2012). 스포츠중계방송과 아나운서. **중국조선어문, 178**, 63-66.

118. 임정엽, 김종무(2018). 아프리카TV 전략시뮬레이션 게임 BJ 속성에 따른 시청자 태도 분석 - 시청만족도, 충성도, 시청의도, 시청태도 중심으로. **커뮤니케이션 디자인학연구, 62**, 106-117.

119. 비전성남(2019. 07. 24). 판교에 e스포츠 전용경기장 들어선다. https://snvision. seongnam.go.kr/10531발췌.

120. 박순찬(2022. 05. 19). 골프인구 560만 시대… 삼성·LG전자도 뛰어들었다. 조선일 보, https://www.chosun.com/economy/tech_it/2022/05/19/QLAODH-JSTRBGZEON6THAI3D4Y4/발췌.

121. 이현석(2022. 04. 13). 요기패스 연착륙시킨 요기요의 '다음 스텝'은. 비즈니스 워치, http://news.bizwatch.co.kr/article/consumer/2022/04/12/0014발췌.

122. 나지현(2020. 07. 03). '무신사·디스커버리' 빛났다. 한국섬유신문, http://www. ktnews.com/news/articleView.html?idxno=115868발췌.

123. 김명석(2022. 01. 21). 2021 K리그 스폰서십 미디어 노출 효과 '3447억원'. 스타뉴스, https://star.mt.co.kr/stview.php?no=2022012114102438511발췌.

124. 이대한, 김태형, 서일안(2020). 타이틀스폰서 활동이 브랜드 인지도와 이미지 및 충성도에 미치는 영향 : 2018 프로야구리그 중심으로. **한국체육과학회지, 29**(2), 625-638.

125. 노동연, 오준석(2015). 2014 인천아시안게임 공식스폰서의 활동성과가 기업 이미지, 인지도 및 충성도에 미치는 영향. **한국사회체육학회지, 61**, 79-89.

126. 석명(2019. 01. 24). '박항서 매직' 또 보자…베트남-일본전 TV중계 광고료 월드컵 결승전만큼 치솟아. 미디어펜, http://www.mediapen.com/news/view/409823발췌.

127. 문변량, 서재열(2015). LPGA 대회 개최에 따른 지역사회 혜택과 지역이미지, 지역주민의 지지와의 관계. **골프연구. 9**(2), 13-22.

128. 진보라, 김성경, 이솔지(2014). 메가 스포츠 이벤트의 개최지역의 사회자본이 주민참여에 미치는 영향. **한국관광학회 국제학술발표대회, 76**(2), 624-657.

129. 김혜준, 박하나, 정성희. 임규연(2022). 국내 디지털 리터러시 교육 프로그램 효과에 대한 메타분석. **교육정보미디어연구, 28**(1), 105-131.

130. 김솔(2021). 초등교육현장의 e스포츠교육 활성화 방안 연구. **e스포츠 연구: 한국e스포츠학회지, 3**(1), 41-64.

131. 이태수, 유재연(2014). e-스포츠를 활용한 통합교육 프로그램이 일반학생의 장애인식과 특수교사의 e-스포츠 프로그램 인식에 미치는 효과. **통합교육연구, 9**(1), 1-24.

132. 김영선, 방승호, 황옥철(2021). 부모-자녀세대의 e스포츠교육 경험에 관한 질적연구: '온라인 롤(LOL)게임학교'의 의미를 중심으로. **한국스포츠교육학회지, 28**(4), 151-183.

133. 이종태(2022. 08. 26). 리그오브레전드 '소환사의 협곡'에 뛰어드는 제약사들. 케이팜뉴스, https://www.kpanews.co.kr/article/show.asp?idx=235791&category=D발췌.

134. 이학준, 김영선(2021). 율곡의 기질변화론과 e스포츠교육의 방향. **e스포츠 연구: 한국e스포츠학회지, 3**(2), 1-10.

135. 김종훈, 이정학(2011). 스포츠전문채널 방송3사 프로야구 해설자의 공신력이 채널만족 및 채널충성도에 미치는 영향. **한국스포츠산업경영학회지, 16**(5), 17-28.

136. 이정학, 김재혁, 임승재, 조혜경(2021). e스포츠 중계방송 해설자의 특성인식과 의사인간관계 및 시청몰입 간의 관계. **한국체육과학회지, 30**(3), 407-420.

저자 소개

최경환

(rudghks266@naver.com)

　본 저자는 체육학을 전공하였고, 주 전공은 스포츠 마케팅과 태권도였다. 스포츠 산업분야에 13년 넘게 활동하고 있으며, 장애인태권도 국가대표 코치 이력을 지니고 있다. 현재는 e스포츠의 확장성과 비전을 통해 경성대학교 e스포츠연구소 학술연구교수를 거쳐 동신대학교 생활체육학과 교수로 있다. 스포츠 산업 실전 경험과 e스포츠 학문적 견해를 가진 저자가 마침내 e스포츠 마케터의 첫 번째 전공도서인 'e스포츠 마케팅(eSports Marketing)'을 출간하였다.

　핵심적이고 현장에서 적용이 가능한 마케팅 이론만을 바탕으로 e스포츠 현장에서 나타나고 있는 사례를 들어 이해를 도왔으며, 본 저서를 통해 e스포츠 마케터들에게 올바른 e스포츠 산업 방향성과 비전을 제시하고자 한다.

　이를 통해 수많은 교육기관에서 e스포츠 마케터 전문인력이 양성되었으면 하는 바람을 가지고, 확립적인 e스포츠 마케팅 체계가 구축되었으면 하는 바람을 가진다.

■ 약력

- 경희대학교 대학원 체육학 석 · 박사
  현) 동신대학교 생활체육학과 교수
  현) 한국e스포츠학회 상임이사
  현) 충북 장애인e스포츠연맹 이사

현) 대한 장애인e스포츠연맹 정책자문위원

현) 한국스포츠컨텐츠개발원 이사

현) 한국체육학회 정회원

현) 한국체육과학회 정회원

현) 한국스포츠학회 정회원

전) 경성대학교 e스포츠연구소 학술연구교수

전) 한국e스포츠학회 사무국장

전) 대한무도학회 이사

전) 부산이스포츠 진로체험프로그램 산업이론 강사

전) 대한장애인태권도 국가대표 코치

전) 장애인전국체육대회 코치

■ 저서

- '우리e스포츠 e야기' 공저
- 'e스포츠와 인지과학' 공저
- '대한장애인e스포츠연맹 경기규칙' 공저

■ 논문

최경환, 황옥철, 김용성 (2022). 뇌 활성 비교에 의한 e 스포츠 영상 콘텐츠와 실제 축구 영상 콘텐츠가 관람객의 각성 및 몰입에 미치는 영향 분석. **한국스포츠학회지**, 20(2), 207-220.

최경환, 이상호 (2022). e 스포츠 캐릭터 동일시가 몰입 및 자기효능감에 미치는 영향 : 장애인들을 대상으로. **한국체육과학회지**, 31(1), 315-328.

최경환 (2022). 청각 장애인이 지각하는 e 스포츠 인식 및 차이분석. **국제문화기술진흥원**, 8(1), 245-252.

최경환 (2021). 빅데이터를 활용한 e 스포츠 인식 비교 및 현황에 관한 연구 : COVID-19 를 기준으로. **e 스포츠 연구 : 한국 e 스포츠학회지**, 4(1), 18-31.

최경환, 황옥철 (2021). 장애인 e 스포츠 인식조사 및 발전 방향. **한국체육과학회지**, **30**(6), 425-436.

Boseob Heo, Hyeongil Yeo, Kyunghwan Choi*(2022). Impact of Taekwondo Athlete Leader's Leadership Type (Transformative, Servant) on Sport Attitude and Perceived Competitiveness. *International Journal of Martial Arts, 7*(1), 25-36

Kyunghwan Choi, Boseob Heo(2022). An Analysis of Perceived Value, Happiness, and Revisit Intention of eSports Competition Watch: A Study on the Disabled and Non-Disabled Persons. *Kinesiology, 7*(2), 31-39.

최경환, 김소영, 이정학 (2021). 메타분석을 활용한 프로스포츠 구단 및 기업의 사회적 책임 (CSR) 활동이 이미지에 미치는 영향력의 효과검증 : 구단, 기업 이미지를 중점으로. **한국체육과학회지**, **30**(4), 473-484.

최경환 (2021). 지체장애인의 e 스포츠 인식 및 차이분석. **e 스포츠연구 : 한국 e 스포츠학회지**, **3**(2), 24-35.

최경환, 여형일 (2021). 메타분석을 활용한 태권도장 서비스품질이 만족에 미치는 영향력 효과검증 : 고객, 수련생 만족을 중심으로. **국제문화기술진흥원**, **7**(3), 231-239.

이정학, 최경환, 조혜경 (2021). 지체장애인의 스포츠 가상현실 (VR) 체험 전·후 스포츠 태도와 관여도에 대한 차이분석. **한국체육과학회지**, **30**(3), 667-679.

이정학, 최경환, 이은정 (2020). 장애인과 비장애인이 지각하는 장애인 전국체육대회 서비스 품질 비교 : 수정된 IPA 기법 적용. **한국체육과학회지**, **29**(5), 609-623.

이정학, 최경환, 조혜경 (2020). 스포츠 가상현실 (VR) 을 체험한 척수 장애인의 프레즌스 (Presence) 가 몰입 및 스포츠 관여도에 미치는 영향. **한국체육과학회지**, **30**(2), 665-677.

e스포츠 마케팅

초판발행	2023년 1월 31일
지은이	최경환
펴낸이	안종만·안상준
편 집	김민조
기획/마케팅	정성혁
표지디자인	이소연
제 작	고철민·조영환
펴낸곳	(주)**박영사**
	서울특별시 금천구 가산디지털2로 53, 210호(가산동, 한라시그마밸리)
	등록 1959. 3. 11. 제300-1959-1호(倫)
전 화	02)733-6771
f a x	02)736-4818
e-mail	pys@pybook.co.kr
homepage	www.pybook.co.kr
ISBN	979-11-303-1646-8 93690

정 가   22,000원